城市轨道交通列车运行图编制与优化

宿 帅 吴学良 刘 旭 张仕奇 著

国防工业出版社

·北京·

内 容 简 介

本书以理论与实际运用结合为导向，根据多年城轨运输生产实践总结的宝贵经验，系统介绍了城轨列车运行图编制方法。首先阐述了列车运行图在城轨运营中的重要意义和作用，并总结了列车运行图的特点和分类；深入分析了列车运行图基本要素、影响因素以及相关概念；围绕客流清分、开行方案制定、运行图铺画、效果评估等环节，介绍了列车运行图编制的全流程并提供实例；从基本指标、均衡性、稳定性、能耗指标和网络化运行图评价指标等方面总结了城轨列车运行图评价方法，并介绍国内常用的运行图编制软件；结合北京地铁"双超"运行图编制的成功案例，梳理了"双超"运行图的编制思路、原则以及具体实施情况；最后，本书展望了未来城轨运行图编制领域的新技术应用和发展趋势。

本书涵盖了城轨列车运行图编制方面的基础理论、实际运用方法与案例，以及未来的发展趋势等，可供大专院校列车运行图编制与调度指挥相关专业的研究学者以及一线运行编制和城轨调度工程技术人员参考。

图书在版编目（CIP）数据

城市轨道交通列车运行图编制与优化 / 宿帅等著.
北京：国防工业出版社，2025. -- ISBN 978-7-118-13546-6

Ⅰ. U284.48

中国国家版本馆 CIP 数据核字第 2025R0E075 号

国防工业出版社出版发行
（北京市海淀区紫竹院南路23号 邮政编码100048）
三河市天利华印刷装订有限公司印刷
新华书店经售

*

开本 710×1000 1/16 插页 7 印张 15 字数 267 千字
2025 年 5 月第 1 版第 1 次印刷 印数 1—1200 册 定价 128.00 元

（本书如有印装错误，我社负责调换）

| 国防书店：(010) 88540777 | 书店传真：(010) 88540776 |
| 发行业务：(010) 88540717 | 发行传真：(010) 88540762 |

前　言

近年来，我国的城市轨道交通（以下简称城轨）建设已经取得了瞩目的成就，截止 2023 年底已有 59 个内地城市开通城轨线路，运营总里程达到 11224.54 公里，居世界第一位。未来我国城轨将逐步从"建得好"向"用得好"转变。

列车运行图则是专有路权城轨中进行高效调度和指挥列车运行等运输工作的核心。列车需要按照运行图中规定的时间运行折返、停站、出入段等作业，各生产部门也需要根据列车运行图安排相关工作，协同完成各项运输任务，确保列车安全正点运行。因此，城轨列车运行图编制工作是城轨运输的首要环节，其编制质量和实施效果对运输企业的生产效率和经济效益有着决定性的影响。

以北京地铁为例，目前三名编图人员每年需要编制近百张运行图，反映了编图工作量巨大以及编图人员的紧缺现状。长期以来，城轨列车运行图编制的培训和教学基本是通过言传身教、手把手的模式进行的。刚刚参与运行图编制工作的技术人员或从事相关专业的科研人员急需具有系统性、实用性、专业化的参考资料。综上所述，为满足目前城轨高质量建设和运营的需求，有必要就城轨列车运行图编制方法，编写一本具有工程实用价值的书籍。北京交通大学宿帅教授团队近年来专注于城轨列车运行图的相关研究，积累了丰富的经验并取得了多项科研成果。在目前城轨运行图编制相关书籍缺乏的情况下，宿帅教授团队以理论联系实际应用为导向，通过长时间与北京地铁编图人员的学习与合作，系统地阐述了城轨列车运行图编制的基本概念、编制流程、评价方法、新技术应用等，编著成这本《城轨列车运行图编制方法》与业内共享，供相关从业人员参考。

本书的编写突出了以下特点：

（1）归纳总结了城轨列车运行图编制的全过程，包括客流清分、开行方案编制和运行图铺画等步骤。以北京地铁实际的客流、线路、车辆等数据为例演示了城轨列车运行图编制的实操，能够使读者学以致用；

（2）结合运输生产实践总结的宝贵经验，对城轨列车运行图编制的基本要素、影响因素和相关概念进行了全面分析；介绍了重要的城轨列车运行图编制软件的关键功能；

（3）系统梳理了北京地铁"双超"运行图编制的编制原则和思路，介绍了"双超"运行图的实施效果；

（4）结合国内外最新的研究进展，概述了新技术在列车运行图编制中的应用，并展望了未来的研究方向。

全书共分8章，第1章阐述了列车运行图在城轨运营中的重要意义和作用，重点介绍了城轨列车运行图的特点和分类；第2章深入分析了城轨运行图基本要素、影响因素以及相关概念；第3、4章围绕客流清分、开行方案制定、运行图铺画、效果评估等方面，阐明了城轨运行图编制的全流程并进行实操演示；第5章从基本指标、均衡性、稳定性、能耗指标、网络化运行图评价指标等不同角度对城轨列车运行图编制质量进行评价；第6章对国内常用的运行图编制软件进行介绍；结合北京地铁"双超"运行图编制的成功案例，本书在第7章中梳理了"双超"运行图的编制思路、原则以及具体实施情况；最后，在第8章中对未来城轨列车运行图编制领域的技术应用和发展趋势进行了展望。

本书由宿帅、吴学良、刘旭、张仕奇4位执笔人共同编著。各章节主要执笔人如下；宿帅主要执笔第1章、第4章、第5章、第8章；吴学良主要执笔第2章、第4章、第6章；刘旭主要执笔第4章、第6章、第7章；张仕奇主要执笔第3章、第8章；宿帅负责总策划并统稿。

本书的出版受到了国家自然科学基金项目（U22A2046）、先进轨道交通自主运行全国重点实验室、智慧高铁系统前沿科学中心等项目的资助。潘晓军、张通利、陈文、张文强等北京市地铁运营有限公司领导就图书定位、编写原则、编写内容等进行了总体指导。相关业内专家也提出了宝贵的修改意见。国防工业出版社为本书出版提供了鼎力支持。博士研究生苏博艺、王志凯、雷怡歌、傅泽等在本书编写过程中，做了大量文字处理和协助工作。

在此，对所有编著人员、审稿人员、指导者、支持者一并表示深深的感谢！

由于城轨列车运行图编制过程复杂且涉及多个专业和系统，加之编写人员学识有限，错误和遗漏之处在所难免。敬请广大读者批评指正！我们希望本书的出版在业内能够起到"抛砖引玉"的作用。

作者
2024年8月于北京

目 录

第1章 绪论 … 1
1.1 城轨发展 … 1
1.1.1 世界城轨发展 … 2
1.1.2 中国城轨的发展 … 2
1.1.3 北京城轨发展 … 4
1.2 城轨列车运行图的意义和作用 … 6
1.2.1 城轨列车运行图的意义 … 6
1.2.2 城轨列车运行图的作用 … 6
1.3 城轨列车运行图的特点 … 8
1.3.1 城轨和铁路的主要区别 … 8
1.3.2 铁路列车运行图和城轨列车运行图 … 10
1.4 城轨列车运行图的分类 … 10
参考文献 … 15

第2章 城轨列车运行图编制的基本概念 … 16
2.1 运行图的基本要素 … 16
2.1.1 区间运行时间 … 16
2.1.2 停站时间 … 22
2.1.3 折返时间 … 25
2.1.4 列车全周转时间 … 27
2.1.5 列车出入车辆段作业时间 … 28
2.1.6 列车最小运行间隔时间 … 31
2.1.7 首末班车时间 … 34
2.2 列车运行图的影响因素 … 35
2.2.1 信号系统 … 35
2.2.2 基础设施 … 38

2.2.3　移动装备 …… 50
　　2.2.4　客流 …… 55
　　2.2.5　其他影响要素 …… 60
2.3　列车运行图的相关概念 …… 61
　　2.3.1　运能 …… 62
　　2.3.2　运力 …… 63
　　2.3.3　运量 …… 64
　　2.3.4　运能、运力与运量的关系 …… 67
参考文献 …… 69

第3章　客流清分

3.1　概述 …… 70
　　3.1.1　客流清分的原因 …… 70
　　3.1.2　客流清分的相关基本概念 …… 71
　　3.1.3　客流清分的影响因素 …… 72
3.2　网络化运营模式下的城轨客流清分方法 …… 74
　　3.2.1　最短路径清分方法 …… 75
　　3.2.2　鉴别车票乘车路径清分方法 …… 77
　　3.2.3　K最短路径法 …… 78
　　3.2.4　基于概率模型的清分方法 …… 82
参考文献 …… 87

第4章　城轨列车运行图的编制流程

4.1　列车运行图的编制原则和要求 …… 88
4.2　运行图编制的基本流程 …… 90
　　4.2.1　断面客流特征分析 …… 91
　　4.2.2　开行方案制定 …… 98
　　4.2.3　运行图铺画 …… 109
　　4.2.4　效果评估 …… 118
4.3　运行图上线前的准备 …… 119
参考文献 …… 120

第5章　城轨列车运行图评价方法

5.1　列车运行图基本指标计算 …… 121

  5.1.1 列车运行图静态指标 ………………………………………………… 121

  5.1.2 列车运行图动态指标 ………………………………………………… 124

 5.2 列车运行图的均衡性 ……………………………………………………… 126

  5.2.1 均衡性问题模型 …………………………………………………… 127

  5.2.2 方差法评价 ………………………………………………………… 127

  5.2.3 基尼系数法评价 …………………………………………………… 128

 5.3 列车运行图的稳定性 ……………………………………………………… 129

  5.3.1 Max – Plus 方法 …………………………………………………… 130

  5.3.2 Max – Plus 建模 …………………………………………………… 131

  5.3.3 列车运行图的恢复矩阵 …………………………………………… 133

 5.4 列车运行图的能耗评价 …………………………………………………… 134

 5.5 网络化运行图评价指标 …………………………………………………… 138

  5.5.1 客流指标 …………………………………………………………… 138

  5.5.2 换乘乘客服务质量 ………………………………………………… 139

  5.5.3 换乘站服务能力 …………………………………………………… 140

  5.5.4 线间协调能力 ……………………………………………………… 141

  5.5.5 末班车衔接能力 …………………………………………………… 142

  5.5.6 网络可达性 ………………………………………………………… 143

 参考文献 ………………………………………………………………………… 143

第6章 列车运行图铺画软件介绍 ……………………………………… 145

 6.1 同济大学 TPM 系统 ……………………………………………………… 145

  6.1.1 引言 ………………………………………………………………… 145

  6.1.2 系统关键功能介绍 ………………………………………………… 146

 6.2 西门子 FALKO 系统 ……………………………………………………… 154

  6.2.1 引言 ………………………………………………………………… 154

  6.2.2 系统关键功能介绍 ………………………………………………… 154

 6.3 网络化运营管理平台 ……………………………………………………… 156

  6.3.1 引言 ………………………………………………………………… 156

  6.3.2 路网信息管理 ……………………………………………………… 158

  6.3.3 网络化运行图管理 ………………………………………………… 159

  6.3.4 其他功能 …………………………………………………………… 161

 参考文献 ………………………………………………………………………… 163

第 7 章　北京地铁双超运行图编制 ································ 164

7.1　编制原则 ·· 164
7.2　编制思路 ·· 165
7.3　具体实施情况 ·· 167
7.3.1　地铁 1 号线 ·· 167
7.3.2　地铁 5 号线 ·· 191
7.4　小结 ··· 203
参考文献 ··· 205

第 8 章　新技术在列车运行图中的应用 ··························· 206

8.1　基于大数据和深度学习的客流精准预测 ···················· 206
8.1.1　传统客流预测 ·· 206
8.1.2　基于大数据的客流精准预测 ···························· 207
8.1.3　以 LSTM 方法为例的客流预测 ························ 211
8.2　基于云的网络化运行图编制 ··································· 215
8.2.1　网络化运行图编制 ·· 215
8.2.2　基于云的网络化运行图编制 ···························· 218
8.3　考虑灵活编组条件的列车运行图编制 ······················· 221
8.3.1　灵活编组模式下列车运行图开行方案优化 ·········· 221
8.3.2　灵活编组模式下的列车运行图铺画 ··················· 224
8.4　基于数字孪生的客流车流推演技术 ·························· 227
参考文献 ··· 230

第1章 绪　论

1.1　城轨发展

城轨是采用轨道结构进行承重和导向的车辆运输系统，依据城市交通总体规划的要求，设置全封闭或部分封闭的专用轨道线路，以列车或单车的形式，运送相当规模客流量的公共交通方式。城轨包括地铁系统、轻轨系统、单轨系统、有轨电车、磁浮系统、自动导向轨道系统、市域快速轨道系统。此外，随着城轨的发展已出现其他一些新交通系统。相比其他交通方式，城轨具有如下特点，使其在世界范围内普及并快速发展。

（1）城轨具有较大的运输能力。城轨由于高密度运转，列车行车时间间隔短，行车速度快，列车编组辆数多而具有较大的运输能力。市域铁路单向高峰每小时的运输能力最大可达到6万~8万人次；地铁可达到3万~6万人次，甚至达到8万人次；轻轨可达到1万~3万人次，有轨电车可达到1万人次，城轨的运输能力远远超过公共汽车。据文献统计，地铁每千米线路年客运量可达100万人次，最高达到1200万人次，如莫斯科地铁、东京地铁、北京地铁等。城轨能在短时间内输送较大的客流，据统计，地铁在早高峰时每小时能通过全日客流的17%~20%。

（2）城轨作为一种集约化的交通方式，充分利用地下和地上空间，不占用地面街道，能有效缓解由于汽车大量发展而造成道路拥挤、堵塞的现象，有利于合理利用城市空间，改善城市景观。此外，城轨还能在很大程度上减少汽车尾气的排放，改善空气质量，支持城市的可持续发展。

（3）城轨不受其他交通工具干扰，具有准时性、速达性、舒适性和安全性，在很大程度上提高了市民出行的流动性和机动性，促进了城市经济的发展。世界各国普遍认识到：解决城市交通问题的根本出路在于优先发展以轨道交通为骨干的城市公共交通系统。

1.1.1 世界城轨发展

城轨的发展具有悠久的历史：世界上第一条城轨线路于1863年1月19日在伦敦建成通车，线路总长6.4km，车辆由蒸汽机车牵引。世界上第一条城轨的诞生为人口密集的大都市如何发展公共交通提供了宝贵的经验，随后城轨进入了快速发展时期：1874年，在英国伦敦城轨线路的修建中首次采用盾构法施工；在1890年，同样在伦敦，人类首次在城轨中采用电力机车牵引，从而使地下客运环境和服务条件得到了空前的改善，城轨建设显示出强大的生命力，众多技术创新使伦敦城轨系统成为当今世界上最先进的范例之一。截至目前，伦敦已修建了11条城轨线路，总长超过400km，年客运总量已突破8.5亿人次。

世界其他发达城市也相继修建了城轨线路：美国波士顿于1897年修建了第一条城轨。目前波士顿城轨系统已经拥有153座车站，商业运营线路长度为110.6km。法国巴黎也是最早修建城轨的城市之一，目前巴黎市区已建成了14条城轨主线与两条支线，总运营线路长度可达226.9km。德国柏林的第一条城轨线路开通于1902年，目前柏林城轨路网共有9条线路、170余个车站，以柏林市区为中心点向外放射。综上所述，城轨系统自出现以来，已在全世界范围内出现并大规模发展，尤其在各国发达城市中已成网络，在市民的便捷出行方面起到了重要作用。截至2024年3月，全世界已有60多个国家200余座城市建成城轨线路。

1.1.2 中国城轨的发展

我国的城轨发展起源于天津，1906年，天津第一条有轨电车线路运营，天津成为我国第一个拥有城轨的城市。1969年10月1日，北京地铁1号线一期工程建成通车，第一辆地铁列车从古城站呼啸驶出，宣告了中国没有地铁的历史的结束。100多年间，我国城轨建设经历了曲折的过程，目前正处在大发展、大建设时期。

根据中国城轨协会发布的《城轨2023年度统计和分析报告》，截至2023年年末，中国内地已有59个城市开通城轨线路并投入运营，共开通城轨交通线路338条，运营线路长度达到11224.54km。其中，地铁8543.11km，占比76.11%；其他制式城轨交通运营线路长度约2681.43km，占比23.89%。拥有4条及以上线路的城市已增至27个，占已开通城轨城市的45.76%。从运营网规模来看，目前上海和北京城轨的线路总长度大幅领先全国其他城市，分别为967.13km和907.08km。在全国范围内，共计29座城市已形成了100km以上线网规模。中国部分城市城轨运营里程情况如图1-1所示。如图1-2所示，从运营场站来看，中国内地城轨投运车站有6239座，其中换乘车站有856座，投运车辆段和停车场有523座，拥有换乘站的城市达到43个，占已开通城轨的城市的72.88%。

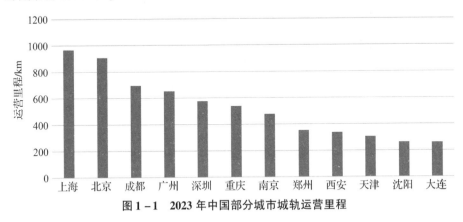

图1-1　2023年中国部分城市城轨运营里程

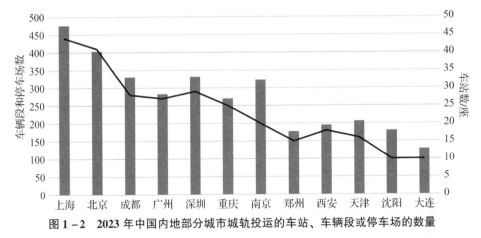

图1-2　2023年中国内地部分城市城轨投运的车站、车辆段或停车场的数量

如图1-3所示，从客运量来看，2023年中国内地城轨交通全年累计完成客运量294.66亿人次，同比增长101.65亿人次，增幅52.66%。累计完成进站量177.28亿人次，同比增长60.72亿人次，增幅52.09%。2023年，城轨累计完成客运周转量2450.53亿人千米。

从建设和投资规模来看，截至2023年年末，中国内地共有45个城市开工建设城轨，共计在建城轨交通线路224条，在建线路长度达到5671.65km。如图1-4所示，从建设规模来看，青岛达到了354.29km，居全国首位。此外，广州、青岛的在建规模都超过了300km，共计23个城市的建设规模超过100km。

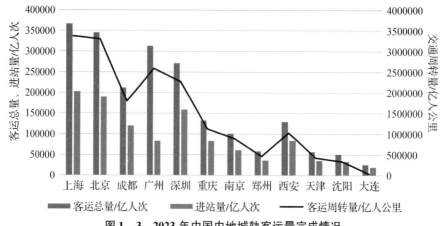

图 1-3 2023 年中国内地城轨客运量完成情况

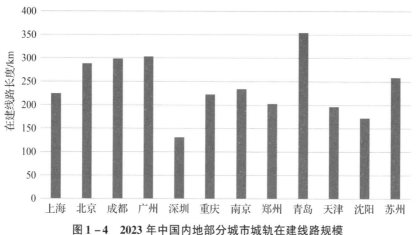

图 1-4 2023 年中国内地部分城市城轨在建线路规模

截至 2023 年年末,在建线路获得国家发展和改革委员会批复的 43011.21 亿元,其中共计 11 个城市投资完成额超过 200 亿元。

通过以上数据可以看出,我国城轨建设正在迅猛发展,具体体现在建设城市多、运营里程长、客运量大、建设投资密集等方面。我国正在形成以地铁为骨干、多种类型并存的城轨体系。这也对城轨运输组织的管理水平提出了考验。

1.1.3 北京城轨发展

如图 1-5 所示,截至 2023 年 12 月,北京城轨已经建成 1 号线、2 号线、

4号线、5号线、6号线、7号线、昌平线、房山线、亦庄线、八通线等共计27条线路，在建线路有10条。到2025年，北京将形成由30条线路运营、总长1177km的城市轨道交通网络。截至2023年年底，北京城轨总运营里程已达到907.08km。从客运量来看，2023年北京地铁累计完成客运量34.54亿人次，日均客运量946.23万人次，同比增长52.60%，其中工作日日均1079.64万人次，同比增长45.50%。

图1-5　2024年北京城市轨道线网图（见彩图）

北京城轨以运输生产为主业，为乘客提供交通服务这一无形产品，运输任务就是客运，即实现人的位移，是北京市各项生产的头道工序。在北京市的交通服务市场上，城轨与其他交通方式相比，具有安全可靠、速度快、密度大及乘车环境舒适等特点，因此成为深受北京市民青睐的交通工具。随着北京城轨工作重点从战备型向生产运营型转变，城轨作为社会服务性行业，服务工作的好坏、运输工作的水平高低，直接关系到广大乘客的切身利益和企业形象，直接影响着政府在人们心目中的形象和整个城市的文明形象。

1.2　城轨列车运行图的意义和作用

1.2.1　城轨列车运行图的意义

从运输学角度来看，城轨运输行车组织工作，是城轨运输科学的最重要部分之一。城轨运输行车工作是一个庞大而复杂的多工种组成的联动机。在组织运输生产的过程中，要求联动机的各部分相互紧密配合、协调动作，从而高效率地完成运输生产任务。

列车运行图的编制和执行是城轨运输行车组织工作的一个重要组成部分。列车运行图承担着使各单位紧密配合、协调动作的重要作用。它能有效地把各单位组织起来，使它们都按照列车运行图的需要制定各自的生产计划，并按一定的程序进行工作。列车运行图不仅规定了列车的运行，而且规定了城轨技术设备（如线路、站场、电动车辆、通信信号、机电、供电）的运用，也规定了所有与行车有关的单位的工作任务。综上所述，列车运行图是城轨运输工作的基础，是城轨运输生产的综合计划。

列车运行图也是列车运行的时间与空间关系的图解，是表示列车在各个区间运行及在各车站停车或通过状态的二维线条图。列车运行图规定了各类列车占用区间的顺序，列车在各站的到达、出发或通过的时刻，在车站的停车时间和在终点站的折返作业时间，以及列车交路和列车出入车辆段时刻等内容，直观地显示出各次列车在时间上和空间上的相互位置和对应关系。从直观上来看，列车运行图不仅是城轨线路上各列车在各区间的运行时刻及在各站的到发时刻的一种图解形式，而且是与安全行车条件和技术标准密切结合的一种图解形式；从理论上来讲，就是直角坐标原理在列车运行上的运用，在列车运行图上以"线"表示"点"在平面上的移动，从而表示列车在运行图上的运行轨迹，也表示在站停车时间、区间运行时间、出入段及列车运行方向。所以，归纳起来就是，列车运行图是运用坐标原理表示列车运行的一种图解形式。

列车运行图从编制到实行、从实行又到编制的过程，实质上就是实践、总结与提高的过程，也是改进和提高城轨运输工作的过程。

1.2.2　城轨列车运行图的作用

在城轨运输生产过程中，列车运行是一个极其复杂的环节，它不但需要运用各种技术设备，而且要求各部门、工种和各项作业之间互相协调配合，使列车按一定的间隔和顺序运行，才能保证行车安全，提高运输效率。列车运行图作为列车运行组织的基础，在这方面起着极为重要的作用。

在运输企业内部，列车运行图不但规定了线路、车站、车辆等技术设备的运用，也规定了与列车运行图有关的各业务部门的工作要求。例如，行车调度按列车运行图指挥列车运行。车站应按列车运行图接发列车和组织客运工作。车辆段应根据列车运行图的要求，确定每天需要派出的运用车辆数、车辆出入段的顺序及时间，安排乘务员的作息时间和车辆检修。供电、通信信号、机电、工务和建筑等部门，也都应根据列车运行图的规定来安排检修、施工计划。通过列车运行图，各行车有关部门严格按照一定的程序有条不紊地进行工作，把整个运输生产活动联结成一个统一的整体。因此，供运输企业内部使用的列车运行图既是行车部门组织列车安全、正点运行的列车运行计划，也是运输企业组织运输生产和运输营销的综合经营计划。列车运行图对运输企业的生产效率和经济效益有着直接的、决定性的影响。

列车运行图对社会用户也具有重要的作用。供社会用户使用的列车运行图以列车时刻表的形式对外公布，它规定了向社会用户提供的运输服务规格与质量，是联系运输企业和社会用户的纽带，也是乘客安排个人出行计划的依据。服务质量欠佳的列车运行图会引起乘客的抱怨，严重时还会引起客流的下降。

列车运行图的作用有以下几点。

（1）列车运行图规定了各次列车占用区间的顺序，列车在各个站的到达、出发时刻及各个区间的运行时间和在站的停车时间等。这样就能保证行车安全和有条不紊的运输工作。

（2）列车运行图可以把整个城轨的生产联系成一个统一的整体，列车运行图是运输生产的综合计划，是行车组织工作的基础。

（3）列车运行图不仅是日常指挥列车运行的依据，而且是城轨运输工作贯彻国家方针、政策，为广大乘客服务，为战备人防，为社会主义经济建设服务的重要工具。

（4）列车运行图是确保城轨运输安全、改善城轨技术设备的运用和更新、加速车辆周转、不断提高城轨的通过能力的重要手段和体现。

（5）列车运行图能充分体现城轨管理水平的高低，也能起到促进和提高运营管理水平，有效地使用现有的运输能力，挖掘运输潜力的作用。

所以，每个城轨职工都应自觉地严格执行列车运行图，严格遵守运输纪律，特别是工作在生产一线的行车有关人员，是执行列车运行图的重要环节，能直接体现运输工作的质量。因此，必须充分认识到列车运行图的重要性，充分了解列车运行图的内涵、作用和特点，学习和掌握列车运行图这门课，为今后做好运输工作奠定良好的理论基础。

1.3 城轨列车运行图的特点

在论述城轨列车运行图的特点之前，首先要了解城轨和铁路运输的特点。

1.3.1 城轨和铁路的主要区别

1. 运输对象

铁路不仅承担着全国的客运任务，而且承担着全国主要的货运任务。为了符合客、货运任务的需要，铁路运行图必须妥善安排各种客、货列车的运行线，以充分利用线路通过能力。货运列车根据所运货物的不同，可以分为一般货运列车、快运货物列车等；客运列车则根据需要，分为特快、直快、普快、高铁等。

然而，城轨就简单多了，它目前不办理货物运输，只运送城市短途乘客，这样城轨不存在极为复杂、细致、工作量浩大的货运组织工作及相关的各种作业时间。此外，城轨乘客大多是短途的，携带的行李较少，所以乘客乘降工作比较好组织。

2. 客运对象的要求

铁路乘客的乘车距离一般都比较长，所以对乘车时的舒适程度要求是比较高的，并且要求提供途中生活、中转、换车、候车等方面的必要条件保证，对于旅程的总时间要求尽量缩短。此外，铁路客运对时间性也有一定要求。由于节假日客流增长较大，时间集中，而且往往是单方向的，仅靠正常的组织，无法在车辆运用、安全管理和治安保卫等方面适应节假日运输的特点。特别是暑期运输与春节运输，其客流增长快，来势猛、时间长，对正常旅客运输的冲击和影响较大，日常的固定旅客列车数量不能满足大量暑期学生、旅游流与春节民工、探亲流的旅行需求，要求进行专门组织。

与铁路客运对象不同的是，城轨乘客运输的要求如下。

（1）对时间性要求更强且需求变化频繁，导致某个时间段内客流较为集中，其结果是一天内的不同时间、一周内、一个月内的不同日期、一年内不同季节，重大节假日及特殊活动，客流分布都有明显的不同，而且具有很强的规律性。

（2）要求列车服务的频率较高，即要求较短的列车运行间隔。

(3) 对乘车时的舒适程度要求并不很高，只要求满载程度不宜过高，有良好的卫生环境。

(4) 对乘车前的售票及检票手续要求尽量简化。

3. 运输设备特点

从移动装备角度来看，轨道交通的运输设备指编组在轨道上运行的车辆，即列车。在铁路领域，列车可分为普速铁路列车和动车组列车两种，普速铁路列车是由机车牵引着若干不带动力的车厢形成的。机车是指本身不载客运营的自推进车辆，在编制运营计划时需要根据列车运行图合理安排机车交路计划。动车组列车通常用于高速铁路线路，是由动车和拖车或全部由若干动车长期固定地连挂在一起组成的列车。城轨列车也是由动车和拖车组成的电动客车，无须编制单独的机车交路计划。此外，目前大多数城轨线路采用固定编组的运营模式，因此编制列车运行图较为简单。

从线路基础设施角度来看，铁路车站大多设置若干配线，在编制运行图时还需要考虑股道的占用情况、列车的运行次序等。城轨中间站配线的设置很少，因此列车运行次序基本保持不变，在行车组织上机动性较差。此外，铁路线路受到陡坡、弯道等地形的影响，线路条件较为复杂。城轨线路一般较为平直并且在封闭的条件下。

4. 自然条件对运输影响的程序不同

铁路运输受自然条件的影响较大，如遇雾、雨、雪，就会影响列车的运行速度；如遇洪水、塌方，还会造成铁路运输的中断。另外，与公路的平交道口也会影响列车的速度。对于修建在封闭线路上的城轨，自然的变化对城轨影响较小，但天气变化，对客流会产生一些次生影响，例如当出现雨雪天气时，地面交通会受影响，上、下班高峰的客流就会增加，而全天的总运量则会下降。随着城轨运营线路建设的形式多样化，一些新的干扰因素也随之出现。例如，北京地铁亦庄线的修建，采用地下和高架线相结合的方式，在运营中就可能出现天气对线路、车辆的影响及人员穿越运营线对列车运行的干扰等问题。另外，设在地面的车辆段的车场在雪天受影响较大。

5. 受临时活动的影响程度

由于铁路是长途运输，受临时活动的影响较小；而城轨一般建于城市的交通繁忙地带，受临时活动的影响很大。例如，一年一度的北京国际马拉松比赛对城轨影响很大，为保证活动正常进行，地面公共交通线路的变化很大，有几十条线路停运或改线，部分原本乘坐公共汽车的乘客转入地下，使客流量短时间内骤增。另外，重大的节假日活动对城轨运输提出了更高的要求，如2023

年端午节期间，北京地铁累计运送乘客1544.1万人次，比去年端午假期客流增长8.32%，共开行列车15759列，加开客运列车37列。

1.3.2 铁路列车运行图和城轨列车运行图

从铁路运输和城轨运输的不同来看，铁路列车运行图和城轨列车运行图也有很多不同，主要表现在以下几个方面。

（1）城轨目前没有货运列车，车种比较简单；而铁路运输除了完成客运服务，还需要考虑货运列车的作业，因此在编制列车运行图时更为复杂。

（2）大多数城轨车站只办理乘客乘降，没有其他复杂的技术作业，列车停站时间较短。而按作业性质铁路车站，一般可分为客运站、货运站和客货运站；按技术作业，铁路车站分为编组站、区段站和中间站，办理的作业包括乘客乘降业务、调车、越行、会让等，运输组织工作较为复杂。

（3）目前，大部分城轨列车采用固定编组的运营模式，在编制列车运行图时，不需要考虑列车编组、解编作业及编组长度等约束条件。

（4）大部分城轨线路采取夜间停运的组织方式，铁路运输通常是昼夜连续运行的。

（5）城轨和铁路列车运行图的表示方法也有所不同。

1.4 城轨列车运行图的分类

在列车运行图的实际编制中，根据各线路的技术设备、列车运行速度、上下行列车开行数量及用途的不同，列车运行图可分为各种类型。

1）按功能和使用阶段的不同，城轨列车运行图可分为基本运行图、计划运行图和实际运行图。

（1）基本运行图：根据预测的不同时段的客流需求编制的运行图。

（2）计划运行图：根据当日的运营计划和列车运用计划，由调度员在工作站上选择或系统自动从数据库中选择一个基本运行图，经修改且确认使用后，即当日的计划运行图。

（3）实际运行图：由系统根据列车运行的实际信息自动生成，并在调度员工作站上显示。

2）按区间正线数目的不同，城轨列车运行图可分为单线运行图、复线运行图、单复线运行图。

（1）单线运行图：即区间只有一条正线的列车运行图，对于这样的运行图，上下行列车必须在车站会让，如图1-6所示。

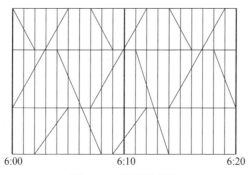

图 1-6 单线运行图

（2）复线运行图：即该区段内各区间有两条正线，上下行列车各在一个方向的正线上运行。因此，上下行列车的运行互不干扰，是城轨中最常用的运行图，如图 1-7 所示。

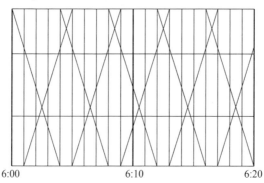

图 1-7 复线运行图

（3）单复线运行图：在有部分单线、部分复线的区段，单线区间和复线区间各按单线及复线运行图的规定进行铺画的运行图如图 1-8 所示。

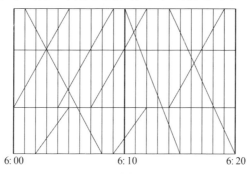

图 1-8 单复线运行图

3）按照列车运行速度的不同，运行图可分为平行运行图和非平行运行图

（1）平行运行图：即在同一区段内，同一方向列车运行速度相同，因而运行线互相平行，并在区段内同方向没有列车越行，在铺画时较为简单。目前，大多数城轨运行图都是平行运行图，如图1-9所示。

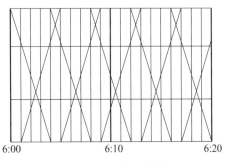

图1-9 平行运行图

（2）非平行运行图：即在运行图上铺画有各种速度和不同种类的列车，因此运行线是互不平行的，如图1-10所示。

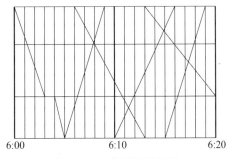

图1-10 非平行运行图

实际上，非平行运行图在实际运营过程中具有重要意义。例如，高峰时段由于客流多，列车往往采用最短运行时间策略，从而减少全周转时间。而平峰时段则可以采用节能运行策略，节约运营成本。然而，目前由于人力、物力的限制，运行图的编制周期较长，平均每张运行图的人工编制周期约为3天，非平行运行图的铺画可能会进一步增加编图人员的工作强度。因此，未来提高运行图编制效率后，可以根据实际运营情况灵活采取非平行运行图的方案。

4）按照上下行方向列车数目的不同，运行图可分为成对运行图和非成对运行图

（1）成对运行图：即上下行两方向的列车数目相等，是目前大多数城轨线路运用的运行图，如图1-11所示。

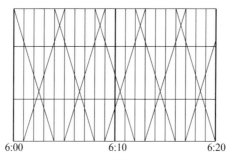

图 1-11 成对运行图

（2）不成对运行图：即上下行两方向的列车数目不相等的。对于上下行方向断面客流分布不均的城轨线路，通常采取不成对运行图的形式，如图 1-12 所示。

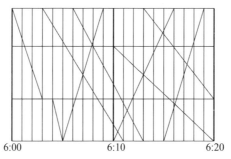

图 1-12 不成对运行图

5）按照不同时期的客流特点，运行图使用时间不同，可分为平日、双休日、节日、节前、除夕、特殊图、施工图、试验图（开通前试运行或试验时使用）不同时期运行图的客流特点如表 1-1 所列。

表 1-1 不同时期运行图的客流特点

类型	特点	客流变化
工作日	客流量在一天中波动明显，一般会形成 5 个时间段，其中早晚高峰客流最大，列车出入库最频繁	

(续表)

类型	特点	客流变化
双休日	客流量在一天中波动不明显，列车出入库不频繁	
节假日	客流量在一天中波动不明显，但整日旅客流量都较大，列车出入库不频繁	
特殊时期	客流量在一天中波动十分明显，客流会在某一时间段内密集到达或密集离开，可能会形成几个超高峰时间段，列车出入库非常频繁	

以上所归纳的种类，都是建立在分析列车运行图的某一特殊性的基础上，针对列车运行图的某一特点而加以区别的。实际上，每一条运营线的列车运行

图都具有若干方面的特点，例如某一线路的列车运行图可以同时满足双线、平行、成对的特点。

参考文献

[1] 耿幸福,徐新玉. 城市轨道交通系统运营管理[M]. 北京:人民交通出版社,2017.
[2] 柴适. 世界最早的伦敦地铁[J]. 交通与港航,2016,3(03):62-64.
[3] 苏晓声. 世界地铁和日本地铁[J]. 现代城市轨道交通,2018(09):72-75.
[4] 周庆瑞,王伯瑛,孔春燕. 北京第一条地铁建设历程[J]. 城轨研究,2021,24(10):245-249.
[5] 中国城市轨道交通协会. 城市轨道交通2023年度统计和分析报告解读[J]. 城市轨道交通,2024,(04):15-17.
[6] 邢建平. 城市轨道交通ATS时刻表管理系统的研究与设计[J]. 中国铁路,2012(12):84-86.
[7] 刘作义. 铁路货物运输[M]. 北京:中国铁道出版社,2022.
[8] 杨浩. 铁路运输组织学[M]. 北京:中国铁道出版社,2017.
[9] LAMORGESE L,MANNINO C. An exact decomposition approach for the real-time train dispatching problem [J]. Operations Research,2015,63(1):48-64.

第2章

城轨列车运行图编制的基本概念

列车运行图的编制和执行是城轨运输行车组织工作的重要组成部分。列车运行图不仅规定了列车的运行，而且规定了城轨各项技术系统设备的运用。同时，各项系统或装备的能力都对运行图的编制产生一定的影响。本章首先对列车运行图的基本构成要素（包括运行时间、停站时间、折返时间等）的概念进行介绍；然后介绍与运行图编制密切相关的城轨系统装备及其他影响因素，主要介绍信号系统（闭塞模式、列车驾驶模式等）、基础设施（包括线路、车站、牵引供电系统等）、移动装备（车辆、编组、容量等）对运行图编制的影响；最后介绍列车运行图编制过程中的三个核心概念，即运力、运量及运能，并分析运力、运量及运能三者之间的关系，为制定开行方案和铺画运行图提供支撑。

2.1 运行图的基本要素

本节介绍运行图的基本要素，包括区间运行时间、停站时间、折返时间、出入车辆段作业时间等。

2.1.1 区间运行时间

区间运行时间指两个相邻车站之间的运行时间标准。在运行图中，列车的区间运行过程由一条带有斜率的运行线表示，运行线起点的纵坐标表示区间的起点车站，斜线的终点表示区间的终点车站，终点和起点的横坐标之差即该区间运行时间。如图2-1所示，图中三种不同线型的运行线即不同的区间运行时间。

在编制列车运行图时，区间运行时间的确定是由设计部门根据电动车辆的牵引力、线路平纵断面等参数来进行理论牵引计算，并结合查标和列车试运行时间统计的方法来获得的。

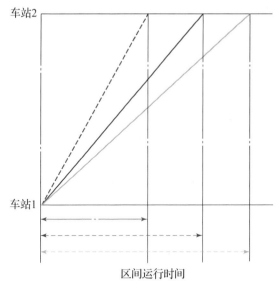

图 2-1 区间运行时间在运行图中的表示方法

首先介绍通过理论牵引计算方法确定城轨区间运行时间的过程,主要分为如下几步。

1) 确定列车及城轨线路的基本参数

(1) 线路信息:区间距离、限速条件、坡度、弯道及隧道信息等。

(2) 列车牵引/制动性能特征:牵引级位、制动级位、最大牵引力、最大制动力等。

(3) 列车参数:质量、车长、运行阻力(与列车种类有关)等。

2) 确定列车站间运行工况的种类、序列及转换点

常见的运行工况包括牵引工况、巡航工况、惰行工况及制动工况。

通过调整列车站间运行的工况种类、出现次数及转换点可以得到不同的列车区间驾驶策略,较为常见的策略有如下几种。

(1) 最快驾驶策略:即最短运行时间策略,指列车以最短的时间走完整个区间,需要最大程度地发挥车辆的牵引及制动能力,即起步阶段采用最大牵引力。当进行完牵引工况并且速度达到限速条件时,列车采用巡航工况保持限制速度匀速运行停站阶段采用最大制动力,这种策略下的行车曲线的如图2-2所示。

(2) 节能运行策略:随着城轨的发展,目前整个城轨系统的运行能耗巨大。为节约运行能耗,列车可采取节能运行策略行驶。这种策略对应的相对较

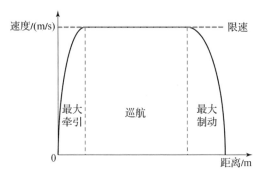

图 2-2 最短运行时间策略下的列车运行曲线

优的驾驶工况序列有"最大牵引—巡航—惰行—最大制动""最大牵引—惰行—最大制动"等多种。当区间距离较长时,也可采取中间阶段多次"牵引—惰行"的方式运行。图 2-3 展示了节能运行策略下的列车运行曲线。

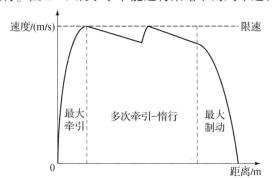

图 2-3 节能运行策略下的列车运行曲线

(3) 理想策略:列车运行的理想策略应同时满足乘客舒适度、节能及运行速度等要求。一方面,列车在加速和减速的过程中应当有加速度及冲击率的限制,保证乘客的舒适度;另一方面,列车运行速度不应过低,防止降低运行图的运力;此外还需要考虑列车运行能耗,降低运营成本。图 2-4 展示了一种理想策略下的列车运行曲线,在生成该曲线时综合考虑了列车运行能耗、乘客舒适度及列车运行速度等需求。

3) 通过合力计算得到列车在各个工况下受到的合力及运行加速度

通过合力计算各个工况下的加速度,并根据上一步得到的列车区间驾驶策略,计算得出列车运行曲线与区间运行时间。

除了上述的标准区间运行时间,在计算列车区间运行时间时,还应根据图 2-5 中列车在车站是否停车的三种不同情况分别查定,具体区别如下。

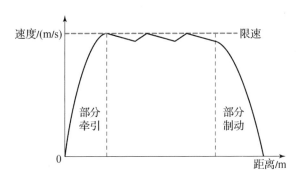

图 2-4 理想策略下的列车运行曲线

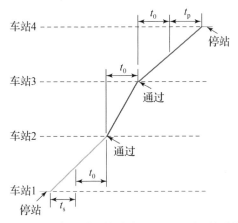

图 2-5 考虑列车通过不停站的区间运行时间的计算方式

（1）列车不停车连续通过两个相邻车站所用时间为纯运行时间，可用符号 t_0 表示。这种情况不需要考虑列车到站停车的停车附加时间 t_p 及停站出发后的启动附加时间 t_s。

（2）列车在一个车站停车后发车并通过下一个车站所用时间记为 t_1，这种情况需要考虑列车从车站启动的启动附加时间 t_s，即 $t_1 = t_0 + t_s$。

（3）列车从一个车站通过后到达下一个车站停站所用时间记为 t_2，这种情况需要考虑列车到车站停车的停车附加时间 t_p，即 $t_2 = t_0 + t_p$。

区间运行时间的最终确定以牵引计算作为理论依据，结合查标和列车试运行的方法进行确定。表 2-1 为北京地铁 9 号线区间牵引计算运行时间和实际运行时间对照表。

表 2-1　北京地铁 9 号线区间牵引计算运行时间和实际运行时间的对照

车站	上行时间/s		下行时间/s	
	牵引计算	实际	牵引计算	实际
国家图书馆				
	101.30	112.00	87.90	100.00
白石桥南				
	86.70	96.00	90.60	100.00
白堆子				
	128.40	142.00	138.70	146.00
军事博物馆				
	110.70	122.00	104.40	122.00
北京西站				
	102.90	114.00	101.80	112.00
六里桥东				
	96.00	121.00	98.10	123.00
六里桥				
	120.20	148.00	119.10	147.00
七里庄				
	97.50	108.00	98.20	109.00
丰台东大街				
	107.90	119.00	107.40	119.00
丰台南路				
科怡路				
	81.00	90.00	78.20	87.00
丰台科技园				
	69.10	77.00	69.30	77.00
郭公庄				
	100.70	111.00	102.50	128.00

综上所述，最终区间运行时间的确定方法如下。

（1）由信号技术人员完成列车牵引计算，得到理论区间运行时间。

（2）安排添乘人员跟车进行实地调研，观察列车实际运行情况并统计列车运行过程中的区间运行时间，将调研结果交给编图人员。

（3）运行图编制人员综合考虑理论区间运行时间与添乘人员调研结果，确定最终区间运行时间。

此外，一般情况下编图人员会针对每个运行区间都提前确定多种区间运行时间方案,从而适用于不同种类运行图的编制。例如,北京地铁 1 号线在晚高峰结束之前采用自动驾驶(Automatic Train Operation,ATO)的最短运行时间模式,而在晚高峰退峰后采用节能运行模式。因此,目前通常根据运行图的需求来选取不同的列车运行等级或驾驶策略,从而得到相应的区间运行时间。列车运行等级有多种划分方式,以下介绍两种常见的方式。

(1)将列车运行模式分为一般模式和节能模式两种。若列车区间最短运行时间为 T,则在一般模式下列车有三种运行等级,对应区间运行时间分别为 $T,T+5,T+10$;在节能模式下同样有三种运行等级,对应区间运行时间分别为 $110\%T,110\%T+5,110\%T+10$,这种运行等级划分方式如表 2-2 所列。

表 2-2 第一种列车运行等级划分方式

列车运行模式	列车运行等级	区间运行时间/s
一般模式	第 1 级	T(区间最短运行时间)
	第 2 级	$T+5$
	第 3 级	$T+10$
节能模式	第 1 级	$110\%T$
	第 2 级	$110\%T+5$
	第 3 级	$110\%T+10$

(2)将列车运行分为 5 个运行等级,第 1 级表示列车以最快的运行速度行驶,其他运行等级,每升高一个等级,列车的最高运行速度将降低 10%,这种运行等级划分方式如表 2-3 所示。

表 2-3 第二种列车运行等级划分方式

列车运行等级	列车最高运行速度/(m/s)
第 1 级	v_{max}
第 2 级	$90\%v_{max}$
第 3 级	$80\%v_{max}$
第 4 级	$70\%v_{max}$
第 5 级	$60\%v_{max}$

2.1.2 停站时间

列车停站时间是列车在车站办理乘客乘降所必需的停车时间标准。城轨运营公司确定列车停站时间的原则是在满足客运组织作业需要的情况下，最大限度地缩短列车停站时间，以提高线路通过能力和旅行速度。列车的停站过程由以下几部分组成：列车开门时间、乘客上下车时间、列车关门时间、确认及等待发车时间，如图2-6所示。

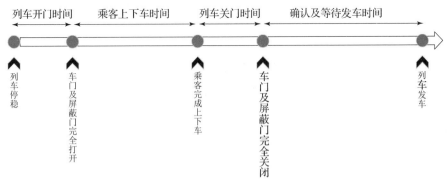

图2-6 列车停站过程构成示意图

1）列车开门时间

列车开门时间即从列车进站停稳，到列车车门、屏蔽门全部开启的这一段时间，列车开门时间由开门准备时间和开门动作时间两部分组成。

（1）开门准备时间：从列车停稳时间开始计时，信号系统的ATO或司机向列车和站台屏蔽门发出开门指令，接着控制系统检查车速是否为零、停站位置是否正确，最后将检查结果反馈回控制系统，以上过程的时间为开门准备时间。

（2）开门动作时间：检查结果满足开门条件后，经过电气传动，车门和屏蔽门电机的转动轴驱动列车车门和屏蔽门开启至相应位置，以上过程的时间为开门动作时间。

2）乘客上下车时间

乘客上下车时间是指列车车门打开后，列车上的乘客走至站台，以及站台上的乘客进入列车车厢的时间。通常该时间是列车关门与开门之间的时间，理论上应能使乘客从容完成上下车作业。

乘客上下车过程一般包含三个阶段，分别为下车阶段、上下车混行阶段和上车阶段，如图2-7所示。若乘客遵循"先下后上"的原则，当下车乘客下车完成时，乘客才开始上车，则乘客上下车过程只有阶段1和3；若上车乘客在下车乘客未全部离开车厢的情况下开始上车，则乘客上下车过程由阶段1、2和3组成。

（1）阶段1：车门开启初期，上车乘客在车门两侧候车区域内排队等待，这时下车通道较宽敞，下车乘客可以两个人并排通过车门或三个人并排通过车门，呈现队列移动现象，下车速度较快，如图2-7（a）所示。

（2）阶段2：随着时间的推移，上车乘客开始向车门聚集，上车乘客抢先上车，乘客混行阶段开始，上下车乘客在车门处相对运动，由于车门空间有限，两类乘客为竞争车门位置而产生冲突，交替通过车门，上下车速度变慢，如图2-7（b）所示。在高峰时段，甚至会出现下车乘客难以下车的情况。

（3）阶段3：随着下车乘客不断向站台出口移动，车门附近的下车乘客逐渐减少，上下车乘客相对运动变为上车乘客单向流动，上车乘客依次通过车门。在车厢拥挤程度不高的情况下，单个车门通常最多可允许3个人并排通过，上车速度较快，如图2-7（c）所示。在高峰时段，车厢拥挤程度较高，有可能发生乘客无法上车的现象。

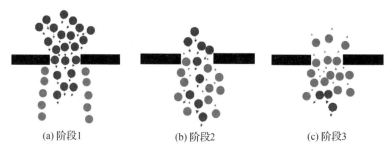

(a) 阶段1　　　　　(b) 阶段2　　　　　(c) 阶段3

图2-7　乘客上下车阶段示意图

影响乘客上下车时间的因素包括上车乘客数量、车门处站立乘客数量、候车乘客分布和乘客排队方式、车门宽度、乘客是否携带行李等因素。

（1）乘客数量：在其他因素确定时，乘客上车时间随上下车人数的增加而增加。但上车人数与上下车时间之间并不是简单的线性关系。

（2）车门处站立乘客数量：车门处站立乘客数量增加时会延长乘客乘降时间。一方面，当车厢内列车车门处站立乘客较多且到站不下车时，这些站立的乘客会影响车内乘客的下车过程，延长下车时间。另一方面，由于车门处站立乘客较多，车门处空余空间较少，也会对上车乘客造成影响，延长上车时间。

（3）候车乘客分布和乘客排队方式：均匀的候车乘客分布和上下车过程

中形成有秩序的队列可以提高上下车效率，各车门处上车人数分布的不均衡将导致局部上车人数过多从而延长整个上下车过程。乘客按照"先下后上"的原则在车门两侧有序排队，也可以减少乘客乘降的时间。

（4）车门宽度：车门宽度与乘客上下车时间呈负相关。当车门宽度增加时，上下车的乘客能够形成更多队列同时通过车门从而减少乘客上下车时间。反之，当车门宽度减少时，乘客上下车时间也将有一定的延长。

（5）乘客是否携带行李：乘客上下车时间随着携带行李数量的增加而增加。当乘客数量较少且携带较少行李时，乘客乘降时间几乎不受影响；但是当乘客携带较多行李时，可能会造成车门处的拥堵，上下车时间急剧增加。

3）列车关门时间：列车关门时，司机或者 ATO 系统向列车和站台屏蔽门发出关门指令；控制系统检测站台门及车门间是否有遮挡物，确认无遮挡物后，经过电气传动，电机转动轴带动列车车门及屏蔽门关闭。列车关门时间即上述过程的动作时间。

4）确认及等待发车时间：是指列车车门关闭至列车出发的这一段时间。列车车门完全关闭后，ATO 系统或者司机需要检查车门是否完全关好、有无其他潜在安全事故的存在，若检查无误，则向列车发出启动指令，且前方通行信号允许通行后，列车启动出站。

综上所述，列车的停站时间 $T_{停}$ 的计算公式如下：

$$T_{停} = t_{客} + t_{开} + t_{关} + t_{确认} - t_{\Delta} \tag{2-1}$$

式中：$t_{客}$ 为乘客上下车所需时间；$t_{开}$ 为开门时间；$t_{关}$ 为关门时间；$t_{确认}$ 为确认及等待发车时间；t_{Δ} 为开关门与乘客上下车重叠时间。

根据上面的叙述可以看出，列车开关门时间、确认及等待发车时间主要由司机操作、系统性能及经验数值决定。一般情况下，各部分时长可按如下方法确定。

（1）开门和关门时间：根据《地铁设计规范》的相关规定，列车开关门时间不宜大于 17s，乘客比较拥挤的车站不宜大于 19s。

（2）确认及等待发车时间：由于在这段时间内，司机需要完成一定的标准作业流程以确保行车安全，同时也包含了控制系统响应时间，因此确认及等待发车时间耗时较长，通常为 10~15s。

城轨运营公司在制定停站时间时主要考虑的影响因素是乘客数量。由于城轨各站的客流通常是不均衡的，客流较大的车站、换乘站、终点站的停站时间一般定为 45s，针对个别客流量巨大的车站，停站时间可定为 60s，其他中间站的停站时间一般定为 30s。此外，在实际运营时，随着客流量的变化，将对各站的停站时间作相应的调整，从而满足客流的需要。停站时间不能任意扩大,否则会降低线路的通过能力和旅行速度;停站时间也不能任意缩小,否则会给行车客运组织工作带来影响,甚至会影响社会效益。因此,要改变某一站的列车停站时间,应本着符合客流的要求及充分发挥线路通过能力的原则,必须经过必要的理论计算和反复的实际查标后方可实施。

2.1.3 折返时间

列车折返是指列车到达终点站并清客后驶入折返轨进行换端,再由折返轨驶向对向站台载客的过程。折返时间不仅是列车运行图的一个重要因素,而且直接影响一条运营线路的通过能力和运营服务水平,通常是由设计部门依据理论牵引计算和实际查标测算而最终确定的。列车折返时间应根据折返线设置的不同、列车折返方式分别进行计算。从折返线的线型来划分,列车折返方式可以分为站后折返和站前折返两种。

1) 站后折返

站后折返通常是指列车利用站后尽端折返线进行折返,如图2-8所示。这种折返方式的优点在于,将终点站乘客上下车过程分开进行,既有利于客运组织,也避免了列车在站前的进路冲突。缺点是折返过程中列车进出折返线的空驶距离非常大,从而会导致折返时间较长。

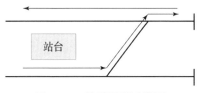

图2-8 站后折返示意图

此外,在实际运营过程中,对于站后有双折返轨的线路来说,列车折返的过程还可以分为"直进弯出"和"弯进直出"两种,如图2-9所示。

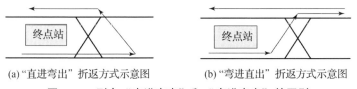

(a)"直进弯出"折返方式示意图 (b)"弯进直出"折返方式示意图

图2-9 列车"直进弯出"和"弯进直出"的区别

(1) 如图2-9(a)所示,"直进弯出"指的是列车到达终点清客后,首先经过道岔的定位到达折返轨后进行换端,然后列车经过道岔反位到达对向站台。

(2) 如图2-9 (b) 所示,"弯进直出"指的是列车到达终点清客后,首先经过道岔的反位到达折返轨后进行换端,然后列车经过道岔定位到达对向站台。

在实际运营过程中,通常优先选择"弯进直出"的折返方式。因为"弯进直出"的方式能够最大限度地满足平行作业的需要,当前车通过道岔侧向进入折返线换端时,后车可以同步经过道岔直行进入折返线,提高了折返线的通过能力。

2) 站前折返

站前折返是指列车由站前渡线进行折返,如图2-10所示。站前折返的优点是列车空驶距离比较短,而且可以同时上下客,所以能缩短折返的时间。但是站前折返会占用区间线路,影响后续列车进站;同时在客流量较大时,上下车过程客流对冲严重,容易造成混乱,影响车辆折返。

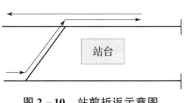

图2-10 站前折返示意图

列车折返区域通过能力计算的关键是折返列车在终点站最小发车间隔时间的计算。折返列车在终点站最小发车间隔时间的长短反映了列车在终点站的折返迅速程度,是决定列车折返区域通过能力大小的基本参数,也是影响轨道交通系统通过能力的主要因素之一。下面首先介绍列车折返作业的过程,传统的人工驾驶模式下列车折返由下面的不同作业过程组成的。

(1) 列车到达终点站后清人,即全部乘客下车,车门关好。

(2) 办理列车进库进路,信号开放。

(3) 司机确认信号。

(4) 司机启动运行至库内停稳。

(5) 司机进行换端操作的时间。

(6) 办理出库进路,开放信号。

(7) 司机确认信号。

(8) 列车由库内启动运行至规定停车位置停稳。

(9) 乘客上车关好门发车。

所以折返时间可用如下公式计算:

$$T_{折} = t_{清} + t_{办进} + t_{确1} + t_{入} + t_{转} + t_{办出} + t_{确2} + t_{出} + t_{上} \tag{2-2}$$

式中: $t_{办进}$、$t_{确1}$、$t_{办出}$、$t_{确2}$ 可以和 $t_{清}$、$t_{转}$ 平行作业,所以式 (2-2) 可以简化为

$$T_{折} = t_{清} + t_{入} + t_{转} + t_{出} + t_{上} \tag{2-3}$$

在列车运行图中,表示列车折返时间的组成部分如图2-11所示。

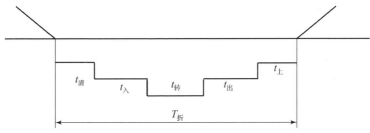

图 2-11 列车折返时间的组成

传统的人工驾驶折返过程的缺陷在于：首先司机必须人工驾驶列车到达折返线，再进行换端操作，导致整个折返过程较长；其次不同司机的驾驶技术和习惯等因素的不同也导致人工驾驶模式下列车折返时间差异大。城轨全自动运行（fully automatic operation，FAO）系统的发展实现了列车无人自动折返功能。在 FAO 模式下，列车到达站台清客完毕后关闭车门及站台屏蔽门。系统自动排列进路，列车开始进行无人折返作业。列车到达折返停车点后，前后端车载控制器（vehicle on–board controller，VOBC）自动完成换端并完成注册等流程，之后列车自动开往发车站台。因此，FAO 系统的无人自动折返功能无须司机进行人工换端，大幅缩短了折返时间。

在实际运营过程中，也存在列车在中间站利用库线进行小交路折返的情况。在这种情况下列车折返时间计算的流程与终点站折返的流程类似。

2.1.4 列车全周转时间

列车全周转时间是制定开行方案的重要依据，可以用符号 T 表示，它指的是同一列车在相同起点站的连续发车间隔时间，计算公式如下：

$$T = T_o + T_o' + t_1 + t_2 \qquad (2-4)$$

式中：T_o 和 T_o' 分别表示列车在上行和下行方向所有区间运行时间和车站停站时间之和；t_1 和 t_2 分别表示列车在上下行终点站的折返时间。

通常情况下，由于受到线路坡道、站台位置等因素的影响，列车上下行的运行时间略有不同。图 2-12 显示了列车区间运行时间、停站时间、折返时间及全周转时间的关系。

在制定开行方案时，列车的全周转时间、列车发车间隔和运用的车底数之间存在一定的数值关系，是编制列车运行图的重要概念。假设列车的全周转时间为 60min，列车按照等间隔发车。当发车间隔设置为 180s 时，则共需要 20 辆车底。

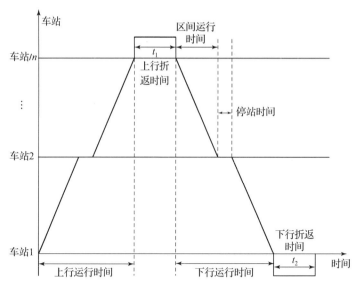

图 2-12　区间运行时间、停站时间、折返时间和全周转时间的关系

2.1.5　列车出入车辆段作业时间

列车出入车辆段作业时间包括列车从车辆段/厂停车位发车到达小站台的运行时间、列车在车辆段小站台与正线防护信号间的列车运行时间以及列车在正线防护信号与列车始发站间的列车运行时间。与区间运行时间类似，以上运行时间可依据设计部门提供的理论牵引计算和实际查标测算相结合的方法最终确定。此外，在编制列车运行图的过程中，还需要考虑以下因素。

（1）车辆基地出入库线的设置对正线运营方案的制定起着重要作用，并且对编制列车运行图有着很大的制约作用。就一条运营线而言，从运营的角度来讲，出入库线最好设置在线路的尽头，这样可降低对正线列车运行的影响，但是由于种种原因，城轨公司投入运营的线路有部分出入库线设置在运营线的中间，给运营组织工作带来更高要求。

（2）同一条出入库线列车作业的方式不同，也要有不同的时间标准。例如，列车先出段后回段的时间标准、列车连续出段时间标准、列车连续回段时间标准。

本书以北京地铁 1 号线为例，对列车运行图中经常出现的列车出入段的 4 种作业种类及时间进行介绍。

（1）作业方式 1：如图 2-13 所示，由车辆段经出入库线直接运行至古城站的上行出段列车，作业时间定为 4min（图中黑色实线箭头）。需要注意的是，在这种情况下，列车出段有可能会影响对向的列车，因此在编制列车运行图时，必须保证列车出库和正线通过列车之间的安全间隔。

（2）作业方式2：由古城站经出入库线直接回段的下行列车，作业时间定为4min（图2-13中的黑色虚线箭头）。这种作业的问题在于，必须在古城车站进行清客作业，可能会给乘客带来一定的负面影响，因此必须做好相关的客运组织作业。

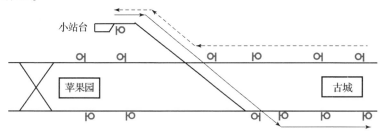

图2-13 上下行列车在古城站出入段的作业示意图

图2-14所示为以上两种出入段作业方式的运行图。

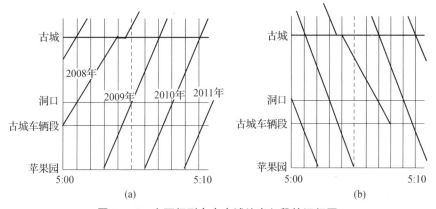

图2-14 上下行列车在古城站出入段的运行图

（3）作业方式3：除了以上两种出入段作业方式，在实际运营过程中也会出现出段列车直接在车站折返的情况，如图2-15所示。由车辆段开出利用古城洞口道岔进行折返运行至苹果园站的出段列车，作业时间定为5min，这种作业方式的运行图如图2-16所示。

这种车辆段出库折返作业方式的好处在于，从古城车辆段出库的列车能够直接为苹果园的等待乘客提供服务。以早间出库时段为例，如果古城车辆段出库的列车直接开往上行终点站，那么苹果园的等待乘客必须等待下行方向的列车折返后才能被服务。

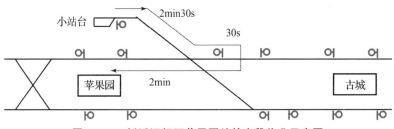

图 2-15 折返运行至苹果园站的出段作业示意图

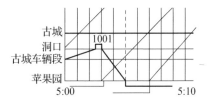

图 2-16 古城车辆段折返出库方式运行图

（4）作业方式 4：类似地，由苹果园站开出利用古城洞口道岔进行折返回段的列车，如图 2-17 所示，作业时间定为 5min。

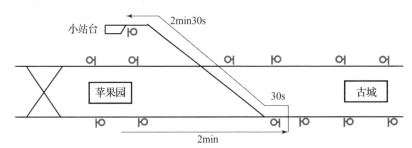

图 2-17 利用古城洞口道岔进行折返回段的回段作业示意图

如图 2-18 所示，这种作业方式的目的在于，下行方向回段列车可以将乘客运送至苹果园站再回段，否则乘客必须在古城站下车，这将对乘客造成负面影响。

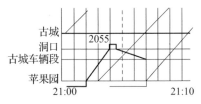

图 2-18 利用古城洞口道岔进行折返回段的回段作业运行示意图

2.1.6 列车最小运行间隔时间

线路中的列车最小运行间隔时间是列车运行图编制的边界条件和制约城轨线路运力提升的关键因素。在一定的基础设施条件下，列车最小运行间隔时间 $h_{\min}$ 主要由三个要素共同决定：最小车站运行间隔时间、最小折返间隔时间及最小区间追踪间隔时间。下面分别介绍这三个要素的定义和影响因素。

1) 最小车站运行间隔时间

最小车站运行间隔时间，又称车站追踪间隔时间，可以用符号 h_{smin} 表示，指在城轨车站办理两列车的到达、出发或通过作业所需要的最小间隔时间。计算最小车站运行间隔时间考虑的主要因素如下。

（1）信号设备类型，包括闭塞、联锁等设备。

（2）接近车站线路的平面、纵断面情况。

（3）车站办理接发车作业时间。

（4）列车在车站的作业类型和行车组织方法，包括跳停、小交路折返、终点站折返等不同作业方式。

以移动闭塞模式下列车车站追踪间隔时间的计算方法为例，列车在车站追踪时，只有前车完全出清保护区段，才允许后续列车驶入，即后车的移动授权才能延伸至停车点。车站追踪间隔时间计算模型如图 2-19 所示。车站追踪间隔时间的计算公式如下：

$$\begin{cases} h_{\text{smin}} = t_r + \left(\dfrac{v_p^2}{2v_1 b} + \dfrac{v_1 - v_p}{b} \right) + \left(\dfrac{L_b - L_d}{v_p} + \dfrac{v_p}{b} + t_d + \sqrt{\dfrac{2L_d}{a}} \right) + \left(\sqrt{\dfrac{2(L_t + L_s)}{a}} \right) \\ L_b \geqslant t_r \cdot v_p + \dfrac{v_p^2}{2b} \end{cases}$$

(2-5)

式中：h_{smin} 表示车站追踪间隔时间；t_d 表示列车在车站的停站时间；v_1 表示线路限速；v_p 表示站台限速；L_d 表示停车点到逻辑区段终点的距离；L_b 为逻辑区段长度；L_s 为保护区段长度。

2) 最小折返间隔时间

列车最小折返间隔时间可以用符号 h_{tmin} 表示，主要取决于车站折返线的布置方式、信号和联锁设备的种类、列车在折返站停站时间标准及列车在折返站内运行速度等因素，具体参见 2.1.3 节。

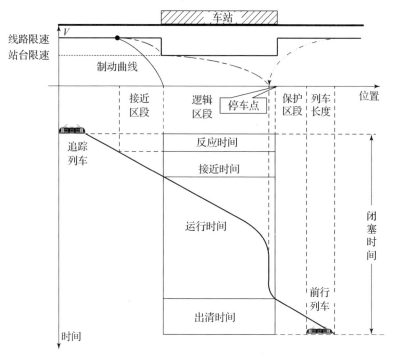

图 2-19 移动闭塞模式下列车车站追踪间隔时间计算模型示意图

3)最小区间追踪间隔时间

最小区间追踪间隔时间,又称正线追踪列车间隔时间,可以用符号 h_{wmin} 表示,指在城轨线路上同方向运行的两列车以闭塞分区(轨道电路区段)或制动距离加安全防护距离为间隔运行过程中相互不受干扰的最小间隔时间。

计算确定追踪间隔时间考虑的主要因素如下。

(1)信号设备类型,包括闭塞、联锁等设备;

(2)列车运行速度;

(3)行车组织办法。

以移动闭塞模式下城轨区间追踪间隔时间计算方法为例,一般地,由于采用移动闭塞模式的城轨正线上的进路是始终存在的,所以移动闭塞模式下不考虑进路建立与解锁的时间。区间内不设有保护区段,因此列车区间追踪间隔时间模型的出清时间不考虑保护区段。

如图 2-20 所示,移动闭塞模式下列车在区间追踪运行时,其追踪间隔时间由反应时间、接近时间、运行时间、出清时间组成。

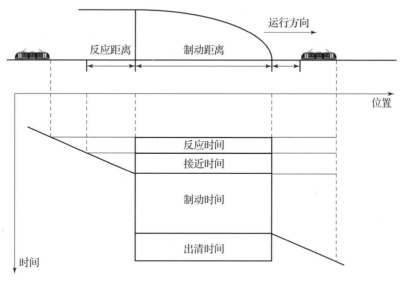

图 2-20 移动闭塞模式下区间追踪间隔时间计算模型示意图

各组成时间可根据列车的运行速度、列车的加速制动性能等基本参数获得，整理后的区间追踪间隔时间为

$$\begin{cases} t_h = t_r + \dfrac{L_a + L_b + L_t}{v} \\ L_a = \dfrac{v^2}{2b} \end{cases} \quad (2-6)$$

式（2-6）可以进一步简化为

$$t_h = t_r + \frac{v}{b} + \frac{L_b + L_t}{v} \quad (2-7)$$

式中：t_h 表示列车区间追踪间隔时间；t_r 表示设备反应时间；L_a 表示接近区段的长度，即列车常用制动距离；L_b 表示闭塞区段长度，即逻辑区段长度；L_t 表示列车长度；b 和 v 分别表示列车制动率和列车当前速度。

线路中的列车最小运行间隔时间由以上三个时间要素的最大值决定，即

$$h_{min} = \max(h_{smin}, h_{tmin}, h_{wmin}) \quad (2-8)$$

由此可见，城轨系统的最小发车间隔实质上取决于各项关键环节的综合能力，所以各项关键环节的综合能力应相互匹配，避免造成某些能力闲置。例如，随着列车运行控制系统和技术的升级，城轨列车的最小区间追踪间隔时间已突破了 1min，但由于折返通过能力的限制，导致运力无法进一步提升。在实际的运营过程中，线路通过能力的瓶颈通常是区间追踪间隔时间和列车折返

间隔时间，所以在计算通过能力时应重点探讨这两项固定通过能力的计算方法。

2.1.7 首末班车时间

城轨的运营时长体现了该城市的服务水平和服务质量，从全球范围来看，除纽约和哥本哈根两座城市实施24h运营、伦敦和柏林等城市在周末尝试通宵运营外，其他城市均会采取夜间停运的组织方式。各线首末班车时间指城轨各条线路中首班车和末班车的开行时间，其时间安排合理与否体现着城轨服务质量和水平的高低，同时在一定程度上影响运营公司的运营成本，影响城轨首末班车开行时间的因素主要包含以下方面。

（1）线路和站点的特征：一条线路经过的车站决定了它的客流特征，从而影响了首末班车时间的制定。对于连接市郊和城市中心区的线路来说，为了方便乘客通勤，在首班车时间制定时主要考虑进城方向的首班车时间。例如，北京地铁昌平线的始发站分别是西土城和昌平西山口，西土城位于城市中心区而昌平西山口属于郊区。因此，从西土城方向开往昌平西山口方向的上行首班车发车时间为5:22，而开往西土城方向的下行列车首班车发车时间为4:59，明显早于上行方向首班车。其次，当线路中部分车站与火车站、公交枢纽、机场等场所相连时，在制定首末班车时间的时候需要考虑与火车、公交等其他交通方式的有效衔接。

（2）政策因素：各地方政府可能会制定相关政策或标准文件来规范城轨首末班车的发车时间。例如，北京市地方标准《城轨运营服务管理规范》中规定：线路运营时间全天不少于17小时，进城方向首班车始发站发车时间不宜迟于5:30；出城方向末班车始发站发车时间不宜早于22:30。

（3）线路间末班车衔接：由于各线路结束运营的时间不同，城轨网络上各车站之间的可达关系呈现出动态变化的特点。一条线路的末班车时间不仅影响本线乘客的出行，更大程度上通过到达换乘站的时间将影响扩大到整个路网，末班车时间制定的合理与否直接关系到乘客能否到达目的地，因此需要根据客流特点，对网络首末班车计划进行协调编制，实现各线路间末班车在换乘站的整体合理衔接非常重要。

（4）其他因素：城轨首末班车有时还会受到节假日、大型活动等因素的影响。为了保证乘客的出行，城轨运营公司通常会延长运营时间，也就是通过推迟末班车或者提前安排首班车的发车时间，来满足乘客的需求。

如图2-21所示，目前国内常用的编制首末班车时刻表的方法是以线网中某一条线路上的某一换乘站为基准。例如，北京地铁以2号线作为基准线路：

首先确定线路上下行方向的首末班车通过换乘站的时间，然后根据该线路方向上首末班车通过各个换乘站的顺序来依次确定各个站点的接续时间；最后依次确定各个方向的衔接。

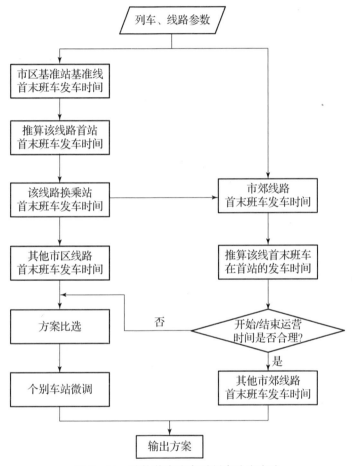

图 2-21 城轨首末班车时刻表确定方法

2.2 列车运行图的影响因素

2.2.1 信号系统

城轨信号系统在保障行车安全、提高作业效率等方面具有重要作用，同时对于列车运行图时间要素的确定也有一定的影响。本节主要介绍与列车运行图时间要素计算相关的几个信号系统的影响因素：闭塞模式、进路控制及列车驾驶模式。

1. 闭塞模式

为了保证城轨必要的通过能力和行车安全，轨道交通线路以车站为分界点划分为若干区间，然后又将一个区间分为若干分区。为了确保列车在区间内的运行安全，必须保证列车所在的区间内空闲，以避免发生正面冲突或者追尾等事故。按照一定规律组织列车在区间内运行的方法，一般称为行车闭塞法，简称闭塞。本节主要介绍固定闭塞和移动闭塞两种模式。

固定闭塞指两列车之间的空间间隔是若干长度固定的闭塞分区，一般设地面通过信号机，保证列车按照空间间隔制运行的技术方法。在固定编组模式下，轨道被分成若干闭塞分区，每个闭塞分区只能被一列车占用，而且闭塞分区的长度必须满足司机确认信号和列车停车制动距离的要求，如图2－22（a）所示，固定闭塞模式的移动授权终点为前车所占用闭塞分区的起点。

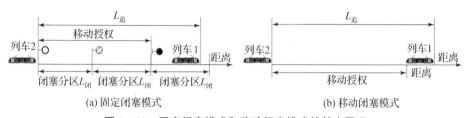

图2－22 固定闭塞模式和移动闭塞模式的基本原理

实际上，移动中的列车在轨道上只是占用与其长度相同的轨道，因此后行列车以前行列车的尾部为目标，实时与前车保持安全制动距离，就可以保证安全、高效地运行。这种闭塞分区随车"移动"的自动闭塞方式被称为移动闭塞，如图2－22（b）所示。显然，移动闭塞系统实现的前提是实时、安全地检测前行列车的运动状态，并及时向后行列车传送移动授权，移动闭塞模式的移动授权终点为前车的尾部。

不同的闭塞模式会影响列车在区间、车站和折返区域、车辆基地的最小区间追踪间隔时间计算，进而影响列车运行图要素。通常情况下，城轨更多采用移动闭塞模式，因为移动闭塞模式的区间追踪间隔时间小于固定闭塞模式，因此一条线路上可同时运行更多的列车，这对于城轨运力的提升具有重要意义。例如，北京地铁13号线、八通线在升级改造之前采用固定闭塞模式的信号系统，系统的最小发车间隔分别是2min40s和2min50s。信号系统升级后，采用移动闭塞模式的线路在高峰时期的最小发车间隔已经压缩至2min以内。

2. 进路控制

列车在线路中行进的路径称为进路,列车必须在防护进路的信号开放的前提下才能进入并安全地使用进路。城轨系统主要由列车自动监控系统(automatic train supervision,ATS)设备来完成对进路的控制,由联锁系统负责检查进路的安全进而办理、取消或者解锁进路。

城轨列车进路控制的逻辑如下:ATS 进路控制系统存储计划运行图包含的所有列车时刻表,以及所有线路、站台、车辆段的进路表信息,当 ATS 检测到列车压入进路办理的触发轨时,ATS 通过进路表进路搜索功能为列车查询进路;ATS 将进路命令下发给联锁系统,联锁系统接收来自 ATS 的进路办理请求或者取消命令;联锁系统通过区域控制器(zone controller,ZC)检查进路内区段空闲、道岔锁闭位置是否正确、进路是否已锁闭、是否未建立敌对进路,然后确认联锁条件通过后,才能联动现场道岔转换设备进行道岔转换,最后开放信号,并保持信号的开放至进路条件不满足或进路取消。当 ZC 系统向联锁系统发送列车已经越过信号机的信息,联锁系统判断进路内区段确实被占用的情况下,可实现接近锁闭的解锁。

对于采用移动闭塞系统的城轨线路而言,区间和车站正线上的进路基本不存在道岔,因此建立进路的时间较短,通常不考虑其对时间要素计算的影响。然而,除正线外的城轨线路中,一般设有道岔,从而满足列车折返、存车、出入段等不同运营功能的需求。从上述进路控制逻辑可以看出,列车进行折返、出入段等作业时,信号系统需要进行进路控制,包括 ATS 触发进路、进路锁闭、联锁系统检查敌对信号、检查锁闭等流程的时间。因此,进路控制的效率会影响列车折返、出入段等作业的时间,进而影响列车运行图的编制。

3. 列车驾驶模式

根据《地铁设计规范》,城轨列车驾驶模式包括自动驾驶模式、速度监控下的人工驾驶模式、限制人工驾驶模式、非限制人工驾驶模式和列车折返模式,其中与列车运行图编制相关的主要是自动驾驶模式和速度监控下的人工驾驶模式。

在速度监控下的人工驾驶模式中,列车的牵引、制动等操作都是由司机人工完成的。在自动驾驶模式下,ATO 能够根据列车所在的区间线路信息生成列车运行的推荐速度曲线,通过控制列车牵引、惰行、制动等方式精确地追踪速度曲线,使列车的实际运行图与计划运行图相符,并控制列车在站台精确对标停车。ATO 的主要优势是,避免了人工驾驶模式存在的驾驶时间具有不确定性和差异性,以及人工操作存在效率低(主要体现在列车运行最大速度、运行时间方面）的问题。对于列车运行图编制来说，在计算各类时间要素时，应当充分考虑系统中是否应用了 ATO 模式。例如，在列车折返时，如果使用了 ATO 自动折返功能，那么可以缩短转台的时间，进而减少整体的折返时间。

此外，编图人员在制定区间运行时间时，通常需要考虑列车运行时间的误差，从而设置一定的冗余时间来提高列车运行图的鲁棒性。ATO 模式的区间运行时间通常误差小，更加稳定，而人工驾驶模式则存在较大的误差。因此，在人工驾驶模式下的计划运行时间需要在最小运行时间的基础上留有较多的余量，而在 ATO 模式下则可以取较小的冗余时间，从而减少全周转时间。

2.2.2 基础设施

1. 线路和网络

城轨线路是为列车在固定轨道上运行提供专用路权的基础设施，通常由路基、桥隧建筑物和钢轨组成，它除承受列车的重量外，还需要引导列车运行的方向。路权指的是公共交通中车辆运行所需的专用设施，路权从高到低可以分为 A、B、C 三个等级，城轨为 A 级路权的交通方式。A 级的路权是专有的，不受其他交通方式的干扰，因此其运营具有更高的可靠性。

1）线路

按照功能划分，城轨线路可以分为正线、配线和车场线三类，如图 2 - 23 所示。在列车运行图编制时应当充分考虑各种功能线路的影响，下面分别对这三种线路进行介绍。

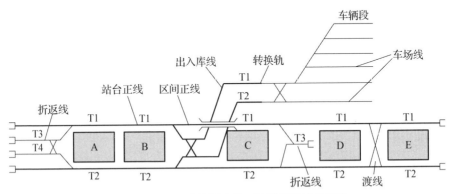

图 2 - 23　按照功能划分的不同类型的城轨线路

（1）正线。正线是指载客运营并贯通沿线车站的城轨线路，是列车运行的主要通道，一般采用双线设计，以适应上下行双向行车的要求。正线可以进一步分为区间正线和站内正线两种，连接两个车站的部分为区间正线，其余部分为站内正线。正线的特点是行车速度高,行车密度大,使用频率高,因此对轨道的标准要求高。

(2) 配线。配线是指线路中除正线外,在运营过程中为列车提供发车、折返、联络、临时停车等功能服务的线路,主要包括车辆基地出入线、折返线、联络线、渡线。列车在配线上的运行速度和使用频率相较于正线较低,但配线为城轨的运营提供了必要条件,在列车运行图编制过程中,需要综合考虑各种类型配线的布置情况。各种类型配线的功能如下。

①车辆基地出入线:车辆基地出入线与正线相连接,为列车从车辆基地进出正线正常运行提供基础设施条件。为了提高列车出入库的能力和减少对正线运营工作的干扰,出入线一般按照双线、双向运行设计,并且避免"切割"正线。车辆基地出入线接轨点有单站接轨、两站接轨两种方式。单站接轨是指车辆基地出入线只和某一个车站的正线相连,双站接轨是指车辆基地出入线选择在两个车站接轨,这种情况在编制列车运行图时可以灵活地根据需要选择列车从不同的接轨站开始运营或返回车辆基地。车辆基地出入线的结构、线路参数等决定了列车出入车辆基地的方式和走行时间,进而影响列车运行图的时间要素计算,具体参见 2.1.5 节。

②折返线:折返线是指为列车提供折返运行功能的线路,可同时兼做存车线使用。根据 2.1.3 节的介绍,折返线最主要的功能首先是使列车到达终点站后改变运行方向,折返线的配置形式直接影响列车折返时间。其次当一条运营线出现客流空间分布不均时,就要考虑在节约运力的基础上,利用中间车站的折返线采用大小交路套跑的方式。例如,北京地铁 1 号线早高峰时段上行方向列车利用公主坟站和果园站的存车线开行大小交路。最后折返线的存车能力对列车运行图编制具有重要意义。在编制列车运行图的过程中,可以充分利用存车线的能力,根据运营需要安排列车在车站存放。例如,在国庆节假日期间,为了提供运营保障,通常会在建国门或者复兴门的库线提前存放备用车,能够在故障及应急条件下第一时间加开备用车,从而减少对运营造成的负面影响。

③联络线:联络线是连接两条独立运营城轨线路的重要设施,其主要作用是使列车或车辆能够在不同线路之间通行,进而提升系统整体的运营效率和服务质量。在城轨网络中,联络线发挥着不可或缺的作用。例如,城轨通过开行检测车辆,如轨道检查车、钢轨探伤车等,实现对轨道的检测。检测车辆从某一线路的车库出发开始作业,通过联络线到达其他线路,从而实现对整个路网的检测作业。此外,城轨列车建造完成后会通过铁路进行运输,由铁路机车牵引着城轨列车通过联络线后到达指定的车辆段。

④渡线：渡线可以分为两种，一种是设置在正线线路上下行线之间，用于改变列车运行路径或者运行方向的线路；另一种是与折返线连接的渡线。直接与正线相连接的渡线主要用于运营过程中的临时折返，一般只在发生故障及应急条件下使用。列车通过渡线的时间将影响列车折返或入库的时间，是影响列车运行图编制的重要因素。

（3）车场线。

车场线是指设置在车辆基地内，提供列车停车、检修及走行的线路，包括检修线、试验线、洗车线、牵出线等。如图 2-23 所示，车场线以出入段线及其延伸线为基线，以库房功能划分线群。车场线的特点是道岔较多，列车运行速度较低。此外，在车场线的入口区与车辆基地出入线之间会设置转换轨。由于车辆基地的道岔较多，且运行交路复杂，一般的运营线路均要求车辆运行至转换轨处转换模式，改由人工驾驶车辆进入库线（FAO 系统的线路例外）。当车辆从正线经由出入线返回车场线时，应在转换轨处转换驾驶模式，将车辆 ATO 模式或列车自动防护系统（automatic train protection，ATP）监控下的人工驾驶模式转为人工驾驶模式，由司机按地面信号显示，人工驾驶列车运行至停车位置。同样地，列车从车辆段进入正线运行时，也将在转换轨由人工驾驶模式转换为 ATO 模式或 ATP 监控下的人工驾驶模式，列车在车场线的走行时间会影响列车运行图时间要素的确定。

2）城轨线路参数

除了线路的功能对列车运行图编制有影响，线路的参数对于分析列车受力情况、建立列车动力学模型和牵引计算也具有重要作用，最终会影响列车区间运行时间、出入车辆段作业时间及折返时间等要素的计算，因此线路参数也是影响运行图时间要素的关键信息。本节主要介绍的城轨线路参数有曲线半径、最大坡度和坡段长度。

（1）曲线半径。

曲线半径是影响列车动力学特性的重要参数，其大小将直接影响车辆行驶的稳定性、安全性及通过速度等，最终会影响列车运行图时间要素的计算，线路的最小曲线半径是线路主要技术标准之一。曲线采用的半径越小，轮对冲击角和轮轨导向力越大，车辆和线路之间的动力响应越剧烈，轮轨磨耗越严重，线路和车辆的磨损越大，列车受到的曲线附加阻力也越大，同时要求列车通过速度相应地降低。《地铁设计规范》规定线路曲线半径与最小半径、线路性质、地形地物及行车速度等条件有一定的数值关系，其计算公式为

$$R_{\min} = \frac{11.8V^2}{h_{\max} + h_{qy}} \qquad (2-9)$$

式中：V 表示车辆速度；$R_{\min}$ 表示城轨线路设计中的最小曲线半径；$h_{\max}$ 表示最大超高，在城轨中通常取 120mm；h_{qy} 为允许欠超高，在城轨中一般为 61.2mm。

不同功能线路的最小曲线半径如表 2-4 所示。

表 2-4 不同功能线路的最小曲线半径

线路	A 型车		B 型车	
	一般地段	困难地段	一般地段	困难地段
正线/m	350	300	300	250
出入线、联络线/m	250	150	200	150
车场线/m	150	—	150	—

（2）最大坡度。

最大坡度是线路纵断面设计中的重要指标，对行车安全、线路长度、通过能力、线路走向和运营经济效益等有一定影响，最终对列车运行图的时间要素计算有影响。《地铁设计规范》规定线路最大坡度主要根据地形条件和车辆性能取舍，正线最大坡度宜采用 30‰，困难地段可采用 35‰。最大坡度主要影响列车动力学模型中的坡道附加阻力，进而影响牵引计算的结果。如图 2-24 所示，列车在坡道上受到的阻力用符号 W 表示，其大小与坡道的陡峭程度和坡道的长度有关。

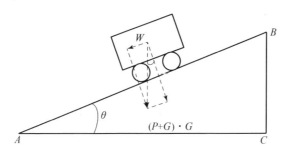

图 2-24 列车坡道阻力示意图

（3）坡段长度。

坡段长度为相邻变坡点间的水平距离，该参数的值也会对列车运行的附加阻力产生影响，从而影响列车运行图时间要素的计算。在设计时，考虑到车辆运行的平稳性等要求,坡段长度越长越好;但采用的坡段长度较短,在工程中可减少桥隧、路基等工程数量,更好地适应地形的变化起伏。所以在确定坡段长度时,既要尽可能多地节约工程投资,又必须满足列车运行的平稳性要求。

3) 城轨线路和网络长度

最后我们介绍城轨线路长度、网络长度及总线路长度的概念和计算方法。线路长度和网络长度的单位通常是 km。线路长度指的是一条轨道交通线路起始站到终点站的距离,可以由下式进行计算:

$$L = \sum l_i \qquad (2-10)$$

式中:L 表示线路长度;l_i 表示线路中区间 i 的长度。

式(2-10)表示线路长度 L 等于各个区间长度之和。在一定的速度条件下,一条城轨线路越长,列车全周转时间也会相应增加,造成线路上运行的列车数量增加。这不仅导致运营公司运营成本提高,而且也给行车组织工作带来较大的困难。因此,《地铁设计规范》中规定一条城轨线路的长度不宜超过35km,同时列车全周转时间尽可能在 1h 以内。

网络长度 $L_{network}$ 指的是各个线路服务长度的总和减去线路之间重叠的部分,总线路长度 L_{total} 为各线路长度的运营里程总和。如图 2-25 所示,图中的实线、虚线和点画线分别代表了三条城轨线路 AD、AC 和 EF。图中黑色的圆圈表示普通车站,白色圆圈表示换乘车站,终点站用白色方块表示。该路网的线路长度 $L_{AC}=6km$,$L_{AD}=5km$,$L_{EF}=7km$,网络长度为各线路长度的总和减去重叠部分的运营里程(即 L_{AB}),所以网络长度 $L_{network}=15km$。最后,总线路长度 $L_{total}=18km$。

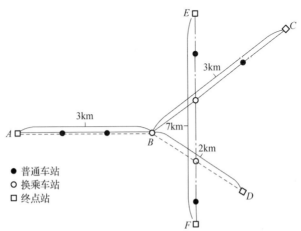

图 2-25 线路长度、网络长度及总线路长度的计算方法

城轨网络长度的增加,使城市近郊甚至远郊客流开始纳入轨道交通的吸引范围,但是,一方面,由于城市活动空间功能分布的差异,不同区域的客流需求也存在差异,导致客流空间的不均衡性更为显著。另外,不同地区乘客的出行需求愈加频繁和多样,形成了如早晚高峰产生的通勤客流、大型活动所产生的突发客流,节假日探亲旅游客流,以及购物、文体娱乐等日常休闲客流,造成客流时间分布的不均衡性更加明显。编图人员会根据客流分布规律,通过开行不同间隔列车、大小交路运营模式、快慢车模式、灵活编组等不同行车组织方法来减少客流不均衡性的影响。因此,客流的分布不均衡性最终会影响列车开行方案的制定,进而影响列车运行图的编制。

2. 车站

车站是轨道交通重要的基础设施,是乘客上下车、候车和换乘的特定结构和场所,应保证旅客方便、安全、迅速地进出站,并有良好的通风、照明、卫生、防灾设备等,为旅客提供舒适清洁的乘车环境。

1)车站的功能

城轨车站按照运营功能的不同分为中间站、终点站、折返站和换乘站。中间站指仅供列车停靠和乘客上下车的车站,是城轨系统中数量最多的车站。终点站是线路的尽头车站,列车到达终点站后,乘客必须下车。折返站指设有折返线和折返设备的车站,通常情况下,终点站都是折返站。除终点站外,线路中间的部分车站也可以提供折返设备供列车折返。换乘站是位于两条及以上线路交叉点上的车站,它除具有中间站的功能外,最主要的是乘客可以通过换乘通道从一条线路的车站转换到另一条线路。

如图2-26所示,在列车运行图的编制过程中,各个车站的运营功能属性是需要重点关注的要素。车站的功能对于确定运行交路、计算停站时间要素等有重要的影响。例如,车站是否是终点站、折返车站的属性是确定列车运行交路的重要依据;车站是否是换乘站的属性是计算停站时间、线间换乘衔接是否协调的关键影响因素。

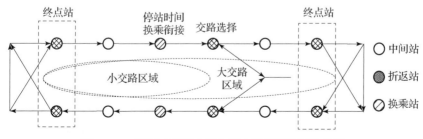

图2-26 不同功能的车站与列车运行图编制的关系

2) 车站的结构要素

车站从结构上可以划分为站台、站厅和通道三部分,下面将分别介绍这三部分的结构设施。

(1) 车站站台。

车站站台是最直接体现车站功能的设施,它为乘客提供候车和上下车的空间。在布置站台时,需要以车站上下行高峰小时客流量来计算站台宽度,根据列车编组确定站台长度,根据线路走向及换乘的要求确定站台形式。车站站台的形式可分为岛式站台、侧式站台及岛侧混合式站台。三种站台的形式如图 2-27 所示。

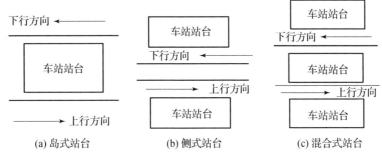

图 2-27　不同车站站台的形式示意图

不同车站站台形式的区别最终体现在站台技术参数上。车站站台的主要技术参数包括站台长度、站台宽度、站台高度,如图 2-28 所示。其中,站台长度和站台宽度是行车和客运组织的主要影响因素。

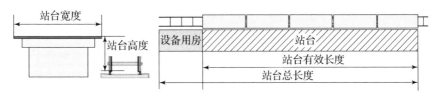

图 2-28　车站站台的主要技术参数示意图

①站台长度分为站台总长度和站台有效长度两种。站台总长度是包含了站台有效长度和设备、管理用房及迂回风道等的总长度,即车站规模长度。站台有效长度是站台计算长度,其量值为远期列车编组有效使用长度加上停车误差。

②站台宽度主要是根据车站远期预测高峰小时客流量大小、列车运行间隔时间、站台站型、站房布置、楼梯及自动扶梯位置等因素综合考虑确定的。

③站台高度是指线路走行轨顶面至站台地面的高度。

车站站台的布置形式和参数对于列车运行图编制的影响主要在于停站时间的计算。根据《地铁设计规范》，站台宽度、长度与高峰小时上下车客流量的关系如下：

$$b = \frac{Q_{上,下} \cdot \rho}{L} + M \qquad (2-11)$$

式中：b 表示站台宽度；$Q_{上,下}$ 表示高峰小时上下车客流量；ρ 表示站台上的人流密度；L 表示站台计算长度；M 表示站台边缘至站台门立柱内侧的距离，当无站台门时，该值取 0。

从式（2-11）中可以看出，对于站台的技术参数来说，车站站台长度越长，宽度越宽，则越能够容纳更多候车的乘客，提高乘客上下车的效率，从而减少列车的停站时间。同时，站台长度决定了列车最大编组的数量，从而影响了系统的运力。例如，灵活编组技术可以将列车连接成更大的编组，有望提高运力。然而，目前大多数城轨站台最多只能容纳 8 编组长度的列车停站。因此，在受到站台长度约束的条件下，系统运力也难以进一步提升。

（2）车站站厅和通道。

车站站厅的作用是将出站的乘客迅速、安全、方便地引导到站台乘车，或下车乘客迅速离开车站，是一个过渡的空间。站厅通常要设置安检、售检票、指示牌及问询等设施，在一定程度上会形成乘客聚集，因此站厅要起到分配和组织疏导人流的作用。车站通道为乘客从车站出入口到站厅或站台层的走行提供基础设施，是联系城轨车站出入口和站厅层的纽带。通道主要由电扶梯、楼梯和步行通道组成。

车站站厅和通道的服务能力最终会影响站台的服务能力，进而影响乘客上下车的速率，最终对列车运行图编制产生影响。车站站厅和通道的服务能力可以进一步分成两类：一类是通过型设施，包括自动扶梯、楼梯、闸机、进出站口、售票及安检的乘客通过能力；另一类是容纳型设施，包括站台、站厅等设备设施的能力。通过型设施的能力决定单位时间内通过的人数，并影响乘客的通过效率，容纳型设施的能力影响乘客聚集的数量以及乘客舒适程度。单个设备设施能力过小会导致乘客在设备设施处产生拥挤，该影响可能会传播到其他设备，进而影响乘客集散效率，降低乘客服务水平，制约车站服务能力的提升。例如，站台容纳能力（面积）过小，会导致乘客在站台内拥挤、进站上车乘客不能进站台上车或者下车乘客不能按时下车。一般来说，限制城轨车站服务能力的瓶颈主要是进站闸机、站台连接处、楼梯及站台。《地铁设计规范》对车站乘客在站厅和通道各部位的最大通过能力都有明确的规定，如表 2-5 所示。

表 2-5 车站设备设施的最大通过能力标准

名称		属性	每小时通过人数/（人次/h）
每 1m 宽通道		单向	5000
		双向混行	4000
每 1m 宽楼梯		下行	4200
		上行	3700
		双向混行	3200
0.65m 宽自动扶梯		输送速度 0.5m/s	4320
		输送速度 0.65m/s	5265
1m 宽自动扶梯		输送速度 0.5m/s	6720
		输送速度 0.65m/s	不大于 8190
自动售票机	三杆式	非接触式 IC 卡	1200
	门扉式	非接触式 IC 卡	1800
	双向门扉式	非接触式 IC 卡	1500

3. 车辆基地

车辆基地是保证城轨正常运营的后勤基地，是系统正常运营所必需的基础设施。车辆基地包括停车场、综合维修中心（或维修工区）、物资总库（或材料库）、培训中心和必要的生活设施等。车辆基地中配备的检修台位、停车线等设备的数量和容量必须与车底数量相匹配，从而保证系统正常运营。本节主要从三个角度介绍车辆基地对列车运行图编制的影响：车辆基地接发车能力，车辆基地位置、数量、存车数量，以及车辆基地是否具备检修功能。

1）车辆基地接发车能力

车辆基地接发车能力是单位时间内车辆基地发出或进入车辆基地的列车对数。单列车出入段时间长短、接发车作业过程中能否平行作业、信号系统制式等因素决定了车辆基地接发车能力。

首先介绍城轨车辆基地接发车作业的过程。在车辆段发车过程中，列车从停车列检库驶出后，经过转换轨由人工驾驶模式转换为 ATO 模式，再经出入段线驶入正线。作业过程可以分为两个阶段，分别是段内作业阶段和出段作业阶段。段内作业阶段即列车从停车列检库至转换轨的过程，出段作业阶段即列车经出入段线进入正线的过程。其作业过程如下。

（1）停车列检库前出发信号机开放，列车以低于 5km/h 的速度行驶至停车列检库前，停车瞭望前方，确认前方无障碍后出库。

（2）列车出清停车列检库后，根据信号显示行驶至转换轨前的信号机处，列车全程以不高于 20km/h 的速度限速运行。

（3）列车行驶至转换轨后，信号系统为列车分配车次，同时由人工驾驶模式转换为 ATO 模式运行，转换成功后经出入段线驶向正线。

（4）接轨站安排接车作业，列车经出入段线进入正线车站停车。

综上所述，车辆基地发车过程包括列车出库、转换轨模式转换、出入段线走行、列车进站等步骤。列车入段作业为相反过程，这里不再赘述。根据上述车辆基地接发车作业流程的分析可知，车辆基地接发车能力受信号系统、出入段线设计、咽喉区信号机及道岔的布设方式等因素的影响，具体如下。

（1）列车在到达转换轨前，需根据地面信号显示控制列车运行，到达转换轨后，模式由人工驾驶模式改为 ATO 模式，经出入段线进入正线。信号系统在办理闭塞、准备进路、传递行车凭证和显示信号等环节会影响车辆基地接发车的效率。此外，国内部分城轨线路采用了 FAO 系统，实现了车辆基地全自动出入库。据资料显示，上海地铁 10 号线通过采用 FAO 系统实现了平均出入库时间减少 50%。

（2）在车辆基地内，两条出入段线分别与一定数量的停车线相连，通过道岔将其"收紧"，出入段线的长度及线路间能否平行作业对于列车出段能力有较大影响。列车经转换轨进行模式转换后，以 ATO 模式经出入段线驶入正线。若出入段线太长，则会增加列车的走行时间。

（3）咽喉区是指列车出库至转换轨末端的区域，咽喉区道岔的数量在一定程度上也限制了列车的走行速度，并影响列车在段内的走行时间。

由于客流分布具有时间上的不均衡性，因此，一般采取高平峰不均衡发车间隔时间的开行方案。不均衡发车间隔时间导致高峰和平峰时线上运营的列车数量不同，因此列车必须在高峰到平峰过渡时段返回车辆基地，在平峰到高峰过渡时段列车需要从车辆基地进入正线运行。车辆基地接发车能力对于出入段间隔时间、连续进出车能力有很大影响，也是在列车运行图编制过程中需要考虑的影响因素。假设高峰时段线路上运营的列车数量为 32 组车，平峰时段为 10 组车，则高平峰过渡时段需要回库 22 组车。如果线路中只有一个车辆基地，那么在高平峰过渡时段可能会出现连续两列车回库的情况。在这种情况下，就需要根据运行间隔时间考虑车辆基地接发车能力的影响。如果车辆基地不支持连续两列车回段，那么在编制列车运行图时，可能需要考虑分批次回段或者从不同接轨站回段等措施。

2）车辆基地的位置、数量、存车数量

车辆基地的位置、数量、存车数量都是在列车运行图编制过程中需要考虑的影响因素。

首先，车辆基地在线路中的位置和数量会影响列车投入运营的速度，因此对于列车运行图编制有一定的影响。假设某条线路中只有一个车辆基地且位于下行方向的始发站，那么在早间出库时段或平、高峰过渡时段，利用该车辆基地可以快速将运力投放至靠近下行方向始发站的车站。但是对于靠近上行方向的始发站来说，必须等待下行方向的列车运行至终点站折返后，才能为乘客提供服务。例如，成都地铁6号线线路全长68.76km，全线共设56个车站，线路单线运行时间123min，如果线路中只有一个车辆基地，则距离车辆基地较远的车站需要在首班车发车约2h后才能迎来该站的首班车。因此在这种情况下，为了保证早间上行始发站的首班车发车时间，在编制列车运行图时有必要考虑安排列车提前从车辆段驶出并且空车运行至上行方向始发站进行载客。随着城轨线路运营里程的增加，在实际运营过程中一条线路通常会配有多个车辆基地，如北京地铁1号线和6号线都有3个车辆基地。多个车辆基地通常分布在线路的不同位置，使得列车可以迅速投入运营，给运营带来了便利。

车辆基地存储的列车数量是编制城轨列车运行图的物质基础，所以编制列车运行图一定要满足各个车辆基地的存车数量约束，从而保证正常运营的需要。如图2-29所示，假设线路中有两个车辆段和一个停车场。在早间出库时，编图人员需要根据各个车辆基地存放的可用列车数量来分配出库列车。在晚间回库时，还需要根据各个车辆基地规定存车数量来制定回库列车。

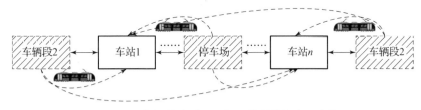

图2-29 车辆基地对于运行图编制的约束示意图

3）车辆基地是否具备检修功能

车辆基地是否具备检修功能也是列车运行图编制过程中需要考虑的影响要素。一般来说，城市轨道车辆段包括列检、双周检、三月检等维修措施。然而，停车场只能承担车辆的运用整备和日常保养工作。因此，在列车回库时段，需要根据列车是否需要检修来铺画返回车辆段或者停车场的列车的运行线，这对于列车运行图编制提出了更高的技术要求。

4. 牵引供电系统

城轨牵引供电系统是将三相交流电降压整流为直流电并传输给列车的电力系统，由于城市电网供给用户的是交流电，而城轨列车通常需要直流电牵引，因此必须按照需求把交流电转换为直流电。城轨牵引供电系统负责供给电动车辆运行的电能，它由牵引变电所和接触网等组成，牵引变电所是城轨牵引供电系统的核心。

牵引供电系统的供电能力影响着城轨系统所能承受的最大负荷功率和最小的列车发车间隔时间。如果一条线路的最大供电能力无法支撑图定的发车间隔，那么即使编制了列车运行图，最终也无法实施运行计划。因此，牵引供电系统的供电能力是列车运行图编制过程中需要考虑的影响因素。根据《地铁设计规范》，一般城轨牵引变电所的供电能力设计需要遵循以下两条原则。

（1）供电合理，运营方便，满足高峰运营时最大负荷的需要。

（2）系统中如牵引变电所发生故障解列时，靠其相邻牵引变电所的过负荷能力，仍应能保证列车的正常运行，而不影响运送客流的能力。

下面介绍一些与牵引供电系统能力相关的影响因素。

1）中压网络电压、供电制式、受流方式

目前，国内城轨的中压网络电压等级采用了35kV和10kV两个等级，牵引变电所将中压网络降压整流供车辆使用。牵引变电所的供电制式包括DC750V和DC1500V两种方式。从受流方式来看，DC1500V制式多采用接触网受流，如北京地铁6号线、14号线等。对于DC750V供电制式通常采用接触轨受流，如北京地铁1号线、2号线。

不同中压网络电压等级对于牵引变电所的供电制式有一定的影响，如果在10kV电压等级下改造或者新建容量为1500V直流牵引供电系统，可能会造成10kV母线电压稳定性下降，甚至波及周围用户。与DC1500V供电制式相比，采用DC750V牵引供电系统的负荷裕度消耗较大，不利于系统功率的进一步提升，因此牵引供电制式由DC750V转向DC1500V是未来的发展趋势。此外，采用DC1500V接触网的列车受流速度较DC750V接触轨受流速度快，列车运行速度相应地有一定提高，因此对于计算列车运行图的时间要素也有一定的影响。

2）牵引变电所的配置情况

牵引变电所的数量、供电区间长度及供电方式对牵引变电所的容量有影响。从牵引变电所的数量角度来看，一般对于 6 编组列车运行的线路，两个牵引变电所间的车站数量不应超过 2 座；对于 4 编组列车运行的线路，两个牵引变电所间的车站数量不应超过 3 座。如果牵引变电所数量少，由于供电能力的限制，供电区间的长度会增加，导致该供电分区内最小列车运行间隔时间增加，从而限制系统运力。根据资料显示，对于 DC1500V 供电制式来说，当采用 6 编组列车运行时，牵引变电所间的供电距离不宜超过 2.5~3km。

在供电区间长度相同的情况下，不同供电方式下牵引供电系统的供电能力也有所不同。供电方式主要有单边供电和双边供电两种。单边供电方式是指任何一个馈电区仅从一侧牵引变电所取得电源。双边供电方式则是指任何一个馈电区从两侧牵引变电所取得电源。通常，双边供电方式平均运行列车数量大于单边供电方式的平均运行列车数量，因此双边供电方式是城轨牵引供电系统设计必须满足的条件和首选方式。

2.2.3 移动装备

车辆是城轨为乘客提供服务的运载工具，城轨车辆不但应具有安全、快速、大容量等功能，还应具有良好、舒适的乘客环境，在外观设计方面，还要考虑美化城市景观和环境的功能。按牵引动力配置分类，城轨车辆可分为动车和拖车。动车本身带有动力装置，即装有牵引电动机，因此其具有牵引和载客的双重功能。拖车本身没有动力牵引装置，需要通过动车的牵引拖带来实现运行，因此仅有载客功能。本节主要从车辆最高设计速度、牵引/制动特性、车辆容量、车辆数量及编组形式 5 个方面介绍移动装备对列车运行图编制的影响。

1）车辆最高设计速度

车辆最高设计速度指的是在车辆设计阶段，按照材料、结构强度、电机类型等条件所确定的车辆最高行驶速度，是车辆出厂时的参数，与线路、信号系统制式等条件无关，是车辆在平直线路上运行时可达到的最高速度。

然而，车辆在实际运行过程中的运行速度往往达不到最高设计速度，还受线路条件允许最高时速的影响，是体现城轨技术装备、技术标准、运营管理水平的重要标志。根据国家标准《地铁车辆通用技术条件》中的规定，在平直干燥轨道上，列车的最高运行速度不得低于 80km/h。例如，北京地铁的大多数线路最高运行速度为 80km/h。对于一些长大区间的线路，一般采用较高的设计速度，如北京地铁首都机场线最高设计速度为 110km/h，大兴机场线最高设计速度为 160km/h。对于列车运行图编制来说，不同设计速度的线路吸引的客流特征通常不同，因此需要设计合理的行车组织方案来满足客流出行需求。

例如,大兴机场线客流主要来自机场到港和离港的民航旅客,乘客平均运距较大,需要更高的设计时速来吸引更多乘客。

2) 牵引/制动特性

根据国家标准《地铁车辆通用技术条件》中的规定,列车从 0 加速到 40km/h 的平均加速度不低于 $0.83m/s^2$,列车从 0 加速到 80km/h 的平均加速度不低于 $0.5m/s^2$。列车常用制动平均减速度不低于 $1m/s^2$,紧急制动平均减速度不低于 $1.2m/s^2$,为了满足上述车辆性能要求,必须设计合理的牵引/制动特性曲线,如图 2 - 30 所示。

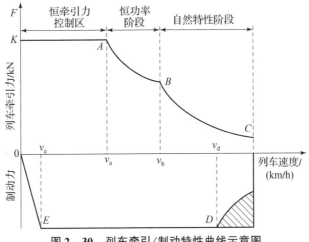

图 2 - 30 列车牵引/制动特性曲线示意图

当处于牵引工况时,列车启动加速应保证列车具有足够大的启动牵引力,平稳启动加速快,一般为牵引力恒定(恒转矩控制,即图 2 - 30 中 K - A 段);当提高到一定速度时,由于受最高电压和功率的限制,一般进入恒压恒功率控制(图 2 - 30 中 A - B 段),能够充分利用额定功率;当速度再提高时,由于受牵引电机转矩裕量的限制,进入自然特性控制即降功率运行(图中 B - C 段)。当处于制动工况时,车辆应优先投入电制动(再生制动或电阻制动),当电制动力不足时,补充空气制动,当低速停车时切换到空气制动。当城轨车辆投入电制动时,牵引电机工作在发电机状态,在吸收列车动能的同时对列车实施制动。同样,在速度较高区段,受牵引电机转矩裕量的限制,按自然特性控制(图 2 - 30 中 C - D 段);为了保证足够列车制动减速度,在较宽的速度范围内实行制动力恒定(恒转矩)控制(图 2 - 30 中 D - E 段);当速度低于一定值时,电制动力迅速降低直至为零(图 2 - 30 中 E - O 段)切换为空气制动,由空气制动力控制列车平稳停止。由于城轨车辆的牵引/制动特性曲线是进行牵引计算的重要依据，因此其对于列车运行图编制的区间运行时间、出入段时间、折返时间等时间要素的计算有一定的影响。

3）车辆和车底数量

城轨系统中所有车辆的总数称为车队规模 N_f，可以由下式计算：

$$N_f = N + N_r + N_m \quad (2-12)$$

式中：N 表示正常投入运营的车辆数量；N_r 表示系统中备用车辆数；N_m 表示正在维修的车辆数量。

进一步定义车辆利用率 φ 来表示可用于运营服务的车辆在车队规模中所占的比例，由下式计算：

$$\varphi = \frac{N + N_r}{N_f} \quad (2-13)$$

城轨车辆通常是根据客流需求编组运行的，并且大多采用动拖组合、全列贯通的编组形式。由一定数量的车辆连挂成列、带动力并且具有唯一识别号的车辆组合称为车组。由于城轨车辆是以电力为驱动能源的，所以也可以称为电客车组，在实际运输工作中也称为车底。

车组是编制城轨列车运行图的物质基础。车辆部门所能提供的质量良好的运用车组数，是编制列车运行图的限制条件。车辆段配备电客车组数是根据设计的运输能力而配置的，这个数被称为该段拥有电客车组数。为了保证车辆的质量，保证正常运营，确保行车安全，除满足列车运行图所需电客车组和一定数量的预备车外，还要安排不同的车辆修程，也就是每天要安排一定数量的车组进行维修。所以列车运行图一定要根据可提供电客车数来编制，当发生可提供电客车组数和客流矛盾时，一定要及时向有关部门及领导汇报，必要时可调整修程安排，以满足列车运行图的需要。当车辆部门的可提供电客车仍然不能满足高峰运力需要时，则需要客运部门采取一系列限流措施，以保证运营安全。此外，编制列车运行图是根据不同时段的客流分布确定列车间隔时间的，所以，一天内使用的电动客车组数是不同的。高峰时为了提供充足的运力，一般会使用较多的车组，而平峰时运用车数量较少，因此在高峰和平峰过渡的时段，会有部分车组返回车辆段。

4）编组方式

一个车组中的车辆数量被称为编组数。比较常见的编组形式有 4 节车厢编组、6 节车厢编组和 8 节车厢编组。传统城轨系统多采用固定编组的运营模式，也就是说，车组的编组数量在整个运营过程中都是固定不变的。随着车辆和信号等技术的发展，城轨运营中也出现了混合编组的运营模式。混合编组指的是在不同运营时段采用不同编组形式的车组运行，例如北京地铁大兴机场线采用4编组和8编组两种固定编组形式。混合编组的运营模式能够更灵活地适应客流的分布特征。但是，混合编组的运营模式难以满足根据客流动态变化的时间和地点进行运力实时调整的需求，因此，近年来通过在线重联/摘解进行列车编组调整的灵活编组运营模式也得到了应用。例如，上海地铁16号线实现了"3+3"在线灵活编组的运营模式。

灵活编组的运营模式给城轨运营带来了新的变化和挑战。例如，在实际运营中，客流平峰时段约占一天的70%，而客流量只占一天的30%。为了维持必要的乘客服务水平，在编制列车运行图时要求列车发车间隔时间不能过大。例如，北京地铁规定城区线路在7:00~22:00时列车发车间隔时间不能超过7min，其余时段列车发车间隔时间不能超过10min；郊区线路在全天的列车发车间隔时间不能超过10min。在这种情况下，基于固定编组运营模式的列车运行图编制方法导致平峰时段车厢满载率较低，甚至出现部分车厢空载的情况。灵活编组运营模式可以在不降低发车频次的前提下满足乘客需求，即采用"小编组、高密度"的运营模式，从而节约运营成本。

5）车辆容量

车辆容量指的是城轨系统采用的车辆或运输单元能够提供的容量，用 C_v 表示。城轨的车辆容量主要受以下三方面的影响：车厢布局、座位率、站立密度。

（1）车厢布局。

城轨列车的车厢布局，按照座椅可分为横向座椅布局和纵向座椅布局两类。其中，座椅的横向布置方式，有利于增加高速、长距离、大区间线路乘客出行的舒适性，但能够容纳的乘客数量较少，常用于机场线或市郊线；座椅的纵向布置方式，则有利于增加车厢内立席空间，增大车厢定员，适用于以满足通勤客流需求为主且客流需求较大的线路，如图2-31所示。目前，在各大城市的轨道交通系统中，纵向座椅布局最为广泛，仅有少数城轨线路列车采用了横向座椅布局，如北京地铁首都机场线、大兴机场线等。

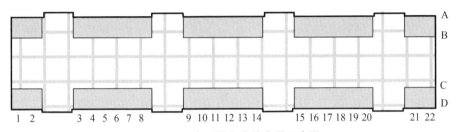

图2-31 车厢纵向座椅布局示意图

(2) 座位率。

座位率指城轨车厢内提供的座位数量与车厢定员的比,座位率越高,车厢定员数量越少,反之则越多。运送同等数量的乘客,当座位率低时,可以适当减少列车编组数量或列车开行数量,从而降低企业运营成本。同样,当座位率高时,则需要适当增加列车编组数量,或增开列车。

(3) 立席密度。

当车辆编组、座席数量一定时,车辆定员随立席密度标准的提高而增大。立席密度是乘客舒适度和拥挤度的评价标准之一。国家标准《地铁设计规范》在确定车辆技术规格时,将定员标准设置为 6 人$/m^2$,为乘客感受的临界状态,超员标准则按照 9 人$/m^2$计;当立席密度达到 10 人$/m^2$时,则车厢极为拥挤,乘客难以忍受。由此可见,在设置立席密度标准时,需结合客流需求总量与乘客服务水平综合确定,使列车载客能力处于合理水平。

《城轨工程设计规范》将城轨列车分为 A 型车和 B 型车(B 型车又细分为 B1 型车和 B2 型车),车辆定员数为车辆座位数、车厢内空余面积站立的乘客数之和,站立乘客数按每平方米 5 人设计。不同车型的主要技术规格如表 2-6 所示。

表 2-6 城轨车辆不同车型的主要技术规格

名称		A 型车	B 型车	
			B1 型车	B2 型车
车辆轴数		4	4	4
车体基本长度/mm	单司机室车辆	22000	19000	19000
	无司机室车辆	23600	19600	19600
车钩连接中心点间距离/mm	单司机室车辆	22800	19520	19520
	无司机室车辆	24400	20120	20120
车体基本宽度/mm		3000	2800	2800
每侧车门数/对		5	4	4
车门宽度/mm		1300~1400	1300~1400	1300~1400
车门高度/mm		≥1800	≥1800	≥1800

(续表)

名称			A 型车	B 型车	
				B1 型车	B2 型车
载员/人	坐席	单司机室车辆	56	36	36
		无司机室车辆	56	46	46
	定员	单司机室车辆	310	230	230
		无司机室车辆	310	250	250
	超员	单司机室车辆	432	327	327
		无司机室车辆	432	352	352

车辆容量与城轨运力、满载率等指标密切相关，是计算开行方案的重要基础。在相同的发车频率下，车辆能够提供的容量越大，则系统运力越大，服务的乘客数量也相应地增加。在相同乘客数量的前提下，车辆容量越大，则车厢拥挤度和满载率越小。

2.2.4 客流

客流是指在单位时间内某一方向上通过固定点的乘客数量。客流的概念既表明了乘客在空间上的位移及其数量，又强调了这种位移带有方向性和具有起讫位置。客流分布是指不同方向、不同时间、不同区间在一天内客流具体的数量变化，能够刻画客流的时空变化特征。目前，大部分城轨线路都配备了自动售检票系统（automatic fare collection，AFC）来收集历史客流数据。为了获取客流分布，需要对历史客流数据进行清分，接着整理、分析并充分考虑必然因素和偶然因素的影响程度，从而找出规律性的东西，作为编制列车运行图的重要依据。没有客流分布，就无法编制出符合客观规律的列车运行图，更无法做到合理地使用运力，达到客流与车流匹配的目的。所以，要编好列车运行图就必须掌握客流分布这一数量要素。

为了研究客流分布，这里先介绍乘客上下车人数沿着线路位置的变化规律。

（1）假设乘客可以在线路上的任意位置上下车，那么某一轨道交通线路乘客的上下车人数可以用一个连续的密度函数 $b(s)$ 和 $a(s)$ 来表示，如图 2-32 所示。图 2-32 中的实线表示在某一位置处上车的乘客数量，虚线表示在某一位置下车的乘客数量。

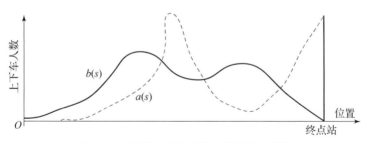

图 2-32 乘客上下车人数-位置密度函数

（2）将上面介绍的乘客上下车人数-位置分布关系沿着位置进行累加，则可以得到累计上下车人数分布 $B(s)$ 和 $A(s)$：

$$B(s) = \int_0^s b(s)\,\mathrm{d}s \quad (2-14)$$

$$A(s) = \int_0^s a(s)\,\mathrm{d}s \quad (2-15)$$

图 2-33 显示了累计上下车人数变化示意图。从图中可以看出，累计上车的人数与累计下车的人数之差即车厢乘客数。列车到达终点站后，累计上下车的乘客数量相等，也就是说，图 2-32 中实线和虚线围成的图形面积应当相等。进一步，定义符号 $P(s)$ 表示在位置 s 的车厢乘客数量，即

$$P(s) = B(s) - A(s) \quad (2-16)$$

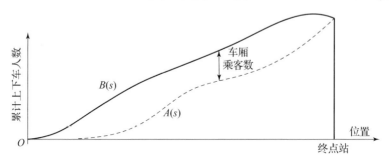

图 2-33 累计上下车人数-位置分布关系示意图

该函数的图像如图 2-34 所示。从图中可以看出，该函数曲线的极点是上下车人数-位置分布函数中两条曲线的交点，即 $b(s) = a(s)$ 的位置。线路中的最大客流量 $P_{\max}$ 位于极点处，是确定所需线路运力的最重要指标。

由于在实际运营中，乘客只能在固定的车站上下车，因此需要将上面介绍的三种函数离散化处理。首先设在车站 i 上下车的乘客数量分别为 b_i 和 a_i，如图 2-35 所示；然后对车站上下车的人数进行累加，即可得到在车站 i 之前累计上下车的乘客数量 B_i 和 A_i（图 2-36），即

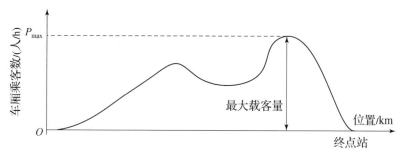

图 2-34 车厢乘客数量示意图

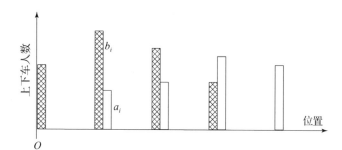

图 2-35 在车站上下车的乘客数量图

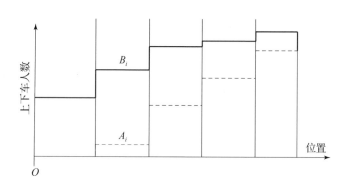

图 2-36 累计上下车的乘客数量图

$$B_i = \sum_{1 \leq j \leq i} b_j \qquad (2-17)$$

$$A_i = \sum_{1 \leq j \leq i} a_j \qquad (2-18)$$

由式（2-17）和式（2-18）可以看出，累计上车人数与累计下车人数之差即通过该断面的车厢人数 P_i 为

$$P_i = B_i - A_i \qquad (2-19)$$

P_i 的图像称为断面客流图,如图 2-37 所示。断面客流图是运营公司分析客流分布特征的重要依据,它刻画了单位时间内通过轨道交通线路上某一地点的客流量,也就是客流在空间维度的分布规律。断面客流量的单位时间可以是一昼夜、1h 或其他时间单位。在单位时间内,通过轨道交通线路上各个断面的客流量一般是不均衡的。最大断面客流量指最大客流断面的客流量,是制定开行方案的重要依据。此外,上下行方向的最大客流断面一般不在同一个断面,因此通常分别针对上下行方向的最大断面客流分布进行研究。

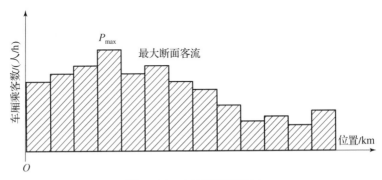

图 2-37 车厢乘客数量图

最大断面客流量可以按高峰小时最大断面客流量和全日最大断面客流量计算,高峰小时最大断面客流量和全日最大断面客流量一般也不在同一个断面。其中,全日最大断面客流量为一昼夜时间内最大客流断面的客流量,如图 2-38 和图 2-39 所示,某日北京地铁 5 号线的上行方向最大客流断面出现在磁器口—崇文门区间,因此上行方向全日最大断面客流量为 108083 人次;下行方向最大客流断面出现在和平里北街—雍和宫区间,因此下行方向全日最大断面客流量为 97104 人次。

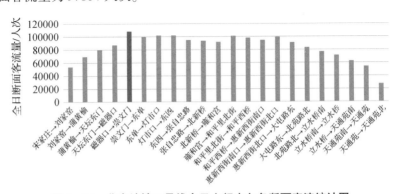

图 2-38 北京地铁 5 号线全日上行方向各断面客流统计图

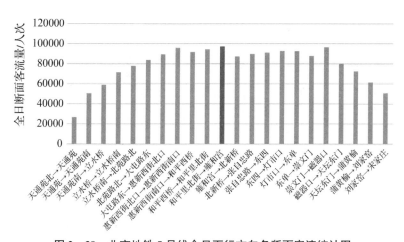

图 2-39　北京地铁 5 号线全日下行方向各断面客流统计图

在以小时为单位计算断面客流量的情况下，分时断面客流量最大的小时称为高峰小时。轨道交通线路的高峰小时一般出现在早晨和傍晚，称为早高峰小时和晚高峰小时。例如，某日北京地铁 5 号线上行方向的分时断面客流量分布如图 2-40 所示。由图可知，该日上行方向的高峰小时出现在 18:00 ~ 19:00。

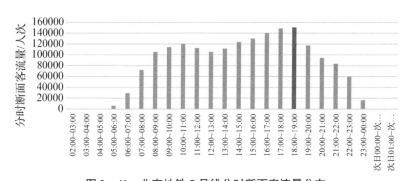

图 2-40　北京地铁 5 号线分时断面客流量分布

高峰小时最大断面的客流量指高峰小时最大客流断面的客流量，高峰小时最大断面客流量是编制列车运行图的重要依据，也是行车组织和车站设备容量确定的一项基础资料。图 2-41 绘制了该日 17:00 ~ 18:00 各断面的客流量。由图可以看出，最大断面出现在惠新西街南口—惠新西街北口，因此该日高峰小时最大断面客流量是 10349 人次。

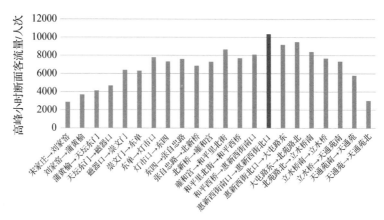

图 2-41　高峰小时地铁 5 号线上行方向各断面客流量

2.2.5　其他影响要素

列车运行图编制所需要考虑的要素较为广泛，涉及面较大，除了以上介绍的影响要素，本节还介绍其他影响要素，它们均对编制列车运行图有直接或间接影响，而且很多都是轨道交通系统管理的约束条件。所以，编制列车运行图时，必须给予充分的考虑。

(1) 接触轨停送电时间。

电动客车的牵引力来自供电系统，保证首、末车在内的全部列车正常运行并停放到规定位置所需的送电及停电时间即停送电时间。为保证安全，城轨对送电、停电时间都有统一的规定，为节省人力、物力，应使送电和停电时间尽量接近于营业时间。

(2) 与其他公共交通的衔接。

城市公共交通是一个密不可分的整体。而城轨是城市公共交通的组成部分，乘客出行往往需要换乘几次车，既要乘坐城轨，又要乘坐公共电汽车，所以城轨运行图必须力争和其他公共交通工具衔接。因此，在编制城轨列车运行图时除根据客流安排列车间隔时间外，还要尽可能根据火车站的列车到发时间、公共电汽车的始发站和终点站的位置等信息，充分调研城轨沿线公共电汽车的首末班车时间，从而合理安排开行列车，为乘客提供方便。

(3) 调试车开行。

电动客车每当完成规定的修程后，都要以静态和动态调试方式进行试运行，确认达到规定指标后，才能投入运营线上进行载客运行。另外，列车在运行中发生较大故障进行修复后也要进行调试。由于调试列车需到运营线路上进行调试,因此在编制列车运行图时,需要留出调试时间,为了不使调试列车对正常运营造成影响,一般将调试时间安排在运营间隔较大的时段。

(4) 乘务制度。

乘务制度是城轨运营公司对乘务人员的出乘做出的相应规定。城轨通常采用包乘制和轮乘制两种乘务模式:乘务制度的不同不仅影响列车运行图的编制,更重要的是给运营组织带来很大的影响;包乘制指的是由固定的司机负责值乘电客列车,并由若干司机共同包乘或包管。通常情况下,列车上会安排两位司机轮流驾驶列车。采用包乘制,司机可以更好地掌握车辆性能和状态,有利于增强对车辆保养的责任心。然而,这种乘务方式对运营调整的需求较高,对车辆运用计划的编制也要求更高。轮乘制指的是由多位电客列车司机轮流驾驶列车,司机驾驶的列车不固定。采用轮乘制,有利于合理安排司机的作息时间,并由较少的司机完成乘客输送任务。但是,相对于包乘制,司机对车辆性能和状态的熟悉程度及对车辆保养的责任心可能有所降低。目前,大多数城轨线路采用轮乘制,除乘务人员外,站务人员、维修人员等人员配置数量和排班计划都与城轨列车运行图的编制相互影响。

(5) 轧道车。轧道车的开行是指一天内在客运列车之前开行的列车,主要是出于安全考虑。在编制列车运行图时,需要考虑轧道车的到发时间。

(6) 换乘衔接。随着城轨的发展,线网规模不断扩大,换乘节点也随之增加。由于不同线路的运营时间不同,因此各线路首末班车发车时间并不一致,如何做好首末班车换乘衔接对提高乘客出行可达性具有重要意义。如图2-42所示,如果线路2的末班车发车时间不合理,就容易导致线路1的末班车乘客换乘失败。

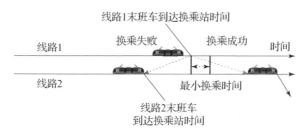

图2-42 不同线路的末班车衔接示意图

2.3 列车运行图的相关概念

城轨列车运行图作为运输工作的综合计划,不仅要求有准确的时间概念,而且要切合实际,具有严密的科学性。城轨列车运行图作为完成运输任务的工具,必须是在一定时期、一定条件下达到运力、运能、运量三者之间的相对平衡。因此,研究列车运行图,离不开对运力、运能、运量的研究。

2.3.1 运能

为了实现运输生产过程,完成客运任务,城轨系统必须具备一定的运输能力。城轨系统完成运输工作所能够达到的最大能力被称为运能,即某线路某一方向 1h 内最多能输送的乘客总数。运能的大小主要与固定设备、活动设备及技术设备的运用、行车组织方法和行车作业人员的数量及技术水平相关。运能主要包含两方面:最大通过能力和列车能够提供的最大容量。最大通过能力指的是在一定的车辆类型和行车组织方法下,城轨系统在单位时间内所能通过的最大列车数,最大通过能力主要与以下因素有关。

(1) 最大线路通过能力:主要取决于信号系统的构成、列车运行控制方式、车辆的技术性能、进出站线路的平面和纵断面情况、列车停站时间标准和行车组织方法等因素。

(2) 车站最大折返能力:主要取决于车站折返线的布置方式、信号设备的种类、列车在折返站停站时间标准及列车在折返站内的运行速度等因素。

(3) 牵引供电设备最大能力:取决于牵引变电所的座数、容量等因素。

(4) 联络线配置通过能力:取决于城轨系统联络线的配置情况。

(5) 车辆段设备最大能力:取决于车辆的检修台位、停车线等设备的数量和容量等因素。

根据以上各项固定设备计算出来的最大通过能力,一般是各不相同的,其中最大通过能力最小的设备限制了整个线路的通过能力。因此,该项设备的通过能力即线路的最终通过能力。系统的最终最大通过能力可以用下式计算:

$$N = \min\{n^L, n^T, n^Y, n^E, n^C\} \qquad (2-20)$$

式中:N 为最终最大通过能力;n^L 为最大线路通过能力;n^T 为车站最大折返能力;n^Y 为车辆段设备最大能力;n^E 为牵引供电设备最大能力;n^C 为联络线配置通过能力。

最大通过能力是从固定设备、信号系统的角度确定线路所能通过的最大列车数。而在计算运能时,还需要从移动装备的角度,也就是根据列车能够提供的最大容量来确定系统最终能输送的乘客数量,这也是通过能力的最终体现。列车能够提供的最大容量主要取决于列车的最大编组数量和车厢定员人数,运能反映了一个城轨系统所能够达到的最大极限运输能力。如果系统运能无法满足运量的需求，那么就需要城轨运营公司通过提高线路通过能力或者增加车辆的容量来提高运能的大小，从而满足客流的需求。此外，如果一个系统的运能远远超过了运量的要求，那么可能造成设备设施等资源的浪费。因此，必须根据运量合理设计系统的运能。

2.3.2 运力

城轨系统运力的一般定义为：线路某一方向单位时间内可输送的总乘客数。运力是根据列车运行图的信息计算出来的理论上到达的运输能力。

假设各列车的编组形式在整个时段内固定不变，列车运行交路为全交路，此时系统运力直接取决于列车通过的频率，即

$$C = C_v \cdot f \cdot n \quad (2-21)$$

式中：f 表示列车运行图中规定的某一时段列车通过的频率；n 表示列车编组中的车辆数。

列车编组辆数确定的主要依据是高峰小时最大断面客流量，如北京地铁 1 号线、2 号线、13 号线、八通线根据客流变化，列车编组从运营初期的 4 辆编组，发展到现在的 6 辆编组、8 辆编组。然而，列车编组数不能无限增加。在确定列车编组数量时，应考虑如下制约因素。

（1）站台有效长度的限制。站台的有效长度是制约列车编组形式的最直接因素，具体参见前文关于站台长度的介绍。

（2）经济合理性。若采用长编组列车，列车满载率在非运营高峰时间内一般较低，对运力是一种浪费。

（3）车辆段/车站设施的限制。车辆段车库/车站站台长度不足，也是影响列车编组的一个原因。

进一步，如果考虑线路中存在不同编组形式的列车，那么系统运力的计算公式如下：

$$C = C_v \cdot \sum_{k \in K} f_k \cdot n_k \quad (2-22)$$

式中：f_k 表示该时段内编组形式为 k 的列车通过的频率；K 表示城轨系统中不同编组形式的列车集合；k 表示集合 K 的元素索引；n_k 表示编组形式为 k 的列车编组辆数。

式（2-21）和式（2-22）都是在假设列车运行交路为全交路的前提下推导的。如果考虑线路中列车有不同的运行交路，那么各个交路提供的运力是不同的，因此需要分别计算各个交路的运力。在考虑不同编组形式和不同运行

交路的情况下，系统运力的计算公式如下：

$$C_i = C_v \cdot \sum_{k \in K} f_k^i \cdot n_k \quad (2-23)$$

式中：f_k^i 表示某时段内交路 i 通过编组形式为 k 的列车通过的频率。

2.3.3 运量

城轨运营的根本目标是将乘客输送到目的地，因此城轨客流是规划城轨网络、安排工程项目建设顺序、设计车站规模及确定车站设备容量的重要依据，也是城轨系统安排运力、编制运输计划、组织行车和分析运营效果的基础。城轨系统运量的定义为在采用一定的车辆类型、信号设备和行车组织方法的条件下，城轨系统在单位时间内（通常是1h或1天）实际通过某条线路或某几条线路的全部客流数量。关于客流的定义和相关延伸的概念已经在2.2.4节中介绍过，本节进一步介绍关于乘客出行特征的关键概念。

1）平均运距

平均运距是指一段时间内的乘客平均出行距离，可以用下式进行计算：

$$l_{av} = \frac{\sum_{i=1}^{n} p_i \cdot l_i}{\sum_{i=1}^{n} b_i} = \frac{1}{P_t} \sum_{i=1}^{n} p_i \cdot l_i \quad (2-24)$$

式中：l_i 表示断面 i 的站间距；$p_i \cdot l_i$ 表示总的乘客出行距离；$\sum_{i=1}^{n} b_i$ 表示总的上车乘客数量，也可以用符号 P_t 表示。影响线网平均乘距的两个因素总结如下。

（1）城市的建设规模和轨道交通线网规模对线网平均乘距有重要影响。随着城市化发展，城市由中心城区向郊区扩展，居民的活动范围增大，居民完成城市活动所需的出行距离也随之增大。因此，线网平均乘距与城市建设规模存在正相关关系。

（2）职住分离是导致线网平均乘距居高不下的潜在因素。部分城市的多中心发展导致阶段性的职住失衡现象。职住分离越严重，居民的平均通勤距离越长。因此，城轨承担了大量的长距离通勤客流，最终会影响整个城市的线网平均乘距。

如果一条线路的平均运距长，则说明乘客出行距离长；反之，乘客乘坐的距离短，这也影响运营公司配置列车停站方案。可以根据客流出行的特征开行不同停站方案的列车。

2）平均客流量

平均客流量 P_{av} 的定义为总的乘客出行距离除以线路长度，计算公式如下：

$$P_{av} = \frac{\sum_{i=1}^{n} p_i \cdot l_i}{L} \qquad (2-25)$$

式中：L 表示城轨线路的总长度。

3）客流变化系数

客流变化系数 η_f 反映了客流空间分布不均的程度，计算公式如下：

$$\eta_f = \frac{P_{max}}{P_{av}} = \frac{L \cdot P_{max}}{\sum_{i=1}^{n} p_i \cdot l_i} = \frac{P_{max}}{P_{av}} \qquad (2-26)$$

从式（2-26）可以看出，当线路运量为常数时，客流变化系数可以取得最小值1。根据该式与平均客流量的关系可以看出，客流变化系数越大，则平均客流量越小，此时需要合理分配运力来满足客流需求。假设所有区间的距离都相同，且只有一个断面有乘客通过，那么 η_f 可以取得最大值，计算公式如下：

$$\eta_f = \frac{P_{max}}{\dfrac{P_{max}}{n}} = n \qquad (2-27)$$

4）乘客交换系数

乘客交换系数 η_x 反映了轨道交通线路乘客交换的比例，计算公式如下：

$$\eta_x = \frac{B_L}{B_L - P_x} = \frac{B_L}{B_L - \int \min(b(s), a(s))} \qquad (2-28)$$

式中：P_x 表示累计上车乘客数量 B_L 的图像和累计下车乘客数量 A_L 的图像重叠的部分，如图 2-43 所示；η_x 表示乘客交换系数，对于设计车站停站时间、车辆设计、基础设施选择等方面具有重要的意义。

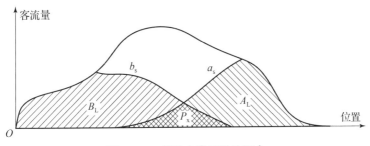

图 2-43 乘客交换系数的概念

通常情况下，乘客上下车函数沿着线路有增也有减，形成了它们之间的重叠，每一个重叠的点都代表了断面客流的极值点。由于在实际运营中，乘客上下车是一个离散的过程，也就是说，乘客只能在车站上下车。所以，乘客交换系数的计算公式如下：

$$\eta_x = \frac{P_t}{P_t - \sum_{i=1}^{n} \min(b)_i, a_i} \quad (2-29)$$

如果函数 B_L 和 A_L 只在车站 k 有一个交点，那么式（2-29）可以进一步改写为

$$\eta_x = \frac{P_t}{\sum_{i=1}^{n-1} b_i - \left(\sum_{i=2}^{k} a_i + \sum_{i=k-1}^{n-1} b_i\right)} \quad (2-30)$$

$$\eta_x = \frac{P_t}{\sum_{i=1}^{k}(b)_i - a_i} = \frac{P_t}{P_{max}} \quad (2-31)$$

注意，在式（2-31）中出现了 P_{max}，因此可以将乘客变换系数公式（2-29）代入式（2-30），得到 η_f 和 η_x 的关系如下：

$$\eta_x = \frac{L \cdot P_t}{\eta_f \cdot \sum_{i=1}^{n} p_i \cdot l_i} \quad (2-32)$$

进一步将平均客流量 P_{av} 代入式（2-32），得到 η_x、η_f 以及 P_{av} 三者的关系如下：

$$\eta_x = \frac{L}{\eta_f \cdot P_{av}} \quad (2-33)$$

从式（2-33）中可以看出，乘客变换系数与平均运距成反比。也就是说，乘客变换系数越大，则平均运距越小；反之，平均运距越大。如果所有的乘客都不下车，也就是说，$a_i = 0$，即没有乘客交换，那么 $\min(b)_i, a_i$ 始终为 0，此时 η_x 取得最小值 1，具体推导过程如下：

$$\eta_x = \frac{P_t}{P_t - \sum_{i=1}^{n} \min(b)_i, a_i} = \frac{P_t}{P_t} = 1 \quad (2-34)$$

进一步，如果除始发站外的每一个车站的乘客上下车人数都互相抵消，那么可以看出，η_x 将取得最大值 n，具体推导过程如下：

$$\eta_x = \frac{P_t}{b_1} = \frac{n \cdot b_1}{b_1} = n \quad (2-35)$$

2.3.4 运能、运力与运量的关系

在城轨中,运能、运力与运量是三个密切相关的概念。运能体现了系统最大的运输能力,是运力的最大值,运量是配置运力的依据。运能、运力与运量的关系如图 2-44 所示,图中标注了最大断面客流量 P_{max}、运能 C_{max} 及运力 C 之间的关系。此外,还可以使用三维图像来展示城轨运力与运量关系,如图 2-45 所示。在图 2-45 中,三维坐标轴分别代表时间、空间和乘客数量三个物理量,柱状矩形代表各个断面、时段的不同客流量,矩形框代表列车运行过程中提供的运力,这种图像的优势在于,它能够刻画出列车运行过程中运力和运量动态变化的关系。

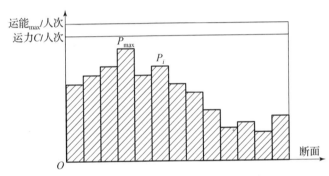

图 2-44 运能、运力与运量的关系示意图

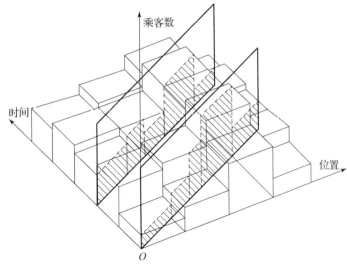

图 2-45 城轨运力和运量的三维关系示意图

编制城轨列车运行图的目的就是充分使用运力、运能,更好地完成运送乘客的任务,城轨运能是运力的最大值,一般来说运力通常小于运能。例如,某条线路的极限发车间隔时间为2min,编图人员往往在编制列车运行图时留有一定的余量,如采取3min发车间隔时间。如果城轨系统的运能都无法满足运量的需求,那么就必须通过升级改造基础设施、购买电动客车等手段来提高系统整体的运能。城轨的运力是依据运量的大小而定的,如果没有运量也就失去了运力存在的必要。对编制列车运行图而言,需要研究客流的变化,掌握客流的变化规律和特点,从而合理使用电动列车,确定列车间隔和全日开行列数。然而,列车运行图的开行列数和列车间隔时间的确定是否合理,是衡量列车运行图编制质量好坏的主要标准之一。城轨列车运行图对运力的安排一般要稍大于使用期内的平均运量,如按最高日运量编制列车运行图,因此在大多数时间内造成运力浪费;如按最低日运量编制运行图,那么在大部分时间里运力小于运量,易造成运输秩序紊乱,甚至危及城轨列车及乘客的安全。所以在编制列车运行图前,必须进行多次客流调查,对客流调查资料进行详细分析,弄清客流变化的规律和分布的特点,从而做出正确的客流预测,从而编制出质量较高的列车运行图,为完成运输任务创造条件。

下面介绍关于满载率的概念来评估运力和运量的匹配关系。根据《城轨路网运营指标体系》,按照计算范围不同,常用的满载率指标有列车满载率、断面满载率、线路平均满载率。

(1) 列车满载率。

列车满载率 α 指一列车在某个断面的实载人数与列车定员的比值,计算公式如下:

$$\alpha = \frac{p_v}{C_v} \tag{2-36}$$

式中:p_v 表示车厢中实际的乘客数量;C_v 表示列车定员的大小。

(2) 断面满载率。

断面满载率 f_i 指单位时间内断面 i 运送通过的乘客数量与通过该断面的输送能力的比值,计算公式如下:

$$f_i = \frac{p_i}{C_i} \tag{2-37}$$

式中:p_i 表示通过断面 i 的运量;C_i 表示断面 i 提供的运力。f_i 反映了断面的运力利用情况。

(3) 线路平均满载率。

线路平均满载率 f_a 是对断面满载率求和后取平均值,计算公式如下:

$$f_a = \frac{\sum_{i=1}^{n} p_i \cdot l_i}{L \cdot \sum_{i=1}^{n} C_i} \tag{2-38}$$

将平均客流量 P_{av} 的公式代入公式（2-38），可以进一步得到平均满载率和平均客流量的关系：

$$f_a = \frac{P_{av}}{\sum_{i=1}^{n} C_i} \tag{2-39}$$

线路平均满载率是一条线路实际完成的客运周转量与所提供的运力之比，该指标用于表示运营部门沿着这条线路所提供的运力被乘客所利用的程度。

参考文献

[1] 刘笑影. 城市轨道交通车站站台乘客上下车运动行为建模与仿真研究[D]. 北京:北京交通大学,2022.
[2] 谢卉瑜. 地铁列车停站时间优化研究[D]. 北京:北京交通大学,2018.
[3] 江志彬. 城市轨道交通网络列车运行组织与管理[M]. 上海:同济大学出版社,2018.
[4] VUCHIC V R. Urban transit:operations, planning, and economics[M]. New Jersey:John Wiley & Sons,2017.
[5] 李伟. 基于 CBTC 的城市轨道交通列车通过能力估计研究[D]. 北京:北京交通大学,2017.
[6] 郑康康. 网络化条件下城市轨道交通首末班车时间优化[D]. 成都:西南交通大学,2022.
[7] 唐涛. 列车运行控制系统[M]. 北京:中国铁道出版社. 2012.
[8] 田泽方. 城轨联锁系统中进路控制逻辑的自动设计与实现[D]. 成都:西南交通大学,2016.
[9] 邓佩坪. 地铁车辆段发车能力下降情况下行车计划编制优化研究[D]. 北京:北京交通大学,2022.
[10] 黄柒光,王冬海. 城市轨道交通全自动运行列车车辆段出库信号系统设计[J]. 城市轨道交通研究,2020,23(09):125-128.
[11] 乔珂. 城市轨道交通网络化运营特征及列车运行调整研究[D]. 北京:北京交通大学,2015.
[12] 许心越. 城市轨道交通车站服务能力计算与能力适应性评估[D]. 北京:北京交通大学,2015.
[13] 朱俐琴. 城市轨道交通系统供电制式与受流方式分析[J]. 电力机车与城轨车辆,2003,(03):29-31.
[14] 李鲲鹏. 城市轨道交通供电系统的设计方法[J]. 都市快轨交通,2008,(05):70-73.
[15] 肖培龙. 关于车辆构造速度、限制速度、运行速度等关系问题[J]. 铁路通信信号工程技术,2017,14(03):53-56.
[16] 陈晓庆. 城市轨道交通快线线形参数及线路车辆动力响应研究[D]. 北京:北京交通大学,2017.
[17] 史芮嘉,毛保华,丁勇,等. 地铁车厢内乘客站立位置选择行为研究[J]. 交通运输系统工程与信息,2017,17(02):142-147+159.

第3章

客流清分

在城轨系统中，客流是城轨运营管理最基本、最核心的要素。随着城轨网络的不断扩展和多运营主体的加入，各条运营线路呈现出交错复杂、连通性强且灵活度高的特点。乘客在出行时有多种路径可供选择，这使得客流分布变得更加复杂。此外，为了提升运输效率，各大城市普遍采用无障碍换乘模式，在这种模式下，乘客具体、精确的出行路径难以追踪。当同一起始和终点（origin-destination，OD）有多条可达路径且这些路径覆盖不同运营线路时，如何将票务收益合理分配给不同运营主体，以保障各主体的合理利益，就成为一个关键问题。客流清分是指根据城轨系统中的特定规则和算法，将自动检票系统收集的乘客交易、客流数据及收益数据进行处理，并将其对应的票务收入合理地分配给各运营商的过程。这一过程旨在获得精确的轨道交通网络中的客流分布数据，以便进行城轨网络中客流统计、票务清分、运营管理分析和决策及其他相关应用的依据。

3.1 概述

3.1.1 客流清分的原因

在城轨网络化运营之前，各线路的客流量与票务收入的统计都由各线路AFC系统直接提供。AFC系统统计客流量的方法是：汇总每个车站进出站闸机所记录的进出站车票数量。由于OD乘车路径的单一性，所以AFC系统统计的客流量就是单一的线路客流量。城轨客流量就是各线路AFC系统客流量的总和，除与"交通卡"结算外，轨道交通线路之间，不需要进行任何客流量与票务收入的清分。所以，线路客流量是与其他线路不发生票务清分的客流量。

在城轨网络运营后，由于换乘站的联络作用，任意两站之间的乘车路径基本都不是单一的。因此，在票面 OD 区间（包括同一线路的 OD 区间）内存在多个乘车路径供乘客选择，此时，AFC 系统难免会"夹带"一些换乘客流，特别是当线路 OD 数据的始发站是一个换乘站，或者换乘站内一套站点 AFC 系统被多条线路共享时，"夹带"的换乘客流可能更多；反之，一些线路客流也会混入换乘客流，因此，换乘客流就是线路间需要进行清分的客流。

因此，在城轨网络化运营后，由于乘客乘车路径的多样性，所以在客流清分时，应对每一张车票的乘车路径都进行识别和处理，特别是换乘客流量的乘车路径的识别，其处理量大而且难度大。应在完成上述一系列筛查和识别处理后，再认真地对城轨的客流量进行票务收益清分。

考虑到票务收入与客流的密切关系，轨道交通客流清分与各条轨道交通线路的经济利益密切相关。票务收入、政府补贴分配、城市交通的"轨交"与"公交"联运优惠政策、惠民"老人免票"政策等都与客流清分密切相关。因此，轨道交通运营商都迫切寻找符合公开、公平、公正原则的清分规则。

3.1.2　客流清分的相关基本概念

（1）清分。

清分是指按照一定的规则将真实的乘客出行路径划分到不同的轨道交通线路上，以便于各运营商进行后续分账等各项管理工作。

（2）清分对象。

广义的清分对象指自动售检票清算中心（automatic fare collection clearing center，ACC）根据清分规则处理的所有数据，包括票款收入、票卡制作成本。本章针对的清分对象是指城轨票款收入所划拨给各线路运营商的那部分运费总和，包括可能产生的运费损失。

（3）清分规则。

清分规则是指处理清分对象所依据的规则，本章中的清分规则是指在不同运营主体之间清分运费收入所依据的规则。

（4）出行时间。

在轨道交通系统内，出行时间是指乘客从进入起始站（origin，O）到离开终点站（destination，D）所经历的时间总和，包括候车等待时间、列车运行时间、换乘时间等。

（5）路段。

路段是指轨道交通网络上相邻两个节点（即车站）之间的交通线路。

(6)路径。

轨道交通网络上任意一对OD节点(即车站)之间的一串连通路段的有序排列称为这对节点之间的路径。在网络化运营条件下,一对节点之间可以有多条路径。

(7)最短路径。

在一对节点之间的路径中,总出行阻抗最小的路径称为最短路径,可以以出行时间、站数等作为阻抗标尺。

(8)有效路径。

在乘客的一次轨道交通出行过程中,并不是要考虑所有从起点到终点之间的连通路径,而只考虑其中的一部分,这一部分的路径称为有效路径。

3.1.3 客流清分的影响因素

在城轨网络中,换乘路径的选择基于同一OD,乘客会根据轨道交通系统的运营计划和自身经验来综合判断换乘站点,从而形成出行路径的选择行为。当网络中存在多种出行路线时,乘客倾向于选择费用最低的OD区间路径。然而,由于随机性的存在,并不是所有乘客都会选择相同的路径。在无障碍换乘模式下,城轨系统乘客的路径选择受多种因素的影响,他们会综合考虑出行时间、距离、舒适性等因素,以选择效益最佳的方案,影响乘客路径选择行为的主要因素构成了影响客流清分的主要因素。本书将影响因素概括为两大类:路径因素与乘客因素。

1. 路径因素

1)城轨线网客观因素

(1)路网结构。

在一定时期内,路网结构可以视为静态的,线路数量、站点数量、线路长度、换乘方式等基本信息保持不变。乘客在出行时,如果有多种路径可选,则可以通过比较各项属性来选择符合自己需求的路径。随着轨道交通的建设,路网结构会发生变化,网络中的换乘站数量增加,连通性增强,这可能会改变OD区间的可达路径和最短路径。

(2)出行时间。

当乘客从起点到达终点有多条路径可供选择时,通常出行时间较短的路径被选择的概率更大。一般情况下,出行时间与距离呈正相关。

(3)换乘便捷性。

城轨多路径问题的本质就是以换乘为基础的多路径问题,各OD之间有效路径的区别在于历经了不同的换乘站，所以在各线路间有效换乘，即换乘便捷性也是一个重要因素。首先，由于换乘站的接驳方式不同，导致站台间的步行距离和乘客行走时间存在差异；其次，换乘站的设施和服务水平不同，包括电梯的有无、交通指示牌的有效性、换乘流线的简洁程度等，此外，不同线路的发车间隔时间不同，因此换乘后的候车时间也可能有所差异；最后，从路径所需的总换乘次数来看，换乘次数越多，该路径的换乘便捷性越低，出行阻抗越高，乘客选择的概率越小。

（4）运营时间。

运营时间对客流清分的影响相对容易判断，路网中各线路的运营时间可能不同，有的线路可能每天运营18h，而有的可能运营16h。因此，某条OD路径的运营时间是所涉及线路的共同运营时间部分。应依据各路径的运营时间，确定在一天中不同时段参与该OD客流清分的不同路径。

2）运营商管理相关因素

（1）舒适度。

从便捷性和舒适度角度来看，城轨在不受其他交通工具干扰的线路上运行，车辆具有良好的运行特性，并且配备了空调、引导装置和自动售票等设备，因此整体乘车条件较好。然而，不同运营商在具体服务上存在一些差异，如线路老旧程度，以及车厢大小、座位数量、卫生状况和服务人员配置等，这些因素都会影响乘客的出行体验。因此，乘客会综合考虑这些因素，选择最舒适的路径。

（2）正点率。

列车在专用轨道上运行，因此通常不会出现运输线路堵塞，具备高度的准时性。这种准时性是城轨相较于其他公共交通工具的最大优势。然而，由于不同运营商在运输组织和车辆配置上可能存在差异，乘客往往倾向于选择正点率更高的路径。

2. 乘客因素

1）社会经济因素

不同年龄阶段的乘客在路径选择上的关注点不同。一般来说，老年乘客对出行时间的要求低于有通勤需求的中青年人，他们更关注换乘便捷性、拥挤度和舒适度。年轻人则更在意时间成本，更倾向于选择出行时间较短的路径。

职业对路径选择的影响通常与年龄段相关。退休人员通常是60岁及以上的老年人，偏好总体舒适度较高的路径。然而，需要上班通勤的人群，由于时间价值较高，可能会增加换乘次数以减少出行时间，对舒适度的要求相对较低。

收入水平与路径选择的相关性不明显，但在同等条件下，高收入人群更注重舒适性和便捷性，可能偏好换乘次数少、步行距离短、拥挤度低的路径。然而，在无障碍换乘的轨道交通背景下，票价按 OD 区间收费，因此这一因素基本可以忽略。

2）出行特征因素

出行目的显著影响乘客的路径选择。以通勤和上学为目的的人群，由于时间紧迫，对出行时间高度敏感。而以探亲访友或购物娱乐为目的的人，对时间要求相对较低，更注重舒适度。

出行距离对路径选择有一定影响。研究表明，随着出行距离增加，乘客对换乘次数的容忍度提高。例如，在全程 10 站与 20 站的情况下，乘客更容易接受后者，因为较长距离的路径更可能需要换乘，这被视为合理。

3.2　网络化运营模式下的城轨客流清分方法

清分方法旨在轨道交通系统中进行线路客流与换乘客流的甄别和划分。目前，国内大多数城市采用一票换乘模式，乘客在付费区无缝换乘。对于一票换乘模式的轨道交通网络，清分方法根据解决策略、准确性和具体处理方法可分为以下三类：基于人工核算的清分方法、理想情况下的清分方法及基于乘客出行路径的清分方法等。

基于人工核算的清分方法对构成网络连接的每一条轨道交通运营线路都进行资产评估，然后根据网络中每一对 OD 运营线路的投资情况给出结算比例，并按照该结算比例进行核算。该方法难度较低，但这种模型是静态的，没有考虑各运营商所提供的服务对整个轨道交通网周转客运量的贡献差异，在反映各运营商的应有收益上不够客观，在准确性和合理性方面也均有明显缺陷。

理想情况下的清分方法假设每个换乘站点均配备了专用的刷卡器，乘客换乘时就刷卡一次，从而获得准确的乘客出行路径，然后根据路径中涉及的运营线路和运营里程，得到准确的清分比例。该方法在理论上可行，可得到公平准确的清分结果。但在现实中，由于需要增加硬件设施装配和投入资金，并且当线路复杂度上升时，建设和运维成本会大大增加。此外，乘客换乘不方便，高峰时段容易形成拥堵，因此该方法不可行。

基于乘客出行路径的清分方法分析乘客出行行为，并考虑影响乘客路径选择的因素，构建费用的广义成本函数。在此基础上，寻找乘客 OD 内的一个或多个可能路径，并根据相关运营商在这些路径上承担的运营里程确定各运营商的分摊比例。该方法虽复杂度较高，但对于实际情况的还原更加客观、准确，有利于实现公平公正的清分。基于乘客出行路径的清分方法又可细分为：最短路径清分方法、鉴别车票乘车路径清分方法、K 最短路径法、基于概率模型的清分方法等。下面将详细介绍这些方法。

3.2.1 最短路径清分方法

最短路径清分方法是一种基本的路径规划方法，通过计算路径上的距离或成本来确定两站之间的最短出行时间，其中包括区间运行时间和换乘时间。尽管这是一种简单直接的方法，但在轨道交通网络中采用"比例分配"时，可能过于简单，未充分考虑具体的网络拓扑、运营情况及乘客的出行特征。

假定某个 OD 之间实际的车票面额使用符号 y 来表示，某个 OD 之间的最短路径为 j，则 n 个运营商在此 OD 之间的收益为

$$w = y \cdot [r_{j1}, r_{j2}, \cdots, r_{jn}] \tag{3-1}$$

目前，求解最短路径的算法主要有两种，一种是图论中的 Dijkstra 算法，又称标点法；一种是 Flody 算法。而在交通领域的研究中，最常用的也最易实现的就是 Dijkstra 算法。该算法用于计算从某一指定节点（根节点）到其他节点（终节点）的最短路径。这种算法的基本思想是通过反复扫描网络中的节点，在每次扫描中，该算法试图发现从根节点到当前扫描的节点之间的路径，比已知路径更短或更好。当从根节点到所有其他节点之间没有更短或更好的路径时，算法停止执行。这一过程旨在逐步优化并找到从根节点到其他节点的最短路径。

对于城轨网络来说，由于出行路径不同，其所耗费用和时间是不同的，且这两者在乘客的路径选择中具有非常重要的作用。因此，不同于一般交通网络的最短路径算法，本章的最短路径清分算法考虑了费用及时间在算法实现中的权重。

我们考虑一个由网络节点和有向边构成的有向加权图 $G = (V, E, \varphi)$，其中 V 是由站点构成的非空集合，E 是由边构成的集合，φ 是和 E 中每条边相关的权重，取值非负。总的站点数量为 n，有向边的数量为 m，E 中的一条有向边由 V 中的一对有序站点表示：$e = uv \in E$，同时可得 v 是可从 u 沿 E 到达的，与路段 uv 所耗的费用和时间决定的权重为 $\varphi(uv)$。两站点 v_0 和 v_k 间的路径 p 是一段由站点构成的有限序列 $p = v_0 v_1 \cdots v_k (0 \leq i < k, v_i v_{i+1} \in E)$，路径 p 对应的权重为 $\varphi(uv) = \sum_{0 \leq i < k} \varphi(v_i v_{i+1})$。从站点 u 到 v 的最短路径权重也被称为距离，表

示为 dist(u,v),是所有起点为 u、终点为 v 的可能有向路径的最小权重。$u \xrightarrow{p} v$ 表示 v 是可由 u 沿着路径 p 到达的,则

$$\text{dist}(u,v) = \min\{\varphi(uv) : u \xrightarrow{p} v\} \quad (3-2)$$

对于一个起始站点 $s \in V$,Dijkstra 算法对于所有 $v \in V$ 计算距离 dist(s,v)。假设 S 是 V 的一个真子集,满足 $s \in S$,并令 $\bar{S}$ 为 $V-S$。如果 $p = s \cdots \overline{uv}$ 是从 s 到 $\bar{S}$ 的最短路径,那么很明显 $\bar{u} \in S$,路径 p 中的 $(s, \bar{u})$ 段必为从 s 到 $\bar{u}$ 的最短路径。这样,从 s 到 $\bar{S}$ 的距离可表示为

$$\text{dist}(s, \bar{S}) = \min_{u \in S, v \in \bar{S}}\{\text{dist}(s,u) + \varphi(uv)\} \quad (3-3)$$

式(3-3)是 Dijkstra 算法的核心,从 $S_0 = \{s\}$ 开始,可以构建 V 的子集的一个递增序列 $S_0, S_1, \cdots, S_{n-1}$,在第 i 步的最后,可以得到从 s 到 S_i 的所有站点的最短路径。

在算法的整个过程中,每个涉及的站点 v 都带有一个标签 $l(v)$,表示距离 dist(s,v) 的上界。初始时,$l(s) = 0$,并且对于 $v \neq s$,$l(v) = \infty$。随着算法的推进,这些标签会进行更新,在第 i 步时,有

$$l(u) = \text{dist}(s,u), u \in S_i \quad (3-4)$$

以及

$$l(v) = \min_{u \in S_{i-1}}\{\text{dist}(s,u) + \varphi(uv)\} \in \bar{S}_i \quad (3-5)$$

此外,如果有向边 $uv \in E$,那么站点 v 就称为站点 u 的邻点。我们将站点 u 的所有邻点表示为 neighbor(u)。基于以上的假设,Dijkstra 算法的流程如下。

(1)令 $l(s) = 0$;对于 $v \neq s$,$l(v) = \infty$;$S := \{s\}$,$\bar{S} := V - \{s\}$;$u_0 = s$,$i = 0$。

(2)更新标签 $l(v)$、S 及 $\bar{S}$。

①对于每个 $v \in \bar{S} \cap \text{neighbor}(u_i)$,用 $\min\{l(v), l(u_i) + \varphi(u_iv)\}$ 代替 $l(v)$。

②计算 $\min_{v \in \bar{s}}\{l(v)\}$ 并令 u_{i+1} 表示取得最小值时的站点。

③令 $S := S \cup \{u_{i+1}\}$,$\bar{S} := \bar{S} - \{u_{i+1}\}$。

(3)若 $i < n-1$,i 替换为 $i+1$,并返回步骤(2)。当 $\bar{S}$ 中不再有站点时,算法停止。

可以看到,使用 Dijkstra 算法需要通过线性搜索站点集合中所有站点的方法来搜索权重最小的路径。因此,如果用一个链表或者数组来存储轨道交通网络中的所有站点,则 Dijkstra 算法的时间复杂度为 $O(n^2)$。在站点比较多的情况下,计算效率不高。

最短路径算法的主要优缺点是：这种算法简单易行，适用于情景较为简单、路网规模较小、结构较为简单、清分精度要求不高的情况。然而，其主要缺陷在于路径选择只考虑单一维度，通常是最短时间或最短距离，并未充分考虑其他因素。在多条换乘路径相近或线路服务水平存在较大差异的情况下，该算法难以确保清分结果符合公平原则。

3.2.2 鉴别车票乘车路径清分方法

在这一清分方法中，车票在网络中扮演了乘客交易信息的载体角色，因此车票成为路径选择的核心。该方法对于每张车票在乘客的出行过程中分别在换乘前、换乘中及换乘后三个阶段进行详细刻画。在与乘客相关的自由环节，如走路、等待和选择车站等，通过列举多重三元一次方程式的方式，解出每张车票具体的路径，从而进行清分。这种方法通过对车票在不同阶段的行为进行刻画，更准确地了解乘客的实际行为，为清分提供更为详实的数据和依据。

（1）引入对于某一车票进出车站所消耗的全部时间 T：

$$T = T_{出站} - T_{进站} \tag{3-6}$$

分别在换乘前、换乘中及换乘后三个阶段对该车票进行描述时，其组成可写为

$$T = T_O + T_T + T_E \tag{3-7}$$

式中：T_O 表示该车票从起点 O 站进站、上车到换乘站下车的时长；T_T 表示在换乘过程的总时长；T_E 表示乘客从终点站下车到检票出站以结束乘车的时长。

在该方法中，车票描述了乘客在轨道交通线网中交易的信息。因此，为更准确地描述这一交易信息，需对乘客在全过程中的不同环节进行描述，即走动（walk）、等待（stay）和车站选择（choose），简称 WSC，可视为乘客自由度，三个环节分别为：W 为走动时间，描述了乘客从进入进站口至到达站台所用的时间；S 为等待时间，描述的是乘客从到达站台至列车到达停稳时所用的候车时间；C 为车站选择，是下车车站的时间参数。

（2）可以在某线路 j 中定义关于乘客的三个自由度 W_j, S_j, C_j。因此，在每条轨道交通线路的车票乘车过程中，乘客的自由度可进一步划分为上车自由度 $t(W_j, S_j)$ 和换乘自由度 $C(C_j)$ 两部分。

上车自由度 $t(W_j, S_j)$ 可表示为：

$$t(W_j, S_j) = W_j + S_j \tag{3-8}$$

换乘自由度 $C(C_j)$ 本质上是乘客对换乘环节的选择方式，从而包含了乘客选择乘车路径的意愿。在某线路 j 中，换乘自由度 $C(C_j)$ 可表示为

$$C(C_j) = C_j \qquad (3-9)$$

（3）便可以得到鉴别车票方法理论模型的一组基本关系。

T_O 的乘客自由度可表示为

$$T_O = W_O + S_O + C_O \qquad (3-10)$$

T_T 的乘客自由度可表示为

$$T_T = \sum (W_i + S_i + C_i) \qquad (3-11)$$

T_E 的乘客自由度可表示为

$$T_E = W_E + S_E + C_E \qquad (3-12)$$

将 T_O、T_T、T_E 代入式（3-7）后，可得

$$T = (WO + SO + CO) + \sum (W_I + S_I + C_I) + (WE + SE + CE) \qquad (3-13)$$

最终，式（3-13）可归纳为

$$T = W_i + S_i + C_i \qquad (3-14)$$

式（3-14）是一个多重三元一次多项式，为了确定每张车票的具体路径选择情况，只需解出每张车票对应的方程的解即可。这意味着通过解此方程式，可以得知每个乘客所选择的具体路径信息，从而实现对车票清分的目标。

鉴别车票乘车路径清分方法的主要优缺点是：这种算法在理论上更接近于"清分"理论，舍弃了对路径的推测，而是对线网中每张车票进行乘车路径的明确鉴别和清分。然而，这种算法需要对所有车票进行单独计算，导致计算量大幅上升。在 OD 相同、时间接近且多条最佳路径代价相差不大的情况下，该算法可能无法很好地区分这些车票。

3.2.3　K 最短路径法

K 最短路径（K shortest pathes，KSP）算法求解能够满足轨道出行多路径搜索需求，因此 K 最短路径算法在客流清分的研究中被广泛使用。KSP 问题是对最短路径问题的推广，它除了要确定最短路径，还要确定次短路径、第三短路径，直到找到第 k 短路径。为了研究 K 最短路径算法，我们首先结合一个城轨网络示意图介绍一些关于图论的基本原理；然后介绍交通流分配中的重要理论，即 Wardrop 平衡原理；最后介绍 KSP 问题的客流清分模型的构建方法。

1）基本理论

对于 $G = (V, E)$ 中各边 v_i、v_j 的权重为 x_{ij}（$x_{ij} = \infty$ 表示 v_i 与 v_j 间无边），假设 v_s、v_t 为图中任意两点，求一条道路 μ 使它从 v_s 到 v_t 的所有路中总权重最

小的路，即 $L(\mu) = \sum_{(v_i,v_j) \in \mu} x_{ij}$ 最小，即最短路径问题。轨道交通路网结构通常不是无环结构，K 条最短路径问题的求解相较于最短路径问题复杂得多，目前求解 K 最短路径问题的方法主要包括动态规划、启发式搜索方法、数学规划等。

下面介绍交通流分配中的重要概念 Wardrop 第一平衡和第二平衡原理。Wardrop 第一平衡原理定义是在道路的利用者都确切知道网络的交通状态并试图选择最短路径时，网络将会达到平衡状态。在考虑拥挤对行驶时间影响的网络中，当网络达到平衡状态时，每个 OD 对的各条被使用的路径的行驶时间相等且最小，没有被使用的路径的行驶时间大于或等于最小行驶时间。例如，现在一些导航软件会实时显示道路拥挤状况，乘客在选择道路的时候会将拥堵情况考虑在实际出行的时间中。下面以一个具体的例子来介绍该原理的含义。

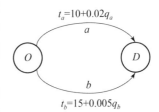

图 3 - 1　应用 Wardrop 第一平衡原理的实例

如图 3 - 1 所示，假设某一个 OD 之间的交通量为 $q = 2000$ 人，有两条路径 a 和 b 都可以从起点 O 到达终点 D。路径 a 的出行时间短，但是通行能力较小。路径 b 的出行时间长，但是通行能力大。假设两条路径的出行时间与流量的关系分别为

$$t_a = 10 + 0.02q_a, t_b = 15 + 0.005q_b \qquad (3-15)$$

式中：q_a 和 q_b 分别表示路径 a 和 b 的交通量。

那么根据 Wardrop 第一平衡原理，我们可以建立如下公式：

$$10 + 0.02q_a = 15 + 0.005q_b \qquad (3-16)$$
$$q_a + q_b = 2000 \qquad (3-17)$$

求解式（3 - 15）、式（3 - 16）、式（3 - 17）即可求出 $q_a = 600$，$q_b = 1400$。

实际上，可以看出 Wardrop 第一平衡原理是站在乘客自身出行的角度考虑的，即乘客会选择最优路径来最小化他们本身的出行时间。进一步，Wardrop 第二平衡原理提出了在系统平衡条件下，路网上的交通流应该以平均或者总的出行成本最小为依据来分配，即

$$\min: Z(X) = \sum_a x_a t_a(x_a) \qquad (3-18)$$

$$\text{s. t.} \begin{cases} \sum_k f_k^{rs} = q_{rs} \\ f_k^{rs} \geq 0 \end{cases} \qquad (3-19)$$

式中：x_a 表示路段 a 上的交通流量；t_a 表示路段 a 的出行时间；$t_a(x_a)$ 表示当

路段 a 的流量为 x_a 时的出行时间；f_k^{rs} 表示出发地为 r、目的地为 s 的 OD 间的第 k 条路径的流量。

从式（3-19）可以看出，Wardrop 第二平衡原理的目标是路网总出行成本最小。

对于同样的例子，应用上面的 Wardrop 第二平衡原理可以构建得到如下关系式：

$$\min: C = t_a q_a + t_b q_b \tag{3-20}$$

$$\text{s. t.} \begin{cases} q_a + q_b = 2000 \\ q_a, q_b \geq 0 \end{cases} \tag{3-21}$$

求解可以得到 $q_a = 500$，$q_b = 1500$。

2）基于模型的 K 最短路径客流清分问题求解

为了求解 K 最短路径问题，首先我们对城轨网络进行建模。城轨网络由不同的运营线路组成，并通过换乘站点衔接。我们利用上面介绍的图论定理，将城轨网络抽象成图，将不同站点之间用有向弧连接。

首先构建模型的约束，如式（3-22），定义符号 T_{ij} 表示列车在两节点之间的运行时间。在城轨网络中，路段运行时间是确定的，运行时间矩阵由列车运行时刻表决定，在实际应用中可通过列车运营官方网站获取，即

$$S_{ij} = \begin{cases} s_a, & F_{uv} = 1 \\ +\infty, & \text{其他} \end{cases} \tag{3-22}$$

式中：s_a 表示 a 路段的运行时间；u、v 表示节点；F_{uv} 表示节点 u 和节点 v 是否相连接。

为了方便描述有效路径，定义最大容忍系数 T，即相对于最短路径，出行者不允许耗费超过 T 倍的费用完成出行行为，因为理论上乘客可能选择不断地绕着环路出行。例如，对于图 3-1 中的节点 A 和节点 C，最短的路径为 $A \rightarrow B \rightarrow C$ 或者 $A \rightarrow E \rightarrow C$。但是，理论上存在乘客从车站 A 出发，绕着环路 $ABDE$ 旅行多次，最后才到达 C 的可能。因此，下面的约束表示只有当满足下式时，k 路径才有效：

$$\frac{s_k}{s_{\min}} \leq T \tag{3-23}$$

式中：s_k 表示第 s 条路径的实际运行时间；$s_{\min}$ 表示从路径 k 的起点 u 到终点 v 的最短运行时间。

为了求 K 最短路径需要先对路段进行编号，以便表达路径与路段的关系；再根据换乘规则对路段时间进行累加，求得 $s_{\min}$ 和 s_k，T 可由问卷调查或经验

法确定。反求满足条件的 k 路段,对路径进行编号,再用 $0\sim 1$ 矩阵 $\boldsymbol{G}_{ka}$ 表示各路径与路段的关系（$\boldsymbol{G}_{ka}$ 的行号表示路径编号,列号表示路段编号）。路径与路段的关系可表述为

$$G_{ka} = \begin{cases} 1, \text{路径 } k \text{ 经过路段 } a \\ 0, \text{其他} \end{cases} \quad (3-24)$$

假设图 3-1 中,$A\rightarrow B\rightarrow C$ 是一条路径（编号为 k）,该路径经过了路段 $A\rightarrow B$（编号为 1）和 $B\rightarrow C$（编号为 2）,那么可以得出 $G_{k1}=1$,$G_{k2}=1$。

下面用感知时间函数来描述拥挤附加时间。拥挤附加时间与乘客数量、列车车厢座位数和最大载客能力有关,其关系可用下式表示:

$$D(x_a) = \begin{cases} 0, m_a \leqslant Q_{\max} \\ \left[\dfrac{m_a - Q_s}{Q_s}\right]\alpha, Q_s < m_a \leqslant Q_{\max} \\ \left[\dfrac{Q_{\max} - Q_s}{Q_s}\right]\beta + \left[\dfrac{m_a - Q_{\max}}{Q_s}\right]\gamma, m_a > Q_{\max} \end{cases} \quad (3-25)$$

式中:m_a 表示乘客数量;Q_s 表示列车车厢座位数;$Q_{\max}$ 表示最大载客能力;α、β、γ 均为参数。

该节重点探讨配流时的有效路径问题,在求解过程中考虑到附加拥挤时间对乘客心理的影响,路径 k 上各路段阻抗包括路段的运行时间和拥挤附加时间,即

$$T_{a,k}^{uv} = s_a + D(x_a) \quad (3-26)$$

式中:$T_{a,k}^{uv}$ 表示考虑了拥挤成本的路径出行时间。

最后根据交通流平衡理论,建立优化模型。对于某一起点为 u、终点为 v 的 OD 对,Wardrop 交通分配数学规划将模型表述为

$$\min Y(m) = \sum_a \int_0^{m_a} m_{a,k}^{uv}(\theta) \mathrm{d}\theta \quad (3-27)$$

$$\text{s.t.} \begin{cases} \sum_k g_k^{uv} - q_{uv}, \forall u,v \in N \\ g_k^{uv} \geqslant 0, \forall u,v,k \in N \\ m_{a,k}^{uv} = \sum_r \sum_s \sum_k g_k^{uv} \mu_{a,k}^{uv}, \forall a \in A \end{cases} \quad (3-28)$$

式中:$m_{a,k}^{uv}$ 表示以起点为 u、终点为 v 的路径为 k 的通过路段 a 的流量,它于路段 a 自身的出行时间和拥挤程度有关;$\mu_{a,k}^{uv}$ 表示路径 k 中路段 a 所占的流量比例。

式（3-28）的三个约束是上面介绍的交通流平衡约束。最后只需要对该模

型进行求解即可得到最终的 KSP 问题的解。上述模型是一个非线性目标函数的有约束模型，因此可以采用一些数学规划的方式求解，如 Frank – Wolfe 算法。

3.2.4 基于概率模型的清分方法

1. 基于概率模型的清分算法架构

在城轨网络中，涉及多路径概率选择的问题可从行为科学角度解释，其实质为一个决策制定难题，即在城市轨道出行过程中，乘客面临多个路径选择时该如何决定。目前，在我国城轨系统采用"无缝换乘"的网络化运营模式下，为了模拟乘客在路径选择时的心理活动，我们为每条路径都确定一个效用值或吸引度（也可称为服务水平）。这样的效用值反映了乘客选择某条路径时所能获得的好处大小，而乘客心理总是倾向于选择效用值最大的路径。

通常情况下，影响路径效用的因素众多且复杂，包括但不限于路径长度、运行时间、站点拥挤度等。这些因素相互交织，形成一个多维度的影响网络，使得路径效用表现出相当程度的不确定性。因此，路径效用可被视为一种随机变量。在网络化运营模式下，乘客往往追求最优路径以获取最大的效用。然而，由于诸多不确定性因素的存在，最优路径并非总是唯一确定的。因此，理解路径效用作为随机变量的性质对于建立可靠的客流清分模型至关重要。

在本节中，我们以路径的综合阻抗值作为乘客路径选择的依据，综合阻抗值最小对应着路径的最大效用。综合阻抗值，在一些研究中也称为广义费用值或路径代价，是确定城轨网络流量分配的关键指标，直接影响着出行路径的选择和流量的分配。在轨道交通网络中，综合阻抗值的计算需要综合考虑多种因素，包括换乘站的步行和候车时间、非换乘站的停车时间，以及站间的乘车时间等定量因素，同时也要考虑乘客特性、出行特性、方便性、舒适性、安全性及对网络的熟悉程度等定性因素。这种综合性的考虑能够更好地解释乘客的出行决策，并在流量分配中发挥至关重要的作用。

当在一个 OD 对之间存在多条可达路径时，乘客的路径选择并非仅仅局限于综合阻抗最小的路径。通常情况下，他们会以较大的概率选择综合阻抗最小的路径，以较小的概率选择综合阻抗略大的路径，而对于综合阻抗特别大的路径则几乎不予考虑。以某一 OD 对为例，假设其存在 4 条有效路径，所需时间分别为 10min、13min、15min 和 50min。则大多数乘客会倾向于选择第 1 条路径，只有少数人可能考虑第 2 条和第 3 条路径，而几乎没有人会选择第 4 条路径，因为相对于最短路径而言，第 4 条路径的乘车时间过长。由此可以引出"有效路径"的概念，即可能被乘客选择的路径，而选择概率为零的路径则被定义为"无效路径"。鉴于无效路径对最终计算结果没有任何贡献，为提高计算效率，我们有必要将这些无效路径从考虑范围中滤除。这一策略不仅能够简化计算过程，而且有助于更准确地捕捉乘客实际的路径选择行为。

利用基础轨道交通线路数据，我们能够计算路径的综合阻抗值并确定有效路径。在此基础上，通过采用多路径概率选择模型，我们能够有效地进行路径流量的分配，从而实现客流清分过程。这一算法架构如图3-2所示。

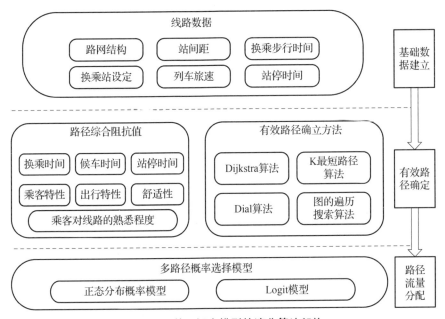

图3-2 基于概率模型的清分算法架构

假定在轨道交通网络中有 n 个 OD 对，第 n 个 OD 对之间存在 M 条有效路径，令 C_m^n 为从起点 O 到终点 D 之间第 m 条有效路径上的综合阻抗值，则 C_m^n 是一个随机变量。因此，可令 c_m^n 为路径上可确定的阻抗值，则

$$C_m^n = c_m^n + \varepsilon_m^n \tag{3-29}$$

式中：c_m^n 表示第 n 个 OD 对间第 m 条有效路径上可确定的阻抗值；ε_m^n 表示随机误差项，并且有 $E[\varepsilon_m^n]=0$，即 $E[C_m^n]=c_m^n$。

令 X_m^k 表示第 m 条有效路径上的第 k 个属性，则式（3-29）中的 c_m^n 通常是关于路径属性 X_m^k 的一元线性方程，即

$$c_m^n = \sum_k a_m^k x_m^k \tag{3-30}$$

式中：路径属性 X_m^k 与路径和乘客属性都相关，包括出行时间、换乘属性及乘

客属性等因素；a_m^k 表示每个属性的权重。

如果路径综合阻抗值的随机误差项的分布已知，那么，乘客选择不同有效路径的概率就可以计算出来。根据概率论中的弱大数定理（即伯努利原理），在 OD 之间所有的乘客中，选择第 m 条有效路径的乘客比例为 p_m^n。换句话说，根据最小综合阻抗路径选择原则，第 m 条路径被选择的概率就是此路径上的综合阻抗值在所有可选择路径中最小的概率，即

$$p_m^n = \Pr(C_m^n \leqslant C_l^n, \forall l, m \in M, m \neq l) \quad (3-31)$$

选择函数具有一般概率函数的特性，即

$$\sum_{m=1}^{M} p_m^n = 1, 0 \leqslant p_m^n \leqslant 1, m \in M \quad (3-32)$$

显然，选择概率取决于有效路径的综合阻抗值和随机项的分布，在已知式中的随机误差项 ε_m^n 的分布时，可以确定路径的综合阻抗值的分布，然后可以直接计算出选择概率。目前，在交通研究中最常用的选择函数形式有正态分布概率模型和 Logit 模型，下面将对这两种模型进行介绍。

2. 正态分布概率模型

由于乘客选择某条路径的概率会随着该路径综合阻抗值的增加而急剧减少，因此要计算某路径的被选择概率，首先要描述路径阻抗值和选择概率之间的关系特性。研究发现，正态函数右半曲线可以很好地描述该关系特性，只要选择合适的参数因子，就可以准确地拟合路径的被选择概率随路径综合阻抗值增加而下降的关系曲线。

假定综合阻抗值的随机误差项 ε_m^n 相互独立且服从正态分布，则所有误差的联合概率密度函数就是多变量正态分布函数，其分布是正态密度函数的多项式扩展，它描述了随机向量 $(\varepsilon_1^n, \varepsilon_2^n, \cdots, \varepsilon_M^n)$ 的分布，该向量有 M 维期望值向量和 $M \times M$ 阶协方差矩阵。

由于累积正态分布函数无法通过封闭形式确定数值，标准的数值解法也面临巨大困难，使得在求解不同路径选择概率时面临极大挑战，尤其是在维数 $M > 2$ 的情况下，既不能获得概率的数学解析表达式，同时采用多重积分方法找到数值解也变得非常困难。因此，研究者通常采用近似解析方法（如 Clark 循环逼近法）或模拟仿真方法（如蒙特卡罗（Monte-Carlo）仿真法）来克服这些挑战。

（1）近似解析方法。

近似解析方法要求列出 OD 之间的所有可能路径，对于小规模网络而言，相对容易实现；然而对于大规模网络，实施起来就十分困难。

（2）模拟仿真方法。

对于模拟仿真方法，如 Monte-Carlo 仿真法，其难点在于从多维正态分布变量中抽取随机值 $(\varepsilon_1^n, \varepsilon_2^n, \cdots, \varepsilon_M^n)$。从单维正态分布中抽取符合均值和方差要求的随机值相对容易，但在多维正态分布中实现这一要求变得相当困难。这是因为向量中的每个变量不仅需要满足期望值和方差的要求，还需要考虑变量之间的协方差。尤其是在规模较大的网络中，随着 OD 之间路径数量的增加，实现多维正态分布的随机抽样变得更加困难。因此，针对这一问题的解决方案，需要充分考虑网络规模和复杂性，以确保模拟仿真方法的有效性和可行性。

3. Logit 模型

目前，传统及改进的 Logit 模型是用来解决城轨路径选择问题的主要方法之一，国内外有许多学者都在这方面做出了研究，如 Sebastian、Zhao、Liu、赖树坤、徐达等。Logit 模型及其在客流清分中的应用如下。

1）传统 Logit 模型

假定路径综合阻抗估计值 c_m^n 中的随机误差项 ε_m^n 相互独立，且服从相同的 Gumbel 分布，那么，第 n 个 OD 对之间第 m 条有效路径被选择的概率为

$$p_m^n = \frac{\exp(-\theta c_m^n)}{\sum_{m=1}^{M} \exp(-\theta c_m^n)} \quad (3-33)$$

式中：p_m^n 表示第 n 个 OD 对之间第 m 条有效路径上的客流分配比例；c_m^n 表示该有效路径上可确定的阻抗值；θ 为一个与 ε_m^n 的方差有关的参数，其作用是将阻抗转换成效用。

如果 ε_m^n 满足 Gumbel 分布，则

$$\text{Var}(\varepsilon_m^n) = \pi^2/6\theta^2 \quad (3-34)$$

可以看出，参数 θ 与随机误差项 ε_m^n 的方差成反比，起到调节方差的作用。当 $\theta \to \infty$ 时，$p_m^n \to 1$，表示所有乘客都会选择该路径出行；当 $\theta \to 0$ 时，表示乘客将会较为平均地分布在所有可选路径上。因此，θ 的意义可以表示为乘客对城轨网络的熟悉程度。

目前，Logit 模型中的 θ 等参数估计通常采用极大似然法。该方法的核心思想是，在给定函数和样本值的基础上，找到能使模型中的样本数据出现的概率最大化的参数。基本步骤如下。

（1）建立包含要估计参数的似然函数。

（2）利用实验数据求解似然函数在参数取值达到极值时的参数估计值。

对于轨道交通网络中的一个 OD 对，假定将每名乘客对路径的选择都视为

相互独立的行为，共有 N 个乘客选择 M 条有效路径，则该过程可视为进行 N 次伯努利试验。N 名乘客中选择 M 条有效路径的人数分别为 N_1，N_2，…，N_M 的联合概率，可表示为

$$L = P(N_1, N_2, \cdots, N_M | \theta) = \frac{N!}{N_1! \; N_2! \; \cdots N_M!} \Pi P_m^{N_m} \quad (3-35)$$

式中：N 表示样本乘客总数量；N_m 表示选择第 m 条有效路径的乘客数量；M 表示总的有效路径数量；P_m 表示乘客对第 m 条有效路径的选择概率。

将式（3-35）两边取自然对数，再分别对 θ 求导数，并令导数为零，就可以得模型参数 θ 的值。

极大似然法的有效性在于其对数据的良好适应性，以及对参数估计结果的高度精确性。通过此方法，我们能够获得 Logit 模型的参数估计值，为深入理解乘客路径的选择行为提供了关键的工具和指导。

2）改进的 Logit 模型

传统 Logit 模型以其直观易懂、算法简洁、有较强的可解释性等优点得到了广泛的应用，但其在实际应用中仍存在一定缺陷，对结果影响最为显著的两点缺陷如下。

（1）它假定各条选择路径是彼此独立的。

（2）它认为路径的选择概率是由路径之间的阻抗值的绝对差来决定的。

为了克服第一种缺陷，许多学者对 Logit 模型进行了改进，改进后的 Logit 模型有 BCL 模型、NL 模型、广义 Logit 模型等。

对于第二种缺陷，一些学者采用综合阻抗值的相对差计算路径选择概率，即将 Logit 模型改进为

$$p_m^n = \frac{\exp(-\theta c_m^n / \bar{c}^n)}{\sum_m \exp(-\theta c_m^n / \bar{c}^n)} \quad (3-36)$$

式中：$\bar{c}^n$ 表示第 n 个 OD 对之间所有有效路径的综合阻抗值的均值。

然而，对于网络规模较大的城轨系统，有很多 OD 对之间的有效路径数目众多。此时，枚举出所有有效路径并计算其平均综合阻抗值比较困难。因此，可采用与最短路径的综合阻抗值相比较的形式，假设路径 k 为第 n 个 OD 对之间的最短路径，则更适用于较大网络规模的 Logit 模型如下：

$$p_m^n = \frac{\exp(-\theta c_m^n / c_k^n)}{\sum_m \exp(-\theta c_m^n / c_k^n)} \quad (3-37)$$

式中：c_k^n 表示第 n 个 OD 对之间的最短路径 k 的综合阻抗值。

总体而言，轨道交通各线路的票务收入与各自线路上的总客流量密切相

关。因此，清分算法的正确性直接影响了收益分配的公正性。本章详细介绍的三种清分算法在理论基础上有一定的差异。K最短路径法和基于概率模型的算法比较接近，它们都通过路径的预测来分配收益，而鉴别车票法则采用另一种通过进出站时间鉴别车票路径的方式。虽然在精细度上比较高，但这些方法的理论仍然不完整，计算量和准确性仍有待提高。

在只知道车票OD的情况下，如换乘时间的长短、各线路列车的舒适度等因素都会影响乘客的路径选择。因此，仅基于路径长度的清分算法是不成熟且不全面的。如何在准确性和精细度之间找到平衡，成为研究新的清分算法的重要标准，这需要进一步探索更全面、准确且实用的清分算法，以确保对票务收入的公正分配。

参考文献

[1] 赖树坤. 城市轨道交通票务清分方法研究[D]. 北京:北京交通大学,2008.

[2] 殷锡金. 城市轨道交通网络客流清分规则与"鉴识车票乘车路径"理论[J]. 轨道交通,2010,(1):42-45.

[3] 刘亚丽,张安保. 网络化运营模式下城市轨道交通客流清分方法探讨[J]. 中国科技投资,2017,(10):367.

[4] 毛保华,四兵锋,刘智丽. 城市轨道交通网络管理及收入分配理论与方法[M]. 北京:科学出版社,2007.

[5] MINGHUA XU,et al. An improved Dijkstra's shortest path algorithm for sparse network[J]. Applied Mathematics and Computation,2007,185:247-254.

[6] 钟璧榈,楼栋,周一威. 基于轨道交通网络特点的K最短路算法研究[J]. 都市快轨交通,2019,32(01):72-77.

[7] YONG HE,JU HE,DAO LI ZHU,et al. Traffic network equilibrium with capacity constraints and generalized Wardrop equilibrium[J]. Nonlinear Analysis:Real World Applications 2010,11:4248-4253.

[8] 罗经纬. 基于K最短路的流量分配算法研究[J]. 公路与汽运,2017,(05):14-16.

[9] LACOSTE-JULIEN S,JAGGI M. On the global linear convergence of Frank-Wolfe optimization variants[J]. Advances in neural information processing systems,2015,28.

[10] 蔡晓春. 城市轨道交通网络客流分配模型与计算方法研究[D]. 北京:北京交通大学,2011.

[11] SEBASTIAN R,MUNOZ J C,GRANCE L D. A Topological Route Choice Model for Metro[J]. Transportation Research Part A:Policy and Practice,2011,45(2):138-147.

[12] SEBASTIAN R,ZHAN G,JUAN C M,et al. A Behavioural Comparison of Route Choice on Metro Networks:Time,Transfers,Crowding,Topology and Socio-demographics[J]. Transportation Research Part A,2014,66:184-195.

[13] 徐达. 基于Logit的地铁客流分配模型研究[D]. 成都:西南交通大学,2016.

[14] 巩亮,李引珍. 兰-武运输通道客流分担率分析及运营建议[J]. 兰州交通大学学报,2019,38(4):34-39.

第4章

城轨列车运行图的编制流程

城轨列车运行图编制主要分为4个步骤：首先分析断面客流时空分布特征，在此基础上，制定列车开行方案，确定高平峰时段发车间隔、列车运行交路、首末班车时间及停站时间；然后铺画列车运行详图；最后开展效果评估，必要时对列车运行图进行微调优化。列车运行图编制完成后还需要开展一定的上线前的准备工作，才能正式投入使用。

4.1 列车运行图的编制原则和要求

列车运行图是行车部门组织列车安全正点运行和运输企业协调列车运行有关各部门、各工种工作的最重要的综合性工作计划，也是行车调度在日常指挥列车运行的基本依据。因此，列车运行图对保证行车安全、充分利用运输能力、提高运输效率和经济效益及完成客运任务都具有重要意义。

在技术设备、客运量发生较大变化或运输组织方式进行调整的情况下，有必要重新进行编制列车运行图的工作。编制列车运行图除根据第2章所提及的时间要素、数量要素及相关要素外，还需按照一定的编制原则和要求，经过各个编制过程和批准程序，才能投入使用。

在编制列车运行图时，应符合下列要求。

1）确保行车安全

列车运行图应符合《城轨技术规范》及有关行车组织办法的有关规定，严格遵守行车作业程序和时间标准。

《北京市地铁运营有限公司技术管理规程（试行）》中第917～931条规定了行车组织的原则，其中部分规定如下。

第918条 行车组织工作必须贯彻"安全第一、预防为主、综合治理"的安全生产方针，坚持高度集中、统一管理、逐级负责的原则。

第919条 列车运行图是行车组织工作的基础，所有与列车运行有关的单位，都必须依据列车运行图的要求，正确组织本单位的工作，以确保列车运行图的实施。

第920条 列车运行图应以客流量为依据，本着以人为本、方便乘客的原则确定列车对数，并应符合下列要求。

(1) 确保列车运行的安全。
(2) 充分利用运力，经济合理地运用电动客车。
(3) 准确、便利地运送乘客。
(4) 符合网络运输的要求。
(5) 各单位间工作的协调。

2) 合理运用设备

列车运行图力求充分利用线路通过能力，在保证安全的前提下，通过提高列车运行速度、压缩折返时间、减少出入库作业时间等，实现运力与运量的匹配；通常情况下，折返站的折返能力是限制全线运力的关键，因此必须对折返线的折返作业时间进行精确计算，尽可能安排平行作业。

3) 优化运输产品

列车运行图应按客流特点和需求，开行运行间隔、编组辆数、站停次数和旅行速度不同的列车，以吸引客流，提高经济效益。同时，列车运行图应方便乘客，合理规定列车停站时间，减少不必要的技术停站时间，缩短乘客出行时间；合理规定列车在换乘站的到达时刻，减少乘客换乘等候时间及避免客流过大；合理规定运营低峰时间的列车间隔，减少乘客候车时间。此外，应注意与其他交通运输工具的衔接配合。

4) 配合站段工作

列车运行图编制应充分考虑折返站、换乘站的客运组织工作的要求。例如，在运营高峰时间，通常行车密度较大，在采用岛式站台的车站上，如两个方向或几个方向的列车同时到达，由于客流集中，会造成站内拥挤。因此，为避免车站客运组织工作出现困难，宜安排不同方向的列车在车站交错到达。

同时，为保证运营车辆技术状态良好，应保证留有足够的列检作业时间。在安排列车回段检修时，应考虑列检线能力的匹配。在车辆段没有列车调试线时，应安排调试列车运行线，调试列车一般应在运营低谷时间开行。

5) 经济合理地运用电客车

经济合理地运用电客车是降低运输成本、提高经济效益的重要途径之一。在运用电客车不足或客流量增长较快的情况下，加速车辆周转并提高电客车的利用效率尤为重要。

在编制列车运行图时，应根据客流情况、电客车数量及各类检修需求，综合考虑电客车的使用策略。首先，应尽可能做到均衡使用电客车，并在此基础上提高列车的日走行里程数，合理安排交路，缩短全周转时间，减少电客车的使用组数，同时兼顾乘务人员的作息和电客车的维修保养需求。在确保运力与运量相匹配的前提下，通过经济合理地运用电客车将列车的满载率控制在合适的区间，从而实现整体运输效率的提升。

6）编图人员要求

为了不断提高列车运行图的编制质量，编图人员应努力钻研技术业务、加强调查研究，做到熟悉情况、了解业务、掌握基本理论。编图人员应学习和掌握下列各项基本业务知识。

（1）列车运行图理论及编制方法。

（2）运输能力计算方法。

（3）全日行车计划编制方法。

（4）车辆运用和检修工作组织。

（5）调度工作组织。

（6）客运工作组织。

（7）掌握《技术管理规程》《行车组织规则》《车站行车工作细则》和有关作业组织办法等。

4.2 运行图编制的基本流程

列车运行图的编制由运营管理部门负责组织，分为客流特征分析、开行方案制定、运行图铺画和效果评估4个阶段，如图4-1所示。

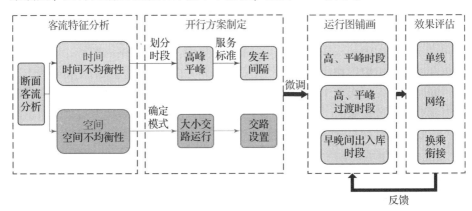

图4-1 城轨运行图的编制流程图（见彩图）

4.2.1 断面客流特征分析

断面客流是城轨运营公司编制列车运行图的重要依据，包括时间、空间（带方向性）和数量等多维属性。对断面客流进行计算和分析，可以帮助运营公司优化运行资源的配置，提高运输效率。具体来说，通过计算断面客流，有助于划分高平峰时段，进而决定高平峰时段的发车频次。在高峰时段，客流较为密集，为了满足乘客的出行需求，应增加发车次数，确保列车的运力充足。然而，在平峰时段，客流相对较少，可以适当减少发车次数，降低运营成本。此外，通过对断面客流的时空特性进行分析，为确定列车运行交路乃至运行图种类提供依据。

1) 断面客流计算

目前，城轨 AFC 能够记录乘客的进出站时间、进出站点等重要出行信息，其在城轨系统的广泛推广运用为城轨运营公司掌握乘客出行规律、编制运行计划提供了渠道。然而，在城轨网络化运营的条件下，乘客可以选择的出行路径和换乘方式复杂多样，运营公司往往难以直接根据 AFC 数据准确获取断面客流数据，因此产生了如何将客流数据与票款在不同经济贡献主体之间进行公平合理分配的客流清分问题。利用第 3 章介绍的清分计算方法，可以得到客流出行路径数据。

获取客流出行路径数据后，可以通过列举法计算各个断面的客流量。下面用一个例子给出基于客流出行路径数据计算断面客流量的方法。北京地铁 15 号线的车站分布和乘客出行的路径如图 4-2 所示，图中仅画出了包含区间（俸伯—顺义）上行方向的客流路径。2023 年 10 月 23 日乘客的出行 OD 数据如表 4-1 所列。

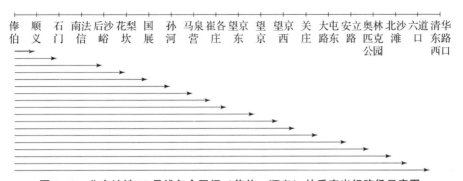

图 4-2 北京地铁 15 号线包含区间（俸伯—顺义）的乘客出行路径示意图

表4-1　2023年10月23日乘客的出行OD数据　　单位：人次

起点\终点	俸伯	顺义	石门	南法信	后沙峪	花梨坎	国展
俸伯		142	156	23	155	106	17

起点\终点	孙河	马泉营	崔各庄	望京东	望京	望京西	关庄
俸伯	48	89	169	153	26	151	148

起点\终点	大屯路东	安立路	奥林匹克公园	北沙滩	六道口	清华东路西口	
俸伯	75	120	171	63	134	113	

接着计算区间断面客流量，以区间俸伯—顺义的上行方向断面客流量为例，该区间的客流由19个路径构成，包含（俸伯—顺义）（俸伯—石门）（俸伯—南法信）（俸伯—清华东路西口）等19个路径，则俸伯—顺义区间的上行方向断面客流量可由这19个路径的客流量求和得到，即2059人。同理，按照上述方法即可计算2023年10月23日各时段下行方向的断面客流量（表4-2），为后续高平峰时段划分和运行交路确定提供数据支撑。

表4-2　北京地铁15号线下行方向分时断面客流量（2023.10.23）

单位：人次

区间\时段	05:00~06:00	06:00~07:00	07:00~08:00	08:00~09:00	09:00~10:00	10:00~11:00	11:00~12:00	12:00~13:00	13:00~14:00	14:00~15:00
俸伯—顺义	621	2786	6166	5020	1475	653	648	567	485	514
顺义—石门	867	5274	10431	10341	3464	1463	1251	1140	1104	862
石门—南法信	1225	6473	14763	13940	5656	1927	1413	1791	1259	1266
南法信—后沙峪	1509	6722	17915	17446	8517	2466	2118	2040	1839	1296
后沙峪—花梨坎	1566	8349	20896	22003	10052	3473	2271	2823	1995	1825

(续表)

时段 区间	05:00~06:00	06:00~07:00	07:00~08:00	08:00~09:00	09:00~10:00	10:00~11:00	11:00~12:00	12:00~13:00	13:00~14:00	14:00~15:00
花梨坎—国展	1274	7976	21097	24988	12861	3389	2868	2725	2619	1767
国展—孙河	1320	8270	20196	26074	13959	4101	2691	3309	2464	2236
孙河—马泉营	975	7373	20681	25157	16410	4353	3153	2967	2941	2077
马泉营—崔各庄	1111	6928	21759	26120	18876	4585	2964	3583	2840	2570
崔各庄—望京东	765	7017	20850	26811	19559	4885	3483	3249	3292	2309
望京东—望京	795	6107	18372	24707	14706	4867	3535	3360	3434	2493
望京—望京西	399	4427	14796	17704	11096	3612	2438	2900	2506	2328
望京西—关庄	332	3790	11598	14368	8839	2898	2259	2065	2400	1711
关庄—大屯路东	319	3285	10640	14443	7515	3267	1968	2359	2106	2005
大屯路东—安立路	80	1906	7352	9705	6877	2398	1728	1721	1683	1582
安立路—奥林匹克公园	81	1877	6151	9939	6021	2572	1671	1421	1843	1350
奥林匹克公园—北沙滩	46	933	4360	7500	4558	1753	950	1094	1156	894

(续表)

时段 区间	05:00~06:00	06:00~07:00	07:00~08:00	08:00~09:00	09:00~10:00	10:00~11:00	11:00~12:00	12:00~13:00	13:00~14:00	14:00~15:00
北沙滩—六道口	36	789	3042	6396	4430	1387	888	951	858	849
六道口—清华东路西口	6	150	833	2632	1497	496	264	251	266	206
俸伯—顺义	401	452	493	423	219	150	53	16	1	
顺义—石门	874	944	1149	1018	557	326	258	60	7	
石门—南法信	1131	1231	1486	1288	728	488	350	98	14	
南法信—后沙峪	1523	1271	1875	1761	916	551	391	101	11	
后沙峪—花梨坎	1596	1907	2258	2613	1224	694	479	143	16	
花梨坎—国展	2002	1965	3207	3276	1420	812	615	157	20	
国展—孙河	1897	2633	3692	4196	1782	940	575	231	14	
孙河—马泉营	2174	2401	4294	4238	1813	1035	629	239	13	
马泉营—崔各庄	2059	2902	4037	4977	2146	1124	738	229	0	
崔各庄—望京东	2411	2639	4533	4975	2234	1191	764	323	0	
望京东—望京	2726	3151	5917	10305	6175	4083	2474	659	0	

(续表)

时段 区间	05:00~06:00	06:00~07:00	07:00~08:00	08:00~09:00	09:00~10:00	10:00~11:00	11:00~12:00	12:00~13:00	13:00~14:00	14:00~15:00
望京—望京西	1999	2854	6391	11750	9525	5265	3523	892	3	
望京西—关庄	1867	2357	5092	8671	7329	4084	2685	945	0	
关庄—大屯路东	1578	2400	4852	9488	7571	4912	2882	964	0	
大屯路东—安立路	1226	1785	3416	5342	4737	3026	2067	712	0	
安立路—奥林匹克公园	1311	1765	3568	5340	4609	2941	1890	760	64	
奥林匹克公园—北沙滩	797	1278	2197	3811	2873	1983	1410	818	59	
北沙滩—六道口	686	1102	1901	2991	2570	1779	1358	706	51	
六道口—清华东路西口	185	256	314	487	390	272	187	188	18	

2）断面客流时间分布特征

断面客流在时间分布上呈现一定的规律，接下来将从日客流、周客流、季节性或短期性客流三个层面对城轨客流的时间分布特性进行分析。

（1）日客流时间不均衡性。

城轨日客流量是指一个昼夜循环内，不同时间段内的网络客流量变化情况。在对日客流量变化情况进行统计分析时，一般以0.5h段或1h段为区段，来分析客流全天不同时段的变化规律。基于北京市地铁运营公司提供的数据，以1h段为区段来分析日客流变化规律。通过大量数据的对比统计分析，结果显示城轨运营网络日客流量呈现峰值突变特征，其中工作日呈现双峰变化特征，节假日呈现单峰变化特征。

工作日是指国家法定的上下班、上下学日期。城轨运营网络工作日内不同时段客流呈现明显的双峰变化特征，客流量在峰值处集中突发增长，峰值时段客流量明显高于其他时段客流量，表现出明显的早、晚高峰突变，以北京市为例，早高峰、晚高峰客流量分别占全天客流量的23.49%和20.34%，这种特征主要由城市居民的出行特征决定。在工作日，北京地区绝大部分居民需要上下班、上下学，居民在这两个时间段集中出行，使客流急剧增加，客流量发生突变形成峰值。白天其他时段，乘坐轨道交通的乘客比较少，乘客出行时间随机分布，网络客流量比较小且呈平衡状态。

节假日客流特征与工作日客流特征明显不同，呈现单峰变化特征，主要由城市居民的出行特征决定。在节假日，城轨的通勤客流少，不会出现由于上下班、上下学引起的两次客流集中现象，居民主要以旅游、休闲、购物为主。在白天时段，乘客的时间紧迫性不强，乘客出行时间随机分布，网络客流平稳发展；但在傍晚时段，居民结束一天行程，经由城轨返程，客流较为集中，在这个时段会出现一个高峰值，客流量急剧增加；晚上居民出行少，整体客流量减小，各时段客流量明显下降。

根据分时客流在一天内分布的不均衡和有规律的变化，城轨系统可将一天的运营划分为高峰时段和平峰时段，设置不同的发车频次来适应客流的变化。

（2）周客流时间不均衡性。

根据乘客出行目的，城轨运营网络客流可以分为两大类：一类是以旅游休闲或商业活动为出行目的的客流，另一类是以上下班、上下学为目的的通勤客流。以一周为一个周期，周期内城市居民出行具有周期性变化特征，由此引起城轨的周客流也有周期循环变化特点，分为"轮槽形"变化和"驼峰形"变化。

若线路周客流走向呈现凹凸变化规律，并且在一个周期内，凸起部分明显大于凹陷部分，则认为该线路周客流属于"轮槽形"变化。该类型变化的具体表现为：周一至周五客流量基本相同，上下浮动较小；周六、周日客流量基本相同，上下浮动较小；且周一至周五客流量明显大于周六、周日客流量，有明显客流突变。符合"轮槽形"变化的城轨线路以通勤客流为主，其中周一至周五出行量大，周六、周日出行量明显减小。

若线路周客流在一个周期内，日客流量有一次较大的突变，且持续时间较短，则认为该线路周客流属于"驼峰形"变化。该类型变化的具体表现为：周一至周五客流量基本相同，上下浮动较小；周六、周日客流量基本相同，上下浮动较小；且周一至周五客流量小于周六、周日客流量。在城轨网络中，根据线路功能，有两类线路的周客流属于"驼峰形"变化，一类是为特大型枢纽服务的通勤线路，如机场线；另一类是为旅游观光服务的线路。因为这两类线路所吸引的客流均集中在周末出行，客流量在周末形成高峰。

根据全日客流在一周内分布的不均衡和有规律的变化，城轨系统可在一周内实行不同的列车运行图。

(3) 季节性或短期性客流。

在一年内，客流还存在季节性的变化，如由于梅雨季节和学生复习迎考等原因，6月份的客流通常是全年的低谷；而在旅游旺季，城市中流动人口的增加又会使城轨的客流增加。对于季节性的客流变化，可以更换基本运行图，以适应运输需求。短期性客流激增通常发生在举办重大活动或节日的时候，当客流在短期内增加幅度较大时，运营部门应针对某些作业组织环节、某些设备的运用方案采取应急措施，实行节日列车运行图或特殊列车运行图，来缓和运输能力紧张的情况。

3) 断面客流空间分布特征

类似地，断面客流在空间分布上也呈现一定的规律，接下来将从线路客流、上下行断面客流、区段断面客流三个层面对城轨客流的空间分布特性进行分析。

(1) 线路客流不均衡性。

城轨网络线路属性比较复杂，线路间属性差异明显，线路吸引的客流量大小差别显著，呈现明显不均衡性。以北京市为例，从位置上看，网络中既有市区线，也有郊区线；从线路形式上看，网络中既有环线，也有放射型线；从建设时序上看，网络中存在既有线，也有新建线。然而，线路具体情况不同，其客流分布情况也不尽相同。其中穿越市区的线路客流量明显大于郊区线路，这是因为市区线路沿线的土地开发较郊区更为成熟，线路沿线的居住、办公、商业、旅游人群较多，所吸引的客流量明显大于郊区线。在城市市区，不同线路沿线的具体情况也不相同，如穿越商业区的类型和个数不同，也会引起客流差异。在城市郊区，不同郊区的发展规模和成熟度不同，而且不同郊区的定位不同，导致郊区线路中不同线路间的客流量也有所差别。

(2) 上下行断面客流不均衡性。

在城轨线路上，由于客流的流向原因，上下行方向发、到的客流通常是不相等的。在中心放射型的城轨线路上,早晚高峰时段的上下行方向客流不均衡尤为明显。在上下行方向断面客流不均衡程度较大的情况下,要在直线线路上做到经济合理的配备运力比较困难,但在环行线路上可采取内、外环线路安排不同运力的措施。

(3)区段断面客流不均衡性。

城轨线路沿线情况复杂,线路可能经过多个办公区、居住区或旅游景点,线路不同区段所吸引的客流的出行特点不同,因此区段间客流量不同。从整体来看,北京城轨断面客流量分布非常不均衡,几乎所有线路的区段断面客流量均不相同。区段断面客流量的不均衡性,显示了运营网络中不同局部的负荷强度不同。通过对区段断面不均衡性进行分析,可以掌握运营网络中压力较大和较小的区段和方向,针对不同客运强度,可以采取不同的措施,如在客流量较大的区段,可以采取小交路运行,以增加该区段运营能力,提高运营效率。

4.2.2 开行方案制定

1. 发车间隔

为了精准刻画城轨列车客流时间分布的不均衡性,我们引入时间不均衡系数的概念。时间不均衡系数与全日内该方向分时最大断面客流量及运营小时数有关,计算公式如下:

$$\alpha = \frac{P_{\max}}{\sum_{i=1}^{H} P_{i,\max}/H} \tag{4-1}$$

式中:α 表示时间不均衡系数;$P_{\max}$ 表示高峰小时的单向最大断面客流量;$P_{i,\max}$ 表示运营时段 i 的单向最大断面客流量;H 表示运营小时数。

我们可以由计算出的时间不均衡系数 α 的取值评价客流分布的时间均衡性情况:当 $\alpha \geq 1.5$ 时,客流时间分布呈现不均衡性;当 $\alpha < 1.5$ 时,客流时间分布呈现均衡性。对于某一分时的断面客流,其时间不均衡性判断过程如下:首先计算其时间不均衡系数 α,若 $\alpha < 1.5$,则说明客流时间分布均衡,全日内均为平峰时段;若 $\alpha \geq 1.5$,则说明客流时间分布不均衡,$\alpha \geq 1.5$ 的时段为高峰时段,$\alpha < 1.5$ 的时段则为平峰时段。

以北京地铁 15 号线下行方向为例,根据表 4-2 可以得出单向分时最大断面客流量,即找出该时段所有断面客流量的最大值,结果如表 4-3 所示。

表4-3　北京地铁15号线下行方向分时最大断面客流量　单位：人次

时段	05:00~06:00	06:00~07:00	07:00~08:00	08:00~09:00	09:00~10:00	10:00~11:00	11:00~12:00	12:00~13:00	13:00~14:00	14:00~15:00
分时最大断面客流量	1566	8349	21759	26811	19559	4885	3535	3583	3434	2570
时段	15:00~16:00	16:00~17:00	17:00~18:00	18:00~19:00	19:00~20:00	20:00~21:00	21:00~22:00	22:00~23:00	23:00~24:00	
分时最大断面客流量	2726	3151	6391	11750	9525	5265	3523	964	64	

由表4-3可以计算下行方向分时最大断面客流量的累加和为139410人，全天运营时间为19小时，那么05:00~06:00的时间不均衡系数可以计算为$\dfrac{1566}{\frac{139410}{19}} \approx 0.213$，同理可得其余时段的不均衡系数。图4-3和图4-4分别展示了北京地铁15号线2023年10月23日上行方向和下行方向的时间不均衡系数的变化情况。在取两者的并集后，当天的高峰时段可以确定为：早高峰07:00~10:00，晚高峰17:00~20:00，其余时段为平峰。

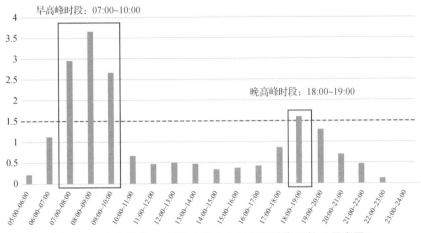

图4-3　北京地铁15号线上行方向时间不均衡系数（见彩图）

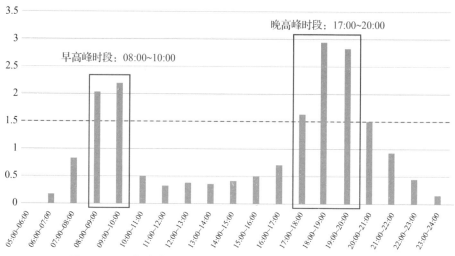

图4-4 北京地铁15号线下行方向时间不均衡系数（见彩图）

基于客流时间分布的不均衡性，需要对列车运行方案进行相应的配置，同时需满足相应的服务标准，主要体现在满载率控制值和发车间隔。对于满载率控制值，在工作日需满足高峰小时满载率不大于100%，平峰小时满载率不大于60%；在休息日需满足高峰小时满载率不大于80%，平峰小时满载率不大于60%。进一步地，可根据满载率控制值计算列车发车间隔h（单位为min），计算公式如下：

$$h \leqslant 60 \div \frac{P_{\max}}{C_v \times \eta} \tag{4-2}$$

式中：h表示列车发车间隔；$P_{\max}$表示单向分时最大断面客流量；C_v表示列车定员；η表示最大列车满载率控制值。

例如，北京地铁15号线高峰时段（07:00～10:00）下行方向的最大断面客流量$P_{\max}=26811$人，列车定员$C_v=1500$人，那么高峰时段下行方向的列车发车间隔$h \leqslant 60 \div \frac{26811}{1500 \times 100\%} = 3.3 \text{min}$，即3min18s。根据北京地铁的规定，对于城区线路，全天列车最大发车间隔不超过10min，高峰时段（07:00～22:00）的列车最大发车间隔不超过7min；对于郊区线路，全天列车最大发车间隔不超过10min。

2. 运行交路

为了精准刻画城轨列车客流空间分布的不均衡性，我们引入空间不均衡系数的概念。空间不均衡系数与各断面客流量及断面数有关，计算公式如下：

$$\beta = \frac{P_{max}}{\sum_{j=1}^{n} P_j/n} \qquad (4-3)$$

式中：β 表示空间不均衡系数；P_{max} 表示单向最大断面客流量；P_j 表示断面 j 的客流量；n 表示断面数。

我们可以由计算出的空间不均衡系数 β 的取值评价客流分布的空间均衡性情况：当 $\beta \geq 1.5$ 时，客流空间分布呈现不均衡性；当 $\beta < 1.5$ 时，客流空间分布呈现均衡性。对于某一分时断面客流，其空间不均衡性判断过程如下：首先计算其空间分布不均衡系数 β，若 $\beta < 1.5$，则说明客流空间分布均衡，单一交路便可满足运营需求；若 $\beta \geq 1.5$，则说明客流空间分布不均衡，需要大小交路来满足运营需求，$\beta \geq 1.5$ 的区段宜使用大小交路，明确中间折返站，尽可能包含系数大于 1 的区间。

以北京地铁 15 号线下行方向为例，全天运营时间为 19 小时，根据表 4-2 分别计算下行方向的空间不均衡系数 β。例如，要计算 05:00~06:00 俸伯—顺义的空间不均衡系数，首先计算该时段所有断面客流的累加和为 13327 人，那么 05:00~06:00 俸伯—顺义的空间不均衡系数可以计算为 $\frac{621}{\frac{13327}{19}} \approx 0.885$，同理可得其余断面的不均衡系数，如表 4-4 所示。

表 4-4　北京地铁 15 号线下行方向分时断面不平衡系数（2023.10.23）

区间＼时段	05:00~06:00	06:00~07:00	07:00~08:00	08:00~09:00	09:00~10:00	10:00~11:00	11:00~12:00	12:00~13:00	13:00~14:00	14:00~15:00
俸伯—顺义	0.885	0.585	0.465	0.312	0.159	0.227	0.319	0.267	0.248	0.324
顺义—石门	1.236	1.108	0.787	0.644	0.373	0.51	0.616	0.537	0.566	0.543
石门—南法信	1.746	1.36	1.114	0.868	0.609	0.671	0.696	0.844	0.645	0.798
南法信—后沙峪	2.151	1.412	1.351	1.086	0.918	0.859	1.044	0.961	0.942	0.817
后沙峪—花梨坎	2.233	1.754	1.576	1.369	1.083	1.21	1.119	1.33	1.022	1.15

(续表)

时段 区间	05:00~06:00	06:00~07:00	07:00~08:00	08:00~09:00	09:00~10:00	10:00~11:00	11:00~12:00	12:00~13:00	13:00~14:00	14:00~15:00
花梨坎—国展	1.816	1.676	1.591	1.555	1.386	1.181	1.413	1.284	1.342	1.114
国展—孙河	1.882	1.738	1.523	1.623	1.504	1.429	1.326	1.559	1.262	1.41
孙河—马泉营	1.39	1.549	1.56	1.566	1.768	1.516	1.554	1.398	1.507	1.309
马泉营—崔各庄	1.584	1.456	1.641	1.626	2.033	1.597	1.46	1.689	1.455	1.62
崔各庄—望京东	1.091	1.474	1.573	1.669	2.107	1.702	1.716	1.531	1.686	1.456
望京东—望京	1.133	1.283	1.386	1.538	1.584	1.695	1.742	1.583	1.759	1.572
望京—望京西	0.569	0.93	1.116	1.102	1.195	1.258	1.201	1.367	1.284	1.468
望京西—关庄	0.473	0.796	0.875	0.894	0.952	1.009	1.113	0.973	1.229	1.079
关庄—大屯路东	0.455	0.69	0.803	0.899	0.81	1.138	0.97	1.112	1.079	1.264
大屯路东—安立路	0.114	0.4	0.555	0.604	0.741	0.835	0.851	0.811	0.862	0.997
安立路—奥林匹克公园	0.115	0.394	0.464	0.619	0.649	0.896	0.823	0.67	0.944	0.851
奥林匹克公园—北沙滩	0.066	0.196	0.329	0.467	0.491	0.611	0.468	0.516	0.592	0.564

(续表)

区间＼时段	05:00~06:00	06:00~07:00	07:00~08:00	08:00~09:00	09:00~10:00	10:00~11:00	11:00~12:00	12:00~13:00	13:00~14:00	14:00~15:00
北沙滩—六道口	0.051	0.166	0.229	0.398	0.477	0.483	0.438	0.448	0.44	0.535
六道口—清华东路西口	0.009	0.032	0.063	0.164	0.161	0.173	0.13	0.118	0.136	0.13
俸伯—顺义	0.268	0.243	0.154	0.092	0.071	0.08	0.043	0.037	0.065	
顺义—石门	0.584	0.508	0.36	0.222	0.18	0.174	0.21	0.138	0.457	
石门—南法信	0.756	0.663	0.465	0.281	0.235	0.26	0.285	0.226	0.914	
南法信—后沙峪	1.017	0.684	0.587	0.385	0.296	0.294	0.318	0.233	0.718	
后沙峪—花梨坎	1.066	1.027	0.707	0.571	0.395	0.37	0.39	0.33	1.045	
花梨坎—国展	1.337	1.058	1.004	0.716	0.459	0.433	0.501	0.362	1.306	
国展—孙河	1.267	1.417	1.156	0.917	0.576	0.501	0.468	0.533	0.914	
孙河—马泉营	1.452	1.293	1.345	0.926	0.586	0.552	0.512	0.551	0.849	
马泉营—崔各庄	1.375	1.562	1.264	1.088	0.693	0.599	0.601	0.528	0	
崔各庄—望京东	1.611	1.421	1.42	1.087	0.722	0.635	0.622	0.745	0	
望京东—望京	1.821	1.696	1.853	2.252	1.995	2.176	2.015	1.519	0	

(续表)

时段 区间	05:00~06:00	06:00~07:00	07:00~08:00	08:00~09:00	09:00~10:00	10:00~11:00	11:00~12:00	12:00~13:00	13:00~14:00	14:00~15:00
望京—望京西	1.335	1.536	2.001	2.568	3.077	2.806	2.869	2.057	0.196	
望京西—关庄	1.247	1.269	1.595	1.895	2.367	2.176	2.187	2.179	0	
关庄—大屯路东	1.054	1.292	1.519	2.073	2.446	2.617	2.347	2.223	0	
大屯路东—安立路	0.819	0.961	1.07	1.167	1.53	1.612	1.684	1.642	0	
安立路—奥林匹克公园	0.876	0.95	1.117	1.167	1.489	1.567	1.539	1.752	4.179	
奥林匹克公园—北沙滩	0.532	0.688	0.688	0.833	0.928	1.057	1.148	1.886	3.852	
北沙滩—六道口	0.458	0.593	0.595	0.654	0.83	0.948	1.106	1.628	3.33	
六道口—清华东路西口	0.124	0.138	0.098	0.106	0.126	0.145	0.152	0.433	1.175	

在得到空间不均衡系数之后，按照上面的时段划分，对平峰时段和早晚高峰时段的运行交路分别进行设置。由于平峰时段客流量较少，计算的空间不均衡系数不具有代表性，一般只开行单一交路列车。早高峰时段以08:00～09:00为例，空间不均衡系数 β 的变化情况图4-5所示。存在 $\beta \geq 1.5$ 的断面，因此需要开行小交路列车，根据线路拓扑结构和上述交路设置原则，确定大屯路东—俸伯需要开行小交路列车。

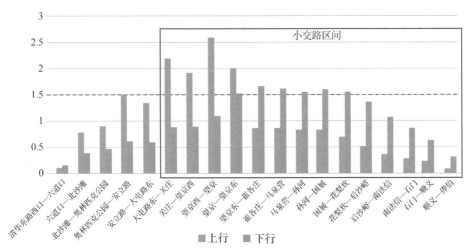

图 4-5　北京地铁 15 号线 08:00~09:00 时段的空间不均衡系数（见彩图）

同理可计算得到晚高峰时段的空间不均衡系数，以 18:00~19:00 为例，空间不均衡系数 β 的变化情况如图 4-6 所示，存在 $\beta \geq 1.5$ 的断面，根据线路拓扑结构和上述交路设置原则，确定大屯路东—俸伯在晚高峰时段同样需要开行小交路列车。

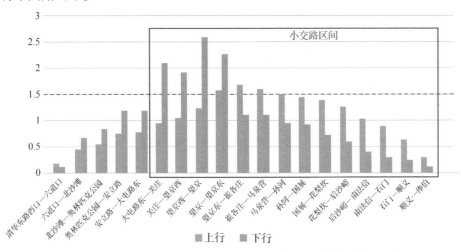

图 4-6　北京地铁 15 号线 18:00~19:00 时段的空间不均衡系数（见彩图）

下面介绍城轨系统中多种列车交路形式及不同列车交路形式的客流适应性分析。

（1）单一交路形式。

单一交路形式最为简单，运营组织方便，在线路起点和终点间开行全线贯通运行的列车,是我国大多数城市的轨道交通线路所采用的交路形式。单一交路形式示意图如图4-7所示。

图4-7 单一交路形式示意图

在城轨线路运营初期,全线各区间断面客流量较为均衡,无明显客流断点,开行全线贯通运行的单一交路能较好地满足线路各区段大致相同的客流强度。

(2)大小交路形式。

大小交路又称嵌套交路,是在大交路运行区段的基础上增加了小交路,大交路列车在线路两端的终点站折返,小交路列车在规定的中间站折返,大小交路列车在部分区段共线运行。大小交路与单一交路相比,可在运用相同数量的列车时,提高大客流区段的列车发车频率,减少全线乘客的总候车时间;也可以根据客流需求变化在各区段组织开行不同编组、不同发车频率的列车,充分利用运输能力,提高运营效益和服务水平。大小交路形式示意图如图4-8所示。

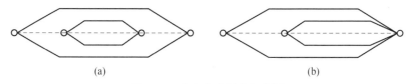

图4-8 大小交路形式示意图

在城市发展还处于中心城区主导的格局下,中心城区内部出行的客流量较大,郊区段或跨区段的客流量相对较小,且其出行目的地主要为中心城区,在中心城区到郊区沿线某处断面客流量有明显落差时,开行高密度的小交路可以满足中心城区的高强度客流需求,开行相对低密度的大交路可以满足郊区段和穿越中心城区的客流需求。

(3)交错交路形式。交错交路是指两种交路的列车分别在线路的某个区段运行,但两交路又在某区段交错,共线或不共线运行。一般而言,列车的交错区段位于中心城区,在该区段内,列车开行对数最大。与大小交路相比,交错交路对列车运行周期和列车开行对数的匹配性要求较低;也提高了交错区段的运输能力,在满足该区段高强度的运输需求的同时,保持非交错区段合理的运输能力。交错交路形式示意图如图4-9所示。

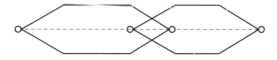

图4-9 交错交路形式示意图

随着城市的不断发展,郊区段客流出行比例逐渐增大,但仍表现出明显的向中心城区集中的客流特征。此时,开行两端郊区段到中心城区的小交路,满足不断增长的郊区到中心城区的跨区段出行需求;同时,两个小交路在中心城区共线增大了该区段的列车开行密度,满足中心城区高比例的出行需求。

(4) 衔接交路形式。

衔接交路又称分段交路,是由几个小交路衔接而成的交路形式,列车在各自小交路区段独立运营,并在规定的中间站折返。衔接交路可以根据客流的不同,在不同区段开行不同编组、不同发车频率的列车,也可在相邻区段采用不同的技术标准,能较好地解决相邻两个区段客流需求差异较大的问题。由此可知,衔接交路的交路之间相互影响较小,也使得列车的运行间隔具有较高的均衡性。但是衔接交路使得跨区域出行的乘客直达性降低,换乘增加了乘客的出行时间。衔接交路形式示意图如图4-10所示。

随着郊区及卫星城镇的发展,郊区内部功能逐渐完善,居民的日常出行将表现出较强的区域内部化特点。此时,城轨全线断面客流分布不均衡,但呈现明显的分区段特征,且每个区段的客流向中心聚集。开行分段独立运行、相互衔接换乘的衔接交路可以很好地满足不同区段内不同强度的出行需求,且运力利用充分。

为了较好地解决直达性降低的问题,可以采用小交路列车高密度、小编组,大交路列车低密度、小编组的衔接组合交路形式,来提高跨区段出行乘客的直达性,但行车组织和客运组织均较为复杂,如图4-11所示。

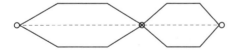

图4-10 衔接交路形式示意图

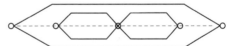

图4-11 衔接组合交路形式示意图

(5) 环线交路形式。

环线交路指列车在环形线路上的运行交路,列车只需始终沿某一方向开行即可,不必折返。环线交路的运输组织简单,可靠性较高,由于列车无须折返,也提高了运输效率和运输能力。因为环线交路中双方向运营组织互不影响,可根据客流需求的不同,组织开行不同编组、不同发车频率的列车。环线交路形式示意图如图4-12所示。

环形交路只适应于环形线路,全线

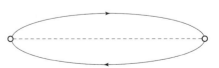

图4-12 环线交路形式示意图

各区间断面客流分布较为均衡,当某些换乘站的分方向换乘量不均衡时,该区间的断面客流量会出现一定波动。

(6)带支线的交路形式。对于带支线的交路形式,可根据客流条件,采用独立运行或全线贯通运行形式。独立运行,即正线和其中的一条岔线组成干线,另一条岔线作为支线,干线列车和支线列车均独立运行。全线贯通运行,即正线列车分别交替驶入两条岔线。需要说明的是,干线和支线是相对的,一般将客运需求量较小的线路称为支线。带支线的交路形式示意图如图 4-13 所示。

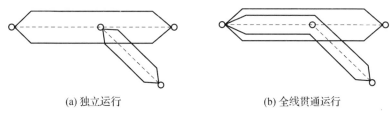

(a) 独立运行　　　　　　　(b) 全线贯通运行

图 4-13　带支线的交路形式示意图

带支线的交路通常适应于 Y 型线路,其中独立运行的形式适合干线和支线的换乘客流量较小的情况;全线贯通运行的形式适合干线和支线之间换乘客流量较大,但支线最大断面客流明显小于主线的情况。

3. 首末班车时间

伴随着网络化效益的日益明显,城轨对城市的发展和居民出行的便捷性的提高起到了巨大的促进作用。同时,随着路网所包含的线路不断增加,各线路之间的关系复杂度提高,并且国内已有线路尚未实现 24h 运营,因此城轨各线各方向之间首末班车时间计划的制定尤为重要。该计划可根据各条线路客流的特点及各条线路之间的衔接关系,协同调整每条线路的首末班车时间,从而最大程度地满足市区及市郊乘客早晚时间段乘车的需求。

首先,城轨首末班车时间合理制定所要实现的目标如下。

(1)首班列车衔接的目标是使早间市郊区域的客流经换乘后,能够尽快乘坐所需列车进入市区范围从事日常工作。因此,市郊区域的首班车开行时间应相对早于网络中心线路。

(2)末班列车衔接的目标是使晚间市区范围的客流经换乘后,可搭乘市郊线路的列车返程。因此,市郊区域的末班车开行时间应相对晚于网络中心线路。

为实现这一目标,需要制定首末班车时间的确定原则。下面以北京城轨为例进行介绍。

1）首班车确定原则

（1）满足市郊乘客向市区方向出行。

（2）市区线以2号线换乘站的首班车时间为基准。当需考虑多个换乘站、多个换乘方向时，应结合各换乘站不同方向的换乘量，先确定需衔接的换乘站和换乘方向，再确定线路的首班车时间，必要时，应制定多种方案进行综合比选。

（3）市郊线尽量保证各线与市区线首班车合理衔接。当推算的首班车开行时间与运营企业的全天合理运营时间或运营条件有冲突时，可以根据运营企业的实际情况，适当调整首班车的开行时间。

（4）早班车发车时间不早于4:30，不迟于5:30。

2）末班车确定原则

（1）满足市区乘客向市郊方向出行。

（2）市区线以2号线换乘站的末班车时间为基准。当需考虑多个换乘站、多个换乘方向时，应结合各换乘站不同方向的换乘量，先确定需衔接的换乘站和换乘方向，再确定线路的末班车时间，必要时，应制定多种方案进行综合比选。

（3）市郊线尽量保证各线与市区线末班车合理衔接。当推算的末班车开行时间与运营企业的全天合理运营时间或运营条件有冲突时，可以根据运营企业的实际情况，适当调整末班车的开行时间。

（4）末班车发车时间不早于22:30，市区线不宜晚于24:00；市郊线不宜晚于23:30；特殊情况下，根据政府要求适当延长。

最后，需要根据首末班车时间的确定原则，确定路网中各线各方向具体的首末班车时间，从而达到制定的目标，首末班车时间的确定需要考虑的因素有各线路列车进出车辆段的方式及列车运行时间因素。同时，还需要考虑线路的实际情况，如各换乘站的换乘量、城轨与其他公共交通的衔接情况等，从而生成合理的衔接方案。

4.2.3 运行图铺画

在根据客流数据制定开行方案后，要根据发车间隔、运行交路和首末班车时间铺画详细的运行图。首先获取第2章中介绍的运行图基本要素作为铺画运行图的技术指标；然后分别铺画高平峰时段、过渡时段、早晚间出入库时段的详细运行图。

1. 技术指标

（1）站停时间及区间运行时间（表4-5）。

表4-5 站停时间及区间运行时间

车站	站间距/m	站停时间/s 下行	站停时间/s 上行	区间运行时间/s 下行	区间运行时间/s 上行
俸伯					
	2441			177	177
顺义		30	30		
	1332			114	115
石门		30	30		
	2712			172	172
南法信		30	30		
	4576			263	260
后沙峪		45	45		
	3354			188	185
花梨坎		30	30		
	1616			121	111
国展		45	45		
	3387			189	184
孙河		40	30		
	3309			222	202
马泉营		45	45		
	2009			155	143
崔各庄		45	45		
	2295			133	137
望京东		50	40		
	1652			120	121
望京		60	60		
	1759			129	130
望京西		60	60		
	2039			180	177
关庄		30	30		
	1087			106	106
大屯路东		60	60		
	938			85	85
安立路		30	30		
	1369			104	104
奥林匹克公园		50	50		
	1999			136	135
北沙滩		30	30		
	1337			102	102
六道口		35	35		
	1145			113	105
清华东路西口					
合计	40356	745	725	2809	2751

(2) 最短折返时间（表4-6）。

表4-6 最短折返时间

车站	俸伯	清华东路西口	后沙峪	大屯路东
折返方式	站后"弯进直出"	站后"弯进直出"	站后弯进弯出	站后单库线
清人时间/s	30	30	30	40
入库时间/s	70	70	70	90
转台时间/s	30	30	30	30
出库时间/s	65	65	70	82
上人时间/s	30	30	45	38
合计时间/s	225	225	245	280

(3) 列车全周转时间。

根据第2章中列车全周转时间的计算方法，列车周转时间应为列车在上下行方向所有区间的运行时间、车站停站时间及在上下行终点站的折返时间之和，因此列车周转时间可以计算为7480s，即124min 40s。

(4) 列车出入车辆段作业时间。

经香江北路车辆段1号、2号联络线出、入段时间均为2min 40s，经俸伯停车场1号、2号联络线出、入场时间均为2min。

(5) 列车发车间隔。

根据开行方案确定列车发车间隔为早高峰3min 18s，午平峰8min，晚高峰3min 25s。

(6) 首末班车时间（表4-7）。

表4-7 首末班车时间

车站	首班车	末班车
俸伯	5:13	22:11（全程） 23:18（半程）
清华东路西口	5:30	23:15

(7) 可提供电客车组数。

可提供电客车组数为33组，其中俸伯停车场20组，马泉营车辆段13组。

2. 铺画流程

铺画列车运行详图的具体内容如下：在列车运行图中精确地铺画每一条列车运行线，即根据开行方案和技术指标，详细规定列车在每个车站的到达、出发和通过时刻，以及在折返站的停留时间等。在铺画详图的过程中，可按需要对方案图所拟定的列车运行线做适当的调整。

为此，必须做到以下几点。

（1）遵守列车区间运行时间和列车停站时间标准。

（2）遵守列车在折返站的停留时间标准。

（3）遵守追踪列车间隔时间和车站间隔时间标准。

（4）遵守乘务员轮乘标准。

（5）列车在车站折返时，同时停在折返站上的列车数应与该车站的线路数相适应。

（6）列车在车站会车和越行时，同时停在车站的列车数应与该车站的到发线数相适应。

下面以一分格运行图为例介绍列车运行图的详细铺画步骤。

1）确定车站中心

按区间运行时间比例确定中心线如图4-14所示。

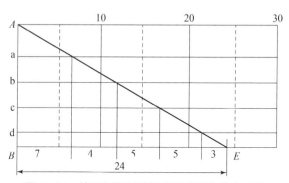

图4-14 按区间运行时间比例确定车站中心线

具体确定方法如下。某地铁线路下行列车单程运行时间共计24min；首先在运行图上确定该地铁线路两终点站 A 和 B 的位置，在代表终点站 B 的横线上向右截取等于24min或24min整倍数的线段，得分割点 E，连接 A、E 两点，得一斜直线；然后自终点站 A 起，根据各区间下行列车的运行时间在代表终点站 B 的横线上向右依次截取相应的线段，得到相应的各分割点；其次以各分割点作为基点作横轴的垂直线，得到垂直线与斜直线的各交点；最后过各交点作横轴的平行线，得到该地铁线路各站的车站中心线。

（1）以规定间隔代表 1min，每 1min 用一条垂线（细直线）表示，到 5min 时用虚直线表示，10min 时用微粗直线表示，小时线用重粗直线表示。

（2）根据使用要求标上站名、站间里程、区间运行时间、站停时间，为了便于确认，还需标上时间（一般标十分点及小时点）。

（3）至此，列车运行图的基础图制作完成，随后需按要求铺画运行线，标明车次、车组号等，从而得到一份完整的列车运行图。

结合开行方案，列车运行线的铺画流程可以划分为高平峰时段运行线铺画、过渡时段运行线铺画及早晚间出入库时段运行线铺画。下面分别对这三个铺画阶段进行介绍。

2）早晚高峰、平峰时段列车运行线铺画

北京地铁 15 号线早晚高峰、平峰时段列车运行线铺图如图 4-15～图 4-17 所示。

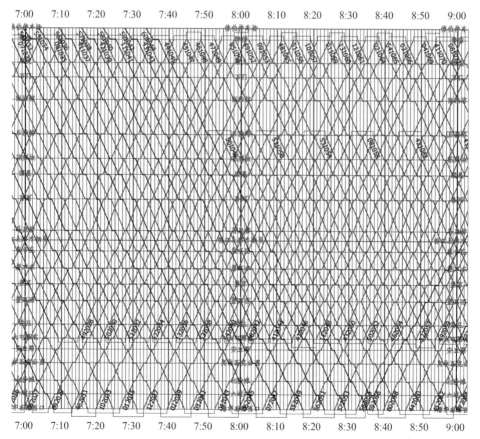

图 4-15　北京地铁 15 号线早高峰时段运行线铺画示意图（见彩图）

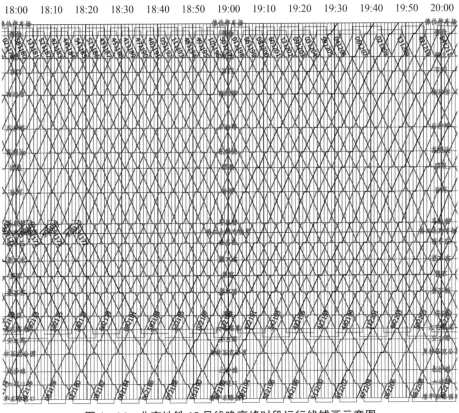

图 4–16 北京地铁 15 号线晚高峰时段运行线铺画示意图

由于高峰和平峰时段的特点是车底数固定不变,因此在铺画这一时段列车运行线时,需要根据发车间隔和运行交路铺画均匀的平行列车运行线。高、平峰时段运行线铺画的示意图分别如图 4–15、图 4–16 和图 4–17 所示。具体流程如下。

(1) 首先根据高峰、平峰时段起始时间和结束时间,按照发车间隔,均匀地铺画上行车次。

(2) 根据上行折返时间和发车间隔均匀铺画对应的下行车次。

(3) 根据下行车次到达终点站的时间和最小折返间隔,生成下行终点站的车底周转关系。

3) 高平峰过渡时段列车运行线铺画。

城轨过渡时段指的是高峰到平峰或平峰到高峰衔接的时间段。过渡时段运行线的铺画是全天运行图铺画的关键难点。以高峰时段到平峰时段的车次衔接

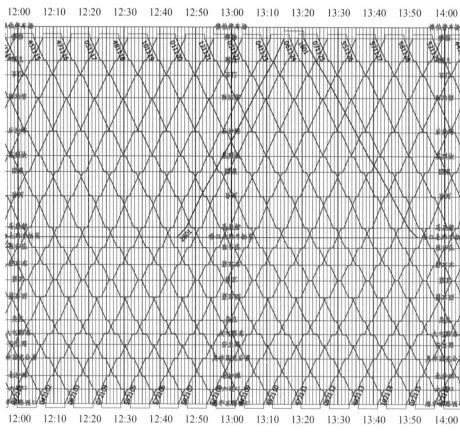

图 4-17 北京地铁 15 号线平峰时段运行线铺画示意图

为例，高峰时段间隔小，线上的车底多，平峰时段发车间隔大，线上的车底少，如果不能合理决策回段列车，则在发车间隔由小变大的过程中容易出现列车在折返线前拥堵的情况。因此，过渡时段的运行线铺画原则是在运行图可行的前提下，保证回段列车均匀回库，回库之后，常规车次的到站间隔均匀。出库则为相反过程，保证列车均匀出库，出库之前，常规车次的到站间隔均匀。过渡时段列车运行线如图 4-18 和图 4-19 所示。具体的铺画流程如下。

（1）平移平峰第一个下行车次，使其发车时间等于过渡时段第一个上行车次到达终点站的时间与最小折返时间之和。

（2）根据回段车数和高峰车数，计算回段的车次下标，尽可能使列车均匀回库。

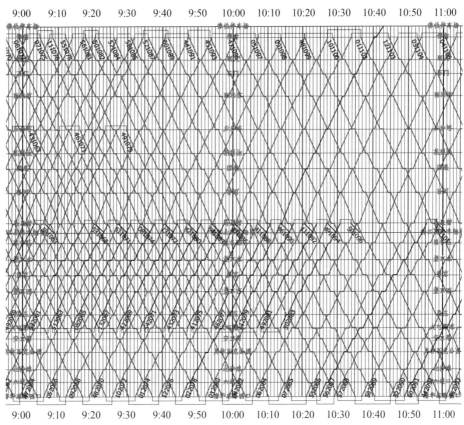

图 4-18 北京地铁 15 号线早高峰—平峰时段过渡时段运行线铺画示意图

(3) 根据上行车次到达时间和下行车次发车时间生成车底周转关系。

4) 早晚间出入库时段运行线铺画。

早间列车出库与夜间列车回库的运行图编制原则为,满足各车站首末班车的发车时间要求,尽可能使车流与历史客流量规律匹配。具体的铺画流程如下。

(1) 根据首班车发车时间、早高峰开始时间铺画计算早间出库车次发车间隔,尽可能使车次的间隔由疏到密,使车流与历史客流量规律匹配。

(2) 根据发车间隔铺画早间出库车次,使其与早高峰时段车次衔接。

(3) 按照同样的方法铺画夜间列车回库时段运行图。

铺画完成后的详图如图 4-20 和图 4-21 所示。

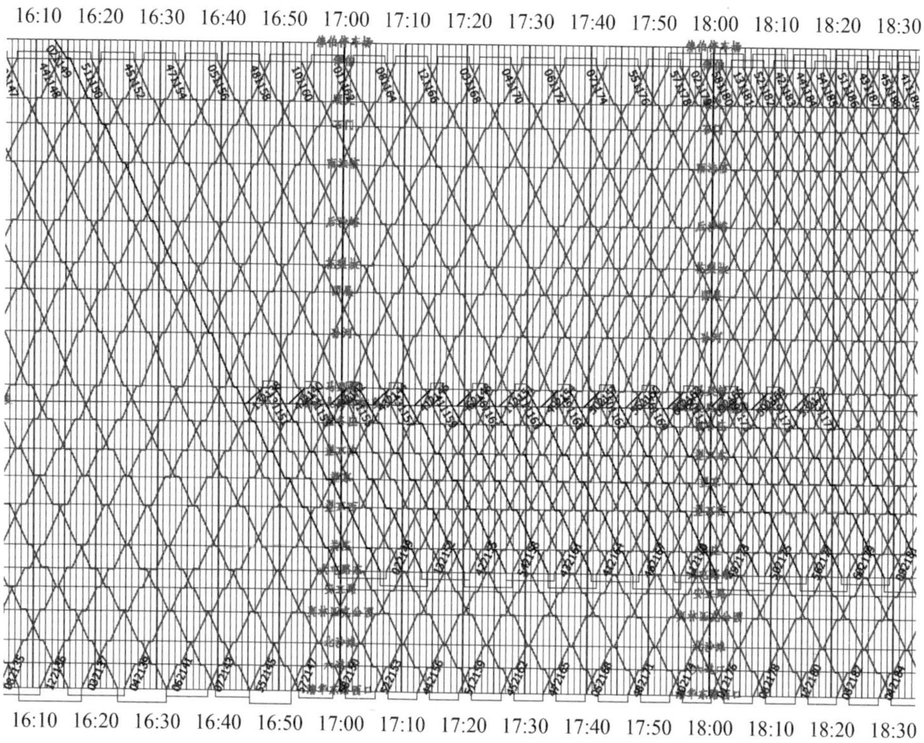

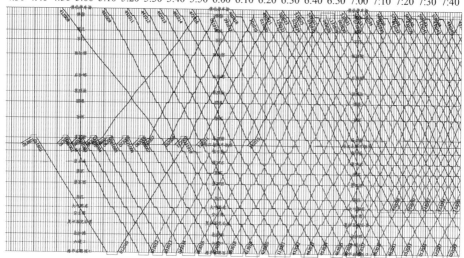

图 4-19　北京地铁 15 号线平峰—晚高峰时段过渡时段运行线铺画示意图

图 4-20　北京地铁 15 号线早间出库时段运行线铺画示意图

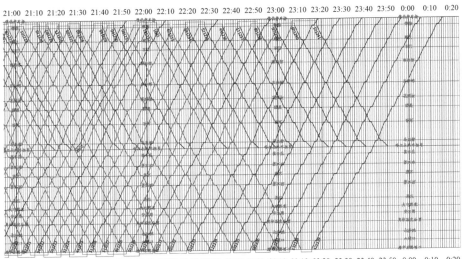

图4-21 北京地铁15号线晚间回库时段运行线铺画示意图

4.2.4 效果评估

在初步编制完列车运行图后,需要对列车运行图的编制质量进行评估,评定列车运行图的各种性能指标优劣,并进行调整优化。在对网络运行图编制质量的评估过程中,首先对单线列车运行图编制质量进行评估,评定单线列车运行图的各种性能指标优劣;其次分析研究轨道交通网络中各换乘关系的重要度;最后对列车运行图在换乘站的列车换乘衔接效果进行评估:先对不同类型的换乘站及其换乘关系进行讨论,再基于换乘关系对列车的衔接状态进行分析。

在选取列车运行图的评估指标时应该遵循以下原则。

(1) 全面科学性原则。

指标首先应该有代表性,能够全面反映轨道交通运行图的性能。其次应能客观地反映开行方案运行效果,评估指标体系不应该过大、也不可过小。同时对指标的具体内容应有清晰正确的界定。

(2) 目标性原则。

应以评估目标来定位评估指标体系。针对影响单线列车运行图评估的主要因素,选取相应的具有代表性的单项指标或者综合指标,以确定适当的评估指标体系。依据目标性导向为原则来获得更具代表性的一些指标,使评估指标体系具备合理的目标性。评估指标体系应能满足不同时间、不同空间的各列车运营情况，也包括运营过程中的客流情况。

（3）定性与定量相结合。

评估指标体系中包含了众多与列车运行图性能相关的指标。评估指标应主要选用易于收集且能直接反映问题的定量指标。同时，为确保评估工作的全面和有效，对无法准确量化的指标需要进行定性处理，以实现定性与定量相结合的目标。

（4）相对独立性原则。

指标之间的重叠区域应尽可能小，减小指标间的相关性。在同层面的分类评估中，指标的选取应避免重复评估的情况，保证其不相关性。

（5）可行性原则。

评估指标体系应尽可能全面，但也要考虑指标数据获取的可行性问题，否则不利于计算，也达不到要求，从而降低了评估效果。评估指标体系应从客观实际出发，减少主观因素对评估结果的影响。基于全面且科学准确地对单线列车运行图进行评估的目的，选取的各项指标应具有实际价值和可行性。

具体的指标介绍及计算方法将在第 5 章中进行详细介绍。

4.3 运行图上线前的准备

在列车运行图编制完成后，还需开展如下工作才能正式上线。

1）铺画出初步列车运行方案后，一般要进行进一步的检查以确定其可行性，并进行相关性能指标的计算以保障列车运行图的质量。具体的计算方法将在第 5 章中进行介绍。

2）在条件具备的情况下，需要对列车运行图进行模拟测试，进一步检测列车运行图的各项性能是否达到要求。

3）将列车运行图转化为 ATS 可以识别的文档。

4）在运营开始之前，需由控制中心的行车调度员按照运营计划激活相关的时刻表，保证列车可以根据时刻表的相关信息自动运行。

5）列车运行图一旦实施，未经上级允许不能随便改动。但列车运行图编制实施后，都要使用相当长的一段时间，一般使用一年以上的时间。在此期间，客流有可能偏离原先的预测，或因设备临时改变，或遇施工等特殊情况，需对列车运行图做局部的修改和调整。这样的修改或调整分为以下几类。

（1）长期局部修改和调整，由运营主管部门的列车运行图编制人员制定调整计划，以新编列车运行图的形式下达实施。

（2）短期的修改或调整，由运营主管部门的列车运行图编制人员制定临时计划,以调度通知的形式下达实施。

（3）当日临时的调整由行车调度所根据实际情况进行调整。

参考文献

[1] WANG Y,D'ARIANO A,YIN J,et al. Passenger demand oriented train scheduling and rolling stock circulation planning for an urban rail transit line[J]. Transportation Research Part B:Methodological,2018,118:193-227.

[2] 曹敬洽,许琰,孙立山,等. 基于轨道交通数据的客流特征与城市功能结构分析[J]. 都市快轨交通,2021,34(02):71-78+85.

[3] SUN J,YAO J,WANG M. Subway passenger flow analysis and management optimization model based on AFC data[J]. Journal of Intelligent & Fuzzy Systems,2021,41(4):4773-4783.

[4] VOLOVSKI M,IERONYMAKI E S,CAO C,et al. Subway station dwell time prediction and user-induced delay[J]. Transportmetrica,A:Transport Science,2021,17(4):521-539.

[5] 谢卉瑜. 地铁列车停站时间优化研究[D]. 北京:北京交通大学,2018.

[6] 陈玥. 城市轨道交通列车运行交路方案研究[D]. 北京:北京交通大学,2016.

[7] 张宏磊,高凯,杨征. 城市轨道交通大小交路开行方案优化研究[J]. 人民公交,2024(9):79-84.

[8] 孙爱钦. 城市轨道交通路网首末班车衔接方案研究[D]. 上海:上海工程技术大学,2015.

[9] 韩嘉. 关于城市轨道交通列车运行图编制的探讨[J]. 中国高新技术企业,2012(26):143-145.

[10] 张文斌. 城市轨道交通列车运行图编制相关问题探讨[J]. 河南科技,2022,41(03):91-94.

[11] VUCHIC V R. Urban transit:operations, planning, and economics[M]. New Jersey:John Wiley & Sons,2017.

[12] 江峰,张智豪,倪少权. 列车运行图编制质量满意度评价[J]. 中国铁道科学,2017,38(04):132-137.

第5章

城轨列车运行图评价方法

在检查并确认列车运行图完全满足规定的基本要求后,应对列车运行图的质量进行评价。列车运行图质量评价是对列车运行图各项指标进行计算机评定,是列车运行图质量优化的基础性研究,为列车运行图的编制、调整与优化提供科学依据。列车运行图评价指标的设立应准确反映列车运行图的特征。本章将从以下五方面对列车运行图的编制质量进行评估:基本指标、均衡性、稳定性、能耗指标和网络化列车运行图评价指标。其中基本指标包括列车运行图的静态与动态特性。均衡性指标反映了车辆到发的均衡程度;稳定性指标评估了列车运行图的抗干扰能力;能耗指标体现了运营企业的部分运营成本;网络化列车运行图评价指标评估了多条线路之间的协调关系。

5.1 列车运行图基本指标计算

列车运行图的基本指标计算是评估和优化城轨系统运行效率和服务质量的关键过程。这些指标可以分为静态指标和动态指标两大类,它们共同提供了全面的列车运行图性能评估。静态指标主要基于理想条件或假设前提来评估运行图要素,假设所有的运营环节都按照规划准确执行,并且系统不受外界因素的影响。而动态指标则考虑了实际运行中的各种因素,如不确定性、干扰和延误,这些因素对系统的效率和可靠性产生重要影响。通过综合分析静态指标和动态指标,能够全面了解列车运行图的执行情况,从而为列车运行图的优化提供科学依据。

5.1.1 列车运行图静态指标

计算列车运行图的各项静态指标主要用于评价列车运行图的可用性。列车运行图的静态指标包含如下几项。

1）计划开行列车数

列车运行图的开行列车数是指在特定时间段内，城轨系统或线路上实际运行的列车数量。这个指标通常是为了满足不同时间段内的乘客需求，以确保系统能够提供足够的运力和容量，使乘客能够高效、安全、并且舒适地出行。

（1）客运列车数：凡客运列车在运营线路上行驶一个单程，无论线路长短，是全程行驶还是半程行驶，均按一列计算。客运列车分别按全日上行和下行开行列数计算。计算公式为：客运列车数 = 全日上行列车数 + 全日下行列车数。

（2）回空列车数：城轨高峰期后，随着客流量的下降，根据调度需要会有列车回库；不仅如此，当所有列车结束一天的运营后或者遇到特殊情况时，也需要回库。回空列车数是指所有这些回库列车的数量。回空列车数的计算通常基于回库需求，没有具体的公式。

（3）调试列车数：调试列车数是指出于调试需要投入运营的列车数量，是用于检查和测试轨道、设备和系统性能的列车。

2）全日行车间隔时间

城轨列车运行图中的全日行车间隔时间是指整个运营日中列车发车的间隔时间，是评价城轨系统在一天内的各个时间段内是否能够满足不同时间段乘客需求的重要静态指标。这个间隔时间是根据一天当中客流特点来确定的。例如根据北京市地方标准相关规定，高峰时段核心区（东城区、西城区）内线路最小行车间隔时间应不大于 3min，核心区外线路最小行车间隔时间不宜大于 8min。全日行车间隔时间通常分为高峰时段和非高峰时段，以便在高峰期内提供更频繁的列车服务，满足高乘客流量时的需求，而在非高峰时段提供较长的行车间隔时间，以节省成本和资源。计算公式如下：

$$I = \frac{T}{N-1} \qquad (5-1)$$

式中：N 表示时段内列车总数；T 表示总运行时间，即从开始到结束的时间。

3）客运列车技术速度

这是指不包含停站时间在内的列车在站间的平均运行速度。列车单程区间总运行时间包括了列车启动加速、在区间运行、慢行及制动停车的时间，不包括在运营线路上的停站时间和列车在线路两端的折返时间。计算公式如下：

$$v_{\text{TE}} = \frac{s}{t_0 - t_s} \qquad (5-2)$$

式中：v_{TE} 表示客运列车技术速度；s 表示运营线路长度；t_0 表示单程区间总运行时间，包括列车在各区间的运行时间、在各中间站的停站时间，但不包括列车在折返段的折返时间；t_s 表示单程总停站时间。

4）客运列车旅行速度

这是指列车从始发站出发到到达折返站间的平均运行速度。计算公式如下：

$$v_{TR} = \frac{s}{t_0} \quad (5-3)$$

式中：v_{TR} 表示客运列车旅行速度；s 表示运营线路长度；t_0 表示单程总区间运行时间。

5）运力

运力是指在一定的车辆类型、信号设备、固定设备和行车组织方法等条件下，按照现有设备的数量和容量，线路在某一方向单位时间内可输送的乘客总数。运力表示了城轨系统的列车运行图、车辆、车站等要素的协同作用。计算公式如下：

$$C = \sum_{i \in I} c_v n_i \quad (5-4)$$

式中：C_v 表示车辆的容量，即车辆所能搭载的乘客数；I 表示该线路的断面集合；n_i 表示该时段内通过断面 i 的车辆数。

6）列车全周转时间

列车全周转时间是指一辆列车从某一点（通常是车辆段或维修设施）出发，运行至系统的各个站点，再返回出发点所需的总时间。计算公式如下：

$$T = t_r + t_b \quad (5-5)$$

式中：T 表示列车全周转时间；t_r 表示上下行运行时间，指在城轨系统中，列车从一条线路的起点站（或终点站）到终点站（或起点站）所需的时间；t_b 表示折返时间，城轨折返时间指列车在到达终点站后，经过一定时间后再次出发返回原方向的间隔时间。这个间隔时间包括了列车在终点站的停车、等待、准备及再次出发的过程。折返时间是城轨系统中用于确保列车在双向线路上连续运行的时间参数，它对运营和列车调度非常关键。

7）全日车辆总走行里程

全日车辆总走行里程是指全部车辆为输送乘客在运营线路中所走行的里程，包括图定的车辆空驶里程和由于某种原因列车在中途清人或列车在少数车站通过后仍继续载客的车辆空驶里程。计算公式如下：

$$S = \sum_{i=1}^{N_r} n_i \times s_i \qquad (5-6)$$

式中：S 表示全日车辆总走行里程；N_r 表示实际开行列车数量；n_i 表示第 i 辆车编组数；s_i 表示第 i 辆车全日运行里程。

8）列车平均满载率

列车平均满载率是指在一定时间内（例如一天或一小时），列车实际运输的乘客数量与列车理论最大运输能力的比值，表示车辆的利用程度。计算公式如下：

$$\alpha = \frac{q}{pnm} \times 100\% \qquad (5-7)$$

式中：α 表示列车平均满载率；q 表示实际客运量，指在考察时间内，列车实际运输的乘客总数；p 表示单节车厢的定员荷载人数，指一节车厢在满载状态下可以容纳的乘客数量；n 表示列车编组辆数，指组成一列列车的车厢数量；m 表示开行列次，指在考察时间内列车的开行次数。

5.1.2 列车运行图动态指标

列车运行图的静态指标是建立在参与行车组织的各个环节都不出差错的前提下的，但这在现实中是不存在的。因此仅通过静态指标进行列车运行图评价依然无法对列车运行图的质量做出正确合理的判断。为此，我们还需要考虑列车运行中的动态因素，形成动态指标体系。这些指标有助于发现和解决运行中的问题，提高系统的效率、安全性和可靠性。本书介绍的列车运行图动态指标如下。

1）列车运行图兑现率

列车运行图兑现率是指实际运行中开行列车数量达到或超越了计划或设定的标准指标的程度。这个指标用于衡量列车系统是否能够按照规划的目标和标准提供服务，以及实际运行是否与理论计划相符。兑现率通常以百分比形式表示，表示达到目标的程度，计算公式如下：

$$\eta_c = \frac{N_0 - N_c}{N_0} \times 100\% \qquad (5-8)$$

式中：η_c 表示列车运行图兑现率；N_0 表示图定开行列车数；N_c 表示停运列数。

2）加开列次

各线路根据实际需要而增加开行的不在计划运行图内的总列次之和，包括加开的载客列次和空驶列次。

3）停运列次

在运营时间内因突发事件，临时取消各线路运行图中某些列车的开行次数之和。

4）始发正点率

城轨列车运行图的始发正点率是指列车从起始站点出发时按照计划时刻表准时出发的概率。始发正点率是一个重要的列车运行图评价指标，关系到城轨系统的准时性和可靠性。始发正点率高表示列车系统能够可靠地按时开始运行，有助于提供准确的服务，减少乘客等待时间，提高乘客体验。计算公式如下：

$$\eta_s = \frac{N_r - N_{dl}}{N_r} \times 100\% \qquad (5-9)$$

式中：η_s 表示始发正点率；N_r 表示实际开行列车数；N_{dl} 表示始发晚点列车数。

5）到达正点率

城轨列车到达正点率是指列车按照计划时刻表准时到达各个站点的概率。这个指标用于衡量城轨系统的列车是否能够按时到达各个站点，以提供可靠的乘客服务。城轨系统管理部门通常会对不同时间段和不同站点的到达正点率进行监测和报告，以及时发现并解决问题，采取必要的改进措施来提高列车的到达准时性。这有助于提高城轨系统的服务质量和可靠性，满足乘客的出行需求。计算公式如下：

$$\eta_s = \frac{N_r - N_{al}}{N_r} \times 100\% \qquad (5-10)$$

式中：η_s 表示始发正点率；N_r 表示实际开行列车数；N_{al} 表示到达晚点列车数。

6）列车晚点延误

列车晚点延误是指在执行列车运行图过程中受到各种因素影响，造成列车进入区间（车站）或在区间（车站）运行过程中偏离（滞后）计划运行轨迹的综合表现形式。因此评价列车运行图的主要动态指标均根据延误设置。根据造成延误的原因，延误可分为初始延误和连带延误两种情况。

(1) 初始延误。

列车运行延误属于突发性事件，延误的发生是随机的，表现为突发性、紧急性、高度的不确定性和影响的群体性。列车初始延误是由于列车在运行过程中受各种因素（如车辆、线路维修、信号等技术设备因素，司机的技术水平及旅客上下车等主客观因素）的影响造成的列车进入区间或在区间运行过程中的偏离（滞后）计划运行轨迹的现象。

（2）连带延误。

连带延误（又称后续延误），其产生原因是列车与列车运行图、列车与列车、列车与线路之间的约束关系而产生的导致列车运行时间偏离列车运行图的延误关系。而且连带延误受初始延误直接影响，尤其是初始延误发生在换乘站或者客流高峰期，将会使延误传播的范围扩大，时间延长。这种现象的发生是由于列车运行图中运行线间或线群间储备的缓冲时间（可调能力）不足或列车调度员调整措施不当而引起的，又称为延误传播。根据影响效果，连带延误分为三种情况，如图 5-1 所示。

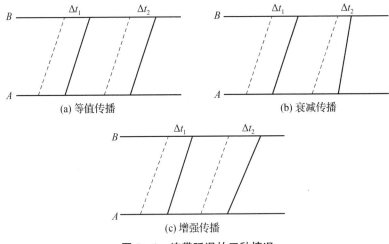

图 5-1　连带延误的三种情况

列车晚点延误系数为一段时间内晚点传播区内所有列车晚点时间之和与该段时间内列车图定旅行时间的比值，计算公式如下：

$$q = \frac{\sum_{i=1}^{N_r} \Delta t_i}{t_d} \quad (5-11)$$

式中：q 表示列车晚点延误系数；Δt_i 表示晚点传播区内第 i 辆车晚点时间；N_r 表示列车总数；t_d 表示列车图定旅行时间。

5.2　列车运行图的均衡性

列车运行图的均衡性是指列车到发时间间隔的分布与均匀分布之间的偏差，此偏差越小，说明列车运行图的均衡性越好。一般地讲，均衡是事物在时空强度上的最佳分布。然而这种最佳的理想分布状态，在现实生活中由于各种条件的限制和约束，以及一些偶发因素的影响，是很难达到的。对于城轨来说，当客流分布服从泊松分布、均匀分布等典型分布特征时，均衡的列车运行图能够最小化乘客等待时间，从而提升乘客出行的体验。此外，均衡的运行图也能够减少编图人员编图的工作量，因为各个车次之间的间隔时间都是均匀的，便于列车运行图的铺画。

5.2.1 均衡性问题模型

列车运行图的均衡性可分为列车发车时间分布的均衡性和到站时间的均衡性。下面将针对列车发车间隔的均衡性问题进行详细介绍，到站间隔的均衡性问题的计算同理可得。

假设列车运行图中有 m 辆车在线路中运行，记这些车辆在第 k 站的发车时间序列为 Dep_k，并且第一辆车在第 k 站发车时间为 0，第 m 辆车在第 k 站发车时间为 $d_{m,k}$，则 Dep_k 如下所示：

$$\mathrm{Dep}_k = (d_{1,k}, \cdots, d_{i,k}, \cdots, d_{m,k}) \tag{5-12}$$

式中：$d_{i,k}$ 表示第 i 辆车在第 k 站的发车时间。

记第 i 辆车与第 $i+1$ 辆车在第 k 站的发车间隔时间为：

$$y_{i,k} = d_{i,k+1} - d_{i,k} \tag{5-13}$$

同时，列车发车时间还应满足如下约束条件：

$$y_{\min} \leq y_{i,k} \leq y_{\max} \ (i=1,2,\cdots,m) \tag{5-14}$$

式中：$y_{\min}$ 表示车发车间隔时间的最小值；$y_{\max}$ 表示列车发车间隔时间的最大值。

根据列车运行图均衡性的定义，当所有列车发车时间满足上面的约束条件并且 $y_{1,k} = y_{2,k} = \cdots = y_{m,k}$ 时，认为列车发车时间序列服从均匀分布，列车运行图的均衡性最强。但是，在实际运营中很难做到完全精确的均匀分布，因此需要采用下面方法来判断列车运行图的均衡性。

5.2.2 方差法评价

方差法评价列车运行图均衡性的主要思路是，先求得全部列车发车间隔时间的数学期望值 E，再求取发车间隔时间的方差 D，通过方差值的大小来评判列车运行图的发车均衡性，如下式所示：

$$E = \frac{\sum_{i=1}^{m-1} y_{i,k}}{m-1} \tag{5-15}$$

$$D = \frac{\sum_{i=1}^{m-1}(y)_{i,k} - E^2}{m-1} \tag{5-16}$$

然而,通过方差法来判断均衡性的结果有时不一定准确。比如对两个发车间隔策略 $Y_1 = [1,4,1,4]$ 及 $Y_2 = [1,1,4,4]$ 进行评价时,通过计算可以得到两种策略的方差是一样的。但在实际运营中,Y_2 策略下前两个发车间隔时间较短,后两个发车间隔时间较长,这会导致在发车间隔时间较长的列车到站时,站台已经积累了由于列车间隔时间较长未能及时运送的旅客。因此相比较 Y_2 而言,Y_1 发车间隔时间序列的均衡性更佳。

5.2.3 基尼系数法评价

基尼系数原本是经济学中用来衡量收入差距的概念,国内外的一些学者借鉴这个概念用来衡量轨道交通领域列车运行图的均衡性。基尼系数越小,说明列车运行图的发车时间分布越均匀,当它等于0时,表示列车发车间隔时间服从均匀分布。基尼系数的数值可用图像法进行计算。假设洛伦兹曲线与均匀分布线之间的面积为 A,而均匀分布线、X 轴及直线 $X=1$ 三者围成的三角形面积为 B,则 A 与 B 的比值就是基尼系数。均匀分布曲线指的是坐标系原点与(1,1)点的连接线。洛伦兹曲线的横坐标 x_i 是当前发车间隔时间的序列下标与发车间隔时间的总数之比,如式(5-17)所示;洛伦兹曲线的纵坐标 p_i 是指某一发车间隔时间与所有发车间隔时间之和的比值,如式(5-18)所示:

$$x_i = \frac{i}{m-1} \tag{5-17}$$

$$p_i = \frac{y_i}{\sum_{i=1}^{m-1} y_i} \tag{5-18}$$

式中:x_i 表示洛伦兹曲线的横坐标;p_i 表示洛伦兹曲线的纵坐标。

同时根据该定义,发车间隔时间序列的基尼系数的计算公式如下:

$$G = \left| \frac{1 - \sum_{i=1}^{m-1} \left(\sum_{j=1}^{i} p_j + \sum_{j=1}^{i-1} p_j \right)}{m-1} \right| \tag{5-19}$$

接着,根据公式(5-17)和公式(5-18)绘制 Y_1 与 Y_2 策略对应的基尼系数图像,如图5-2所示。图中的虚线表示洛伦兹曲线,实线表示均匀分布线。对于 Y_1 中发车间隔序列,它的洛伦兹曲线与均匀分布曲线围成的面

积 $A_1 = S_{ABD} + S_{BCF}$。对于 Y_2 的洛伦兹曲线与绝对均匀分配线围成的面积 $A_2 = S_{ABD} + S_{BCF} + S_{BDEF}$，即 S_{AEC}。显然 A_1 小于 A_2，即 Y_1 的基尼系数小于 Y_2，因此发车间隔时间序列 Y_1 的均衡性更好。

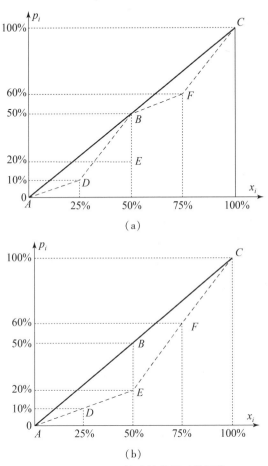

图 5-2 Y_1、Y_2 策略的基尼系数图像

最后，通过公式（5-19）进行计算，可以得到 Y_1 策略的基尼系数 $G_1 = 0.15$，Y_2 策略的基尼系数 $G_2 = 0.3$，这说明通过基尼系数法可以判断出发车间隔时间序列 Y_1 的均衡性更好。

5.3 列车运行图的稳定性

列车运行图的稳定性是当发生列车晚点时，让城轨系统从延误恢复到正常的能力,是衡量列车运行图抗干扰能力的重要指标。列车运行图的稳定性可以通过研究时刻表互连结构的性质来进行分析,其中运用最广泛的分析方法是 Max – Plus 方法。在这种方法中,可以把列车运行的调度问题作为一个线性系统来进行建模与分析。下面我们将对这种方法进行介绍。

5.3.1 Max – Plus 方法

Max – Plus 方法是一种变量域值范围为全部实数和负无穷的并集的代数结构,这种方法包含加和乘两种操作符,分别用符号⊕和⊗表示,它们的计算规则如下:

$$a \oplus b = \max(a,b) \tag{5-20}$$

$$a \otimes b = a + b \tag{5-21}$$

因此这种方法具有如下性质。

(1) 幂等性:$a \oplus a = a$。

(2) 若 $\varepsilon = -\infty$,则称 ε 为零元,$a \oplus \varepsilon = a$,$a \otimes \varepsilon = \varepsilon$。

(3) Max – Plus 乘比 Max – Plus 加具有更高的运算优先级。

Max – Plus 方法可以推广至矩阵的运算,,若 A_{ij} 和 B_{ij} 为两个 n 阶方阵,则该方法中矩阵的计算法则为

$$(A \oplus B)_{ij} = a_{ik} \oplus b_{kj} = \max(a_{ij}, b_{ij}) \tag{5-22}$$

$$(A \otimes B)_{ij} = \oplus_{k=1}^{n}(a_{ik} \otimes b_{kj}) = \max(a_{ik} + b_{kj}) \tag{5-23}$$

运用 Max – Plus 方法时,零矩阵是指所有元素均为 ε 的矩阵,也可以直接用 ε 来表示零矩阵。单位矩阵 $E = (e)_{ij}$ 是指对角元素均为 0,其余元素均为 ε 的矩阵。

对于矩阵的幂运算,定义 $A^0 = E$,并且有

$$A^n = A^{n-1} \otimes A = A^{n-1} A \tag{5-24}$$

由 Max – Plus 方法的这些性质可以看出,它可以很好地解决图论中的最大路径问题:假设有一个加权有向图 $G(A)$,A 是图中所有弧的权重组成的权重矩阵,则根据矩阵 Max – Plus 乘运算公式,可以得到:

$$A^2 = \oplus_{k=1}^{n}(a_{ik} \otimes a_{kj}) = \max(a_{ik} + a_{kj}) \tag{5-25}$$

也就是通过点 k 从节点 i 到节点 j、长度为 2 的最大权重路径矩阵。推而广之,A^n 就是从节点 i 到节点 j、长度为 n 的最大权重路径矩阵。再将 A、A^2、$\cdots$、A^n 进行 Max – Plus 加操作,从而得到在加权有向图 G 中任意长度、任意路径下的最大路径矩阵。

$$A^+ = \oplus_{k=1}^{\infty}((A^n) = A^0 \oplus A^1 \oplus A^2) \tag{5-26}$$

为阐述权重矩阵的幂与加权有向图之间的关系，我们举一个例子进行说明：假定加权有向图如图 5-3 所示，图中共有四个节点，箭头旁的数字代表有向连接两个节点的权重。则根据图像，权重矩阵 A 的值如下所示：

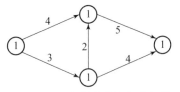

图 5-3 四个节点的加权有向图

$$A = \begin{bmatrix} \varepsilon & \varepsilon & \varepsilon & \varepsilon \\ 4 & \varepsilon & \varepsilon & \varepsilon \\ 3 & \varepsilon & \varepsilon & \varepsilon \\ \varepsilon & 5 & 4 & \varepsilon \end{bmatrix} \quad (5-27)$$

根据上述 Max-Plus 方法矩阵相关的计算法则，矩阵的幂可被求解如下：

$$A^2 = \begin{bmatrix} \varepsilon & \varepsilon & \varepsilon & \varepsilon \\ 5 & \varepsilon & \varepsilon & \varepsilon \\ \varepsilon & \varepsilon & \varepsilon & \varepsilon \\ 9 & \varepsilon & 7 & \varepsilon \end{bmatrix}, A^3 = \begin{bmatrix} \varepsilon & \varepsilon & \varepsilon & \varepsilon \\ \varepsilon & \varepsilon & \varepsilon & \varepsilon \\ \varepsilon & \varepsilon & \varepsilon & \varepsilon \\ 10 & \varepsilon & \varepsilon & \varepsilon \end{bmatrix}, A^l = \begin{bmatrix} \varepsilon & \varepsilon & \varepsilon & \varepsilon \\ \varepsilon & \varepsilon & \varepsilon & \varepsilon \\ \varepsilon & \varepsilon & \varepsilon & \varepsilon \\ \varepsilon & \varepsilon & \varepsilon & \varepsilon \end{bmatrix}, l \geqslant 4$$

$$(5-28)$$

其中，矩阵的幂数代表连接两个节点路径的长度，矩阵的值代表两点之间所有路径中的最大权重。比如，当路径长度为 2 时，从节点 1 到节点 4 共有两条路径，它们的权重分别为 7 和 9。因此最大权重的值应当为 9，也就是 $A^2(1,4)$ 的数值。从矩阵的 3 次幂可以看出，唯一连接全部四个节点的路径为 1-3-2-4，权重为 10。同时，当路径长度大于 3 时，没有相应的可行矩阵。

通过进一步计算可以得到，该加权有向图中任意长度、任意路径下的最大路径矩阵为：

$$A^+ = \begin{bmatrix} \varepsilon & \varepsilon & \varepsilon & \varepsilon \\ 5 & \varepsilon & 2 & \varepsilon \\ 3 & \varepsilon & \varepsilon & \varepsilon \\ 10 & 5 & 7 & \varepsilon \end{bmatrix} \quad (5-29)$$

5.3.2 Max-Plus 建模

采用 Max-Plus 方法进行列车运行图的稳定性分析是建立在城轨系统宏观确定性模式基础上的。其中主要变量为列车在站台中进行发车、到站等事件的时间，它们需要优先满足约束条件。若将列车运行图中的发车事件视为状态动力学方程的离散事件，那么 $x_i(k)$ 表示在第 k 个周期里第 i 个发车事件的实际发生时间，则在使用 Max-Plus 方法时需要考虑以下几种约束条件。

（1）既定时间约束。

该约束限制了列车的实际发车时间不能早于计划运行图所规定的发车时间：

$$x_i(k) \geq d_i(k) \tag{5-30}$$

式中：$d_i(k)$ 表示在第 k 周期里第 i 个发车事件的计划发生时间。

在周期为 T 的列车运行图中，事件 i 在第 k 周期的计划发车时间定义为 $d_i(k) = d_i(0) \otimes kT$，$d_i(0)$ 表示发车事件 i 的初始计划发车时间。

（2）列车运行约束。

该约束限制了同一辆列车在不同车站的发车事件的间隔时间：

$$u_{ij} = \left[\frac{a_{ij} + d_j(0) - d_i(0)}{T} \right] \tag{5-31}$$

$$x_i(k) \geq a_{ij} + x_i(k - u_{ij}) \tag{5-32}$$

式中：a_{ij} 表示列车从发车事件 j（之前车站发车）到发车事件 i（当前车站发车）之间的区间运行时间和最小停站时间之和；u_{ij} 表示两次发车事件之间相隔的周期数；$x_i(k - u_{ij})$ 表示前一个发车事件的发生时间。

（3）发车间隔约束。

该约束限制了两列相邻列车在同一站的发车事件的间隔时间：

$$x_i(k) \geq a_{ij} + x_j(k - u_{ij}) \tag{5-33}$$

式中：a_{ij} 表示发车事件 i 和发车事件 j 之间的最小发车间隔时间；$x_j(k - u_{ij})$ 表示前一辆列车在该站的发车时间。

综上所述，假定列车满足如上全部约束条件，则可以得到如下等式：

$$x_i(k) = \max(\max_j (a_{ij} + x_j(k - u_{ij})), d_i(k)) \tag{5-34}$$

这个等式可以写成 Max – Plus 形式：

$$x_i(k) = \bigoplus_{n}^{j-1} (a_{ij} \otimes x_j(k - u_{ij})) \oplus d_i(k) \tag{5-35}$$

式中：i 和 j 代表发车事件，n 为总发车时间数。a_{ij} 统称为事件之间的"过程时间"，根据发车事件 i 和 j 之间的不同关系有不同的含义，若两发车事件间无任何关联，则过程时间为零元 ε，通过这种方式，所有的过程时间可以组成过程矩阵 A_l，l 为两次发车事件之间相隔的周期数。若定义 $x(k) = (x_1(k), x_2(k), \cdots, x_n(k))^T$，$d(k) = (d_1(k), d_2(k), \cdots, d_n(k))^T$，则可以得到如下公式：

$$x(k) = \bigoplus_{P}^{l=0} (A_l x(k - l) \oplus d(k) \tag{5-36}$$

式中：P 表示系统的阶数，也就是所有发车事件横跨的周期数。

上述模型是一个高阶线性系统，我们还需要通过转换使其成为一阶线性系统的形式：

$$x(k) = A \otimes x(k-1) \oplus d(k) \tag{5-37}$$

具体的转换分为两步：第一个步骤是通过将状态变量转化为虚变量 $u_{ij} - 1$ 的方法将所有形式如公式（5-31）、$u_{ij} > 1$ 的高阶约束公式转化为一阶约束，并运用展开后产生的新变量将原发车时间进行分割。对所有周期延迟大于1的约束运用这种状态增广法，可以得到一阶的系统如下（仍可能存在零阶项）：

$$x(k) = A_0 \otimes x(k) \oplus A_1 \otimes x(k-1) \oplus d(k) \tag{5-38}$$

第二个步骤是消除式（5-38）中的隐式零阶项，消除的方法如式（5-39）所示：

$$x(k) = A_0^* A_1 \otimes x(k-1) \oplus d(k) \tag{5-39}$$

式中，$A_0^* = E \oplus A_0^+$，这样公式（5-37）可以写成如下形式：

$$A = A_0^* A_1 = (E \oplus A_0 \oplus A_0^2 \oplus \cdots \oplus A_0^{n-1}) \otimes A_1 \ (= \oplus_{l=0}^{n-1}(A_0^l) \otimes A_1) \tag{5-40}$$

5.3.3 列车运行图的恢复矩阵

列车运行图一般都包含一些冗余时间，以消除和吸收因列车晚点造成的晚点延误。这些冗余时间也就是列车运行图的缓冲时间。由任意两个列车发车事件间的缓冲时间组成的矩阵被称为列车运行图的恢复矩阵，即 $R = (r_{ij})$，其中，r_{ij} 表示事件 i 到事件 j 的所有路径中，最短路径包含的缓冲时间，计算方式如下：

$$r_{ij} = d_i(0) - d_j(0) + [A_T^+]_{ij} \tag{5-41}$$

$$A_T^+ = A^+(T^{-1}) = \oplus_{l=0}^p [A_l T^{-1}]^+ \tag{5-42}$$

式中：$d_i(0)$ 表示计划运行图中发车事件 i 的初始时间；$d_j(0)$ 表示计划运行图中发车事件 j 的初始时间；$[A_T^+]_{ij}$ 表示以 T 为周期的列车运行图发车事件网络的最大路径矩阵。

一般情况下，城轨列车运行图在制定时会包含一定的缓冲时间，其抗干扰能力就是由这些缓冲时间的大小及分布情况决定的。恢复矩阵中元素的值存在三种情况：等于零、无穷或者实数。通过计算这些元素的取值及分布就能衡量列车运行图的稳定性。列车运行图稳定性的评价指标共有如下3种。

（1）零元素占比。

$$C_1 = \frac{n_0}{n^2} \times 100\% \tag{5-43}$$

式中：n_0 表示矩阵中零元素的数量；n^2 表示矩阵中的元素总数量。

矩阵中 0 元素的存在说明发车事件 i 和 j 之间的关系非常密切，这样的话，前者的延误必将使后者发生延误。因此恢复矩阵的零元素占比越大，说明列车运行图的稳定性越差。

（2）零元素分散度。

$$C_2 = \frac{\sum_{j=1}^{n_0} k_i}{n_0} \tag{5-44}$$

式中：k_i 表示第 i 个零元素附近范围内其他零元素的数量。

恢复矩阵中零元素分布越密集，说明越容易发生大面积延迟，因此可以通过统计每个零元素附近一定范围内的其他零元素数量的平均值来衡量其分散度（该范围大小可人为规定）。

（3）平均缓冲时间。

$$C_3 = \frac{\sum_{i=1}^{n}\sum_{j=1}^{n} r_{ij}}{N} (r_{ij} \neq 0 \text{ 或 } \infty) \tag{5-45}$$

式中：N 表示实数元素的数量。如果 $r_{ij} \neq 0$ 或 ∞，则说明发车事件 i 和 j 之间有关联，但存在一定的缓冲时间，前者的延迟对后者的影响将随缓冲时间的增大而减小。

5.4　列车运行图的能耗评价

近年来，随着城轨网络的不断扩大，能耗压力更为凸显，如何降低列车能耗具有重要的现实意义。通过优化列车运行图，可以在满足运力需求的前提下，减少列车全周转运行时间和上线列车数量，从而降低系统能耗。此外，合理利用再生制动能量，改善列车之间的匹配，可以进一步节约能源。城轨列车运行图的能耗评价不仅是提高能源效率和降低运营成本的关键工具，还在环境保护、服务质量提升、政策制定和技术创新等方面具有深远意义。通过科学的能耗评价和管理，城轨系统能够实现更加高效、环保和可持续的发展。本节将主要讲述列车运行图的能耗评价方法。

1. 不考虑再生制动的总能耗

以列车 i 在站间 j 的行驶为例,给定列车的运行时间 T_j^i,根据相应的牵引力 p_j^i 和制动力 q_j^i 计算列车在该站间的运行能耗 $E_j^i(T_j^i)$:

$$E_j^i(T_j^i) = \int_0^{T_j^i} p_j^i(t) v_j^i(t) F(v_j^i(t)) \mathrm{d}t \tag{5-46}$$

式中:v_j^i 表示列车 i 在站间 j 的速度序列;$F(v)$ 和 $B(v)$ 表示列车在速度为 v 时的最大牵引力和最大制动力;$p_j^i(t)$ 表示列车 i 在站间 j 的相对牵引力控制序列。列车的运动方程可由牛顿定律得到:

$$m_j^i \frac{\mathrm{d}v_j^i(t)}{\mathrm{d}t} = p_j^i(t) F(v_j^i(t)) - q_j^i(t) B(v_j^i(t)) - g(s(t)) - r(v_j^i(t)) \tag{5-47}$$

式中:m_j^i 表示列车 i 在站间 j 的质量;$g(s)$ 表示列车在位置 s 处的坡道阻力;$r(v)$ 表示列车运行阻力;$q_j^i(t)$ 表示列车 i 在站间 j 的相对制动力控制序列。列车运行的边界条件为:

$$s(0) = s_j, s(T_j^i) = s_{j+1}, v(0) = v(T_j^i) = 0 \tag{5-48}$$

列车运行应满足站间距约束:

$$\int_0^{T_j^i} v_j^i(t) \mathrm{d}t = s_{j+1} - s_j \tag{5-49}$$

另外,列车实施的牵引力和制动力受列车的最大牵引力和最大制动力约束:

$$p_j^i(t) \in [0,1], q_j^i(t) \in [0,1] \tag{5-50}$$

列车限速 $\overline{V}(s)$ 为列车运行的重要安全约束:

$$v_j^i(s(t)) \leqslant \overline{V}(s(t)) \tag{5-51}$$

式(5-65)~式(5-70)就是经典的列车速度曲线优化模型。单列车 i 在全周转运行时间 TC^i 内的运行能耗 $E^i(\mathrm{TC}^i)$ 是列车在每个站间的运行能耗之和,即

$$E^i(\mathrm{TC}^i) = \sum_{j=1}^M E_j^i(T_j^i) \tag{5-52}$$

城轨系统常采用周期运行图,列车的全周转运行时间基本相同。因此,在全周转运行时间内,我们将所有列车的运行近似为一个全周转,以便计算系统内所有列车在一定时间内的运行能耗。

$$E(\overline{\mathrm{TC}}) = \sum_{i=1}^N \sum_{j=1}^M E_j^i(T_j^i) \tag{5-53}$$

式中：$\overline{E(TC)}$ 表示系统内所有列车在全周转运行时间内的牵引能耗之和。

因此，对于不具备再生制动条件的线路，我们以所有列车的牵引能耗之和为评价指标，构建了列车运行图的能耗评价指标，计算公式如下：

$$W = \sum_{i=1}^{N} \sum_{j=1}^{M} E_j^i(T_j^i) \tag{5-54}$$

2. 考虑再生制动的总能耗

从系统的角度出发，城轨系统的实际能耗是列车牵引能耗与再生制动能耗之差。城轨系统的列车运行特点是间隔小、再生能转化效率高，并且因站间距短，列车运行的牵引和制动频繁，因此，城轨系统中再生能的利用具有很大的节能潜力。该模型用于计算多列车在城轨线路上运行时的再生制动能量（regenerative braking energy，RBE）。在列车运行过程中，反馈的 RBE 会改变不同位置接触网的电压，即制动列车周围的电压高于牵引列车周围的电压。这种电压差使得产生的 RBE 可以立即传输到牵引列车并被再利用。每列牵引列车接收的 RBE 与传输距离和牵引电网中的电压差有关。通常，传输距离越大或电压差越小，对 RBE 的再利用效率越低。更重要的是，如果周围没有牵引列车或 RBE 没有被完全使用，那么由制动列车产生的 RBE 将使电源网络的电压保持在较高水平。因此，剩余的 RBE 将作为热量被消耗，存储在储能系统中，或被附近加速的列车再利用。

对于列车 j，产生的再生制动功率的量可以通过以下公式计算：

$$\frac{dE_j^{braking}}{dt} = -\varphi v_j(t) u_i^-(t), \forall j \in I \tag{5-55}$$

式中：$E_j^{braking}$ 表示列车 j 产生的 RBE；$u_i^-(t)$ 表示可以通过以下公式计算的最大制动力 $u_i^-(t) = \min(u_i(t), 0)$；$\varphi$ 表示从机械能到 RBE 的能量转换率。由于 RBE 在传输过程中会在电网中丢失，在长距离传输中损失巨大，因此假设 RBE 只能传输到制动列车周围的牵引列车，最大传输距离为 $d_{\max}$。$\mu_{i,j}(t)$ 表示一个二进制变量，用于判断 t 处是否存在从列车 j 传输到列车 i 的 RBE。

$$\mu_{i,j}(t) = \begin{cases} 1, & \text{if } i \neq j, u_i(t) > 0, u_j(t) < 0, d_{i,j}(t) \leq d^{\max} \\ 0, & \text{其他} \end{cases} \tag{5-56}$$

式中：$d_{i,j}(t)$ 表示列车 i 和 j 之间的距离。

当牵引列车需要更多的牵引能量或制动列车产生更多的 RBE 时，两列车之间的电压差将更大。假设电压差由牵引功率和再生功率的差 $P_{i,j}(t)$ 表示。计算公式如下：

$$P_{i,j}(t) = \max\left\{0, \frac{\mathrm{d}E_i^{\mathrm{traction}} - \mathrm{d}E_j^{\mathrm{braking}}}{\mathrm{d}t}\right\}, \forall i,j \in I \quad (5-57)$$

式中：E_i^{traction} 表示牵引能耗。为了测量分配给每列列车的再生功率量，根据距离和功率差定义加权因子 $\rho_{i,j}(t)$：

$$\rho_{i,j}(t) = \begin{cases} \varepsilon - \dfrac{d_{i,j}(t)}{x_0} + \dfrac{P_{i,j}(t)}{P_0}, & \mu_{i,j}(t)=1 \\ 0, & \mu_{i,j}(t)=0 \end{cases} \quad (5-58)$$

式中：ε、x_0 和 P_0 表示常数，以保证 $\rho_{i,j}(t)$ 不为负。然后，从 j 分配到 i 的 $\mathrm{RBE}E_{i,j}^{\mathrm{allocate}}$ 可以通过以下公式获得：

$$\frac{\mathrm{d}E_{i,j}^{\mathrm{allocate}}}{\mathrm{d}t} = \frac{\tilde{n}_{i,j}(t)}{\sum_{n=1}^{|I|} \tilde{n}_{j,n}(t)} \frac{\mathrm{d}E_j^{\mathrm{braking}}}{\mathrm{d}t} \quad (5-59)$$

在传输过程中，电阻会消耗一些能量。在这种方法中，简化后的功率损耗与传输距离成正比，可以通过以下公式获得：

$$\frac{\mathrm{d}E_{i,j}^{\mathrm{loss}}}{\mathrm{d}t} = \theta d_{i,j}(t), \forall i,j \in I \quad (5-60)$$

式中：$E_{i,j}^{\mathrm{loss}}$ 表示 RBE 损失。就传输损耗而言，$E_{i,j}^{\mathrm{receive}}$ 表示 i 从 j 实际接收的 RBE，可以通过以下公式获得：

$$\frac{\mathrm{d}E_{i,j}^{\mathrm{receive}}}{\mathrm{d}t} = \frac{\mathrm{d}E_{i,j}^{\mathrm{allocate}} - \mathrm{d}E_{i,j}^{\mathrm{loss}}}{\mathrm{d}t}, \forall i,j \in I \quad (5-61)$$

由于每列列车的再生功率再利用量不能超过所需的牵引功率，因此列车 i 实际再利用的再生制动功率可以通过以下公式获得：

$$\frac{\mathrm{d}E_i^{\mathrm{regenerative}}}{\mathrm{d}t} = \min\left\{\sum_{j=1}^{I} \frac{\mathrm{d}E_{i,j}^{\mathrm{receive}}}{\mathrm{d}t}, \frac{\mathrm{d}E_i^{\mathrm{traction}}}{\mathrm{d}t}\right\} \quad (5-62)$$

然后，列车 i 在车站 l 和 $l+1$ 之间重复使用的 RBE 可以由下式表示：

$$E_{i,l,c}^{\mathrm{regenerative}} = \int_{t_{i,l,c}^{\mathrm{depart}}}^{t_{i,l+1,c}^{\mathrm{arrival}}} E_i^{\mathrm{regenerative}}(t) \mathrm{d}t \quad (5-63)$$

最后，列车运行期间全线重复使用的 RBE 总量为

$$E^{\mathrm{regenerative}} = \sum_{c=1}^{|C|} \sum_{l=1}^{|2L|-1} \sum_{i=1}^{|I|} E_{i,l,c}^{\mathrm{regenerative}} \quad (5-64)$$

系统的实际运行能耗 $\mathrm{EN}(\overline{\mathrm{TC}})$ 是列车牵引能耗与再生能量之差，上一节中我们已经介绍了列车牵引能耗的计算方法。因此，在考虑再生制动条件下，以一个列车全周转运行时间为单位，列车运行图的能耗评价指标为：

$$\mathrm{EN}(\overline{\mathrm{TC}}) = E(\overline{\mathrm{TC}}) - E^{\mathrm{regenerative}} \qquad (5-65)$$

5.5 网络化运行图评价指标

在现代城市交通管理中,城轨网络化运行图的优化与评价具有关键意义。由于城轨系统由多条线路构成,各线路之间的运行不仅相互制约,还会通过换乘节点产生复杂的互动效应。因此,仅关注单条线路的列车运行图质量而忽视整体网络的协调性,可能会导致整体运行效率的下降,使乘客体验变差。为了提升城轨系统的整体效能,确保乘客能够顺畅、高效地完成跨线出行,必须全面考虑网络化运行图的优化与评价指标,包括客流指标、换乘乘客服务质量、线间协调能力、末班车衔接能力及网络可达性等。这些指标不仅反映了城轨系统的运行效率和服务水平,还为运营管理和决策提供了科学依据,有助于实现更为合理、节能、高效的城轨系统。

5.5.1 客流指标

(1) 线网客运周转量。

线网客运周转量 P 代表线网内每位乘客出行与其相应乘坐距离乘积的总和。乘客从一条线路站点进,从其他条线路站点出,均有票务清分系统根据确定的原则清分其乘坐路径。乘坐距离按照乘客进站和出站站点间该路径的长度计算,并按照该路径经过各条线路的路段长度计算所属线路的客运周转量。

(2) 线网平均运距。

线网平均运距 H 表示乘客在线网内从进站到出站完成一次出行的平均乘车距离。计算公式如下:

$$H = \frac{P}{G} \qquad (5-66)$$

式中:G 表示线网进站量,即乘客从城轨线网进站乘车的人数。

(3) 线网出行强度。

线网出行强度 I 表示线网单位运营里程上平均每日承担的乘客出行量,反映了全网单位长度上每日的进站量,在一定程度上体现了线网的使用效率。计算公式如下:

$$I = \frac{N}{S} \qquad (5-67)$$

式中:N 表示线网日均进站量,即平均每日利用轨道交通线网进站乘车的乘客数量;S 表示线网运营里程,即各线路运营里程之和,共线段不重复计算。

5.5.2 换乘乘客服务质量

(1) 平均换乘时间。

平均换乘时间指的是站内换乘的旅客在换乘站内通过换乘设施,从一条轨道线路抵达换乘目标线路车厢所耗费的总时间,用于体现车站的换乘运行效率以及流线上的换乘设施设置的合理程度。平均换乘时间越长,代表换乘流线设计效果越差。计算公式如下:

$$T_c = \frac{\sum_{i}^{n} l_i}{nv} + \frac{\sum_{i}^{n} T_{wi} P_i}{\sum_{i}^{n} P_i} \tag{5-68}$$

式中:l_i 表示第 i 对起始点的实际走行距离;v 表示乘客在站内的实际走行速度;T_{wi} 表示第 i 对起始点的平均排队等待时间;P_i 表示第 i 对起始点的乘客数量;n 表示起始点对数。

(2) 平均换乘延误时间。

平均换乘延误时间是指乘客在高强度客流条件下与理想条件下换乘所耗费时间的差值,用于衡量轨道站换乘流线的运转顺畅程度。计算公式如下:

$$T_d = \frac{\sum_{i}^{n} l_i}{nv} - \frac{\frac{1}{n}\sum_{i}^{n} l_{i'}}{v'} \tag{5-69}$$

式中:$l_{i'}$ 表示理想条件下第 i 对起始点的走行距离;v' 表示理想条件下乘客在站内的走行速度,一般取 1.2m/s。

(3) 线网换乘系数。

该系数代表统计期内,线网客运量与进站量的比值,表示乘客在线网内完成一次出行需乘坐的平均线路条数。计算公式如下:

$$P_c = \frac{P_g + P_t}{P_g} \tag{5-70}$$

式中:P_c 表示线网换乘系数;P_g 表示线网进站量,即统计期内乘客从城轨线网进站乘车的数量;P_t 表示线网换乘量,即统计期内进入城轨线网的乘客在换乘站由一条线路换乘到另一条线路的总量。

(4) 站台乘客分布密度。

该指标用于表征高峰时间站台上等候人群的拥挤程度,分布密度越小,代表乘客的舒适程度越高。等候人群往往只聚集在车门区域排队,因此仅采用车门等候区域范围进行计算,而不是站台可用面积。计算公式如下：

$$\rho_w = \frac{Q_w}{(l_d + 2) \times d_s \times n} \quad (5-71)$$

式中：l_d 表示站台屏蔽门宽度；d_s 表示轨道站台宽度；Q_w 表示高峰时刻站台等候人数；N 表示站台屏蔽门数量。

(5) 二次候车乘客比例。

高峰时段内轨道列车客流量大,车内空间拥挤,空余运载能力不足。若列车运行班次设置不当,对于上客量大的车站,很可能会出现乘客被迫滞留站台进行二次候车的情况,严重影响轨道站的整体运转效率和乘客的出行体验。二次候车乘客比例的计算公式如下：

$$P_i = \frac{\sum_{i=1}^{n} \frac{q_{iw}}{Q_i}}{n} \times 100\% \quad (5-72)$$

式中：q_{iw} 表示站台 i 的二次候车乘客数量；Q_i 表示站台 i 高峰小时总服务人数；n 表示站台数量。

5.5.3 换乘站服务能力

在网络化运营条件下,换乘站是线路之间的交叉点。在换乘站的轨道交通线路不仅要承担本线的客流需求,还要缓解来自其他线路的客流,极有可能造成拥堵。同时换乘站也是协调运力、化解拥堵的关键节点。在高峰时段,如果乘客没有及时疏散,聚集在车站,很容易造成安全隐患。根据换乘匹配的要求,如果在一定时间内完成换乘枢纽内的客流疏散,则需要确保换乘站内连接线各方向的输送能力之和不低于车站的客流量。

(1) S_K 是换乘站 K 在 (T_a, T_b) 期间的输送能力。

$$S_K = \sum_{l_i \in L} \sum_{t_0 \in (T_a, T_b)} \left(\sum_{j \in J_i^{up}} c_j^{up} f_j^{up} + \sum_{j \in J_i^{down}} c_j^{down} f_j^{down} \right) \quad (5-73)$$

式中：L 表示换乘站集合,$l_i \in L$；$c_j^{up(down)}$ 表示上行或下行第 j 列列车的容量；$f_j^{up(down)}$ 表示上行或下行第 j 列列车的编组；J_i^{up} 表示 i 号线上行方向列车集合；J_i^{down} 表示 i 号线下行方向列车集合。

(2) N_K 是换乘站 K 在 (T_a, T_b) 期间的总出行需求,由两部分组成：在 (T_a, T_b) 期间进入换乘站的客流和 (T_a, T_b) 期间的换乘客流。

$$N_K = \sum_{t \in (T_a, T_b)} P_0^{in} + \sum_{t \in (T_a, T_b)} \sum_{l_i, l_{i'} \in L} \text{trans}(l_i^{\delta} \to l_{i'}^{\delta'}) \quad (5-74)$$

式中：P_0^{in} 表示单位时间进站客流；δ、δ' 是二进制变量,如果是上行,则为 1,

否则为 0；$\mathrm{trans}(l_i^\delta \to l_{i'}^{\delta'})$ 表示单位时间内从 l_i^δ 转移到 $l_{i'}^{\delta'}$ 的客流。

(3) θ_K^z 表示在 (T_a, T_b) 期间换乘站 K 的服务能力。

$$\theta_K = \frac{S_K}{N_K} \times 100\% \tag{5-75}$$

式中：θ_K 表示换乘站 K 的服务能力；S_K 表示在 (T_a, T_b) 期间换乘站 K 的输送能力；N_K 表示在 (T_a, T_b) 期间换乘站 K 的总出行需求。

在公式中，当 $\theta_K > 1$ 时，表示在 (T_a, T_b) 期间通过换乘站 K 的总输送能力满足客流需求，而且 θ_K 越大，表示换乘站的服务能力越强。当 $\theta_K < 1$ 时，表示在 (T_a, T_b) 期间通过换乘站 K 的总输送能力不能满足客流需求，而且 θ_K 越小，客流越拥挤。该指标基于整个换乘站，以评估总运输能力和总客流需求的匹配情况。

5.5.4 线间协调能力

在城轨网络化系统中，列车运行图中多条线路之间的协调能力能确保城轨系统合理高效的输送乘客。这种能力在城轨系统中至关重要，因为城轨系统通常包括多条线路，乘客需要在不同线路之间进行换乘。假若在换乘站的两条线路之间运力不匹配，容易造成换乘站拥堵、乘客滞留。

(1) 人均换乘候车时间 $T_{\mathrm{tw-ave}}$。

人均换乘候车时间是指乘客在换乘过程中，从下车到下一班列车到达之间所等待的时间的平均值。人均换乘候车时间是评价城轨网络化运营效率和服务水平的重要指标。如果列车运行图编制合理，不同线路之间的列车到达和发车时间能够有效衔接，乘客在换乘时的等待时间会大大缩短。较短的换乘候车时间可以提升乘客的出行体验，提高轨道交通的吸引力和竞争力。此外，缩短换乘候车时间也可以提升整个交通网络的运行效率，减少乘客在换乘过程中因长时间等待而产生的不便。

(2) 线路换乘等待系数 C_{tw}。

线路换乘等待系数是衡量城轨网络中线路间协调性的重要指标。它反映了乘客在换乘过程中所经历的等待时间相对于总换乘时间的比例。通过分析和优化这个系数，可以发现和解决换乘过程中存在的问题，从而提高整体交通网络的运行效率和乘客的出行体验。

$$C_{\mathrm{tw}} = \frac{T_{\mathrm{tw-ave}}}{T_{\mathrm{t-ave}}} \tag{5-76}$$

式中：$T_{\mathrm{t-ave}}$ 表示平均换乘时间，即换乘后，乘客从下车到上另一列车的时间，包括换乘步行时间和换乘等待时间。

(3) 线路容量匹配系数 C_{dc-mat}。

线路容量匹配系数是衡量城轨网络中不同线路间协调性的重要指标之一。它反映了从一条线路换乘到另一条线路的客流量与接收线路的运力之间的匹配程度。C_{dc-mat} 值越接近1，表明从线路 A 换乘到线路 B 的客流量与线路 B 的运力匹配得越好。如果系数过大（大于1），意味着线路 B 的运力不足以应对从线路 A 转来的乘客，容易导致线路 B 的过载和乘客拥挤。如果系数过小（小于1），则表示线路 B 的运力过剩，未能充分利用运力资源。

$$C_{dc-mat} = \frac{V_{tA-B}}{DC_{avail-B}} \tag{5-77}$$

式中：V_{tA-B} 表示从线路 A 到线路 B 的转运量，即从线路 A 换乘到线路 B 的人数；$DC_{avail-B}$ 表示线路 B 的可用容量，即线路 B 列车可以输送的最大人数。

5.5.5 末班车衔接能力

基于实际的乘客出行需求和轨道及列车的维护，大多数城轨系统不提供24h 服务。因为末班车是城轨网络运营下许多乘客到达最终目的地的最后机会，所以换乘站末班车的协调对于满足乘客的出行需求极其重要。当对一条线路的列车运行图进行调整时，换乘站末班车的协调也会发生变化，网络可达性也是如此。在两线换乘的情况下，有 8 种换乘组合。所以在中转站每两条线路的末班车衔接有 3 种情况：①双向换乘成功：两条线路的末班车乘客可以相互换乘。它要求列车停靠时间同时满足双向换乘的行驶时间要求。一般情况下难以实现，只有在同一站换乘或换乘距离较短时可以实现。②单向换乘成功：指一条线路末班车的乘客能够成功换乘到另一条线路的末班车，且反向不能成功。③无法换乘：指两条线路末班车乘客无法相互换乘。

(1) 中转站的换乘成功率：对于中转站而言，末班车成功接通的方向与所有可换乘方向的比例直接反映了换乘水平和服务水平。

$$\alpha_i = \frac{n_i}{N_i} \times 100\% \tag{5-78}$$

式中：α_i 表示中转站换乘成功率；n_i 表示可以成功换乘的方向数；N_i 表示一个换车站的总换乘方向。

(2) 不同时段中转站换乘成功率：各换乘站在不同时段的成功率可以反映末班车对接时间随时间的变化过程。

$$A_j = \frac{\sum_{i \in S} n_{ij}}{\sum_{i \in S} N_{ij}} \times 100\% \tag{5-79}$$

式中：A_j 表示在时段 j 内的换乘成功率；n_{ij} 表示在时段 j 内在换乘站 i 成功连接的方向数；N_{ij} 表示一个换乘站 i 的总可换乘方向数；S 表示网络中设置的中转站。

5.5.6 网络可达性

网络可达性不同于换乘乘客服务质量、换乘站服务能力、线间协调能力这些以换乘站为研究对象的评价指标，它是以路网中所有站点而不仅是换乘站为研究对象的评价指标。对于运营商来说，网络可达性是衡量网络服务水平更为准确的指标。

（1）网络可达率。

各站点在不同时间的网络可达率可以反映网络末班车匹配程度随时间的变化过程，为整个城轨系统的运营组织提供重要依据，反映了网络的整体服务水平。

$$b_i = \frac{m_j}{M} \times 100\% \qquad (5-80)$$

式中：b_i 表示在某一时间段内的网络可达率；m_j 表示在该时间段内所有可达的 OD 对数量；M 表示网络中 OD 对的总数。

（2）末班车的时间跨度。

由于网络末班车的动态可达性，使得全网各站 OD 对的可达性具有一定的时间跨度。当调整一条线路的列车运行图时，末班车的时间也发生了变化，所以还需分析末班车的时间跨度以评估时间表调整的影响。时间跨度越小，末班车越集中，末班车运营管理越方便，也说明网络末班车连接方案越合理，越能满足旅客换乘需求；相反，如果末班车的时间跨度过大，不仅会降低服务水平，还会增加运营成本。

$$\tau = \max(t_k) - \min(t_k), k \in D \qquad (5-81)$$

式中：τ 表示末班车的时间跨度，指从网络中出现不可达 OD 对到整个网络中所有 OD 对不可达的时间差，以快速掌握全网络中末班车连接的匹配情况；D 表示网络的 OD 集合；t_k 表示第 k 个 OD 对不可达的时间段。

参考文献

[1] ZHANG M, WANG F, LI P. The platform of network operation assistant decision marking and emergency for urban rail transit [J]. China railway Science, 2012, 33(1): 113-120.

[2] 韩子韬. 轨道多线换乘站设施服务水平评价研究[D]. 重庆：重庆交通大学, 2022.

[3] 汪波. 城市轨道交通网络运营理论与应用[M]. 北京:人民交通出版社,2014.
[4] NIU H,ZHOU X. Optimizing urban rail timetable under time-dependent demand and oversaturated conditions[J]. Transportation Research Part C:Emerging Technologies,2013,36:212-230.
[5] WANG Y,D'ARIANO A,YIN J,et al. Passenger demand oriented train scheduling and rolling stock circulation planning for an urban rail transit line[J]. Transportation Research Part B:Methodological,2018,118:193-227.
[6] GOVERDE R M P. Railway timetable stability analysis using max-plus system theory[J]. Transportation Research Part B:Methodological,2007,41(2):179-201.
[7] 瞿驰. 基于延迟调整性能的地铁运行图综合质量评估方法[D]. 北京:北京交通大学,2015.
[8] HANSEN I,JÖRNPACH I. Railway timetable & traffic :analysis,modelling,simulation[M]. Eurailpress,2008.
[9] SU S,TIAN Z,GOVERDE R M P. Energy-Efficient Train Operation:A System Approach for Railway Networks[M]. cham:Springer,2023.
[10] 宿帅. 城市轨道交通列车运行图和速度曲线一体化节能方法[D]. 北京:北京交通大学,2016.
[11] WANG X,TANG T,SU S,et al. An integrated energy-efficient train operation approach based on the space-time-speed network methodology[J]. Transportation Research Part E:Logistics and Transportation Review,2021,150:102323.
[12] YANG R,XU R. Train Diagram Evaluation Method Considering the influence of Line train Diagram's Adjustment for Urban Rail Transit Network[C/OL]//2019 5th International Conference on Transportation Information and Safety(ICTIS). Liverpool,United Kingdom:IEEE,2019.

第6章

列车运行图铺画软件介绍

传统的城轨列车运行图主要由人工编制，北京地铁3名编图人员每年需要编制约100张列车运行图，平均每张列车运行图的编制周期约为3天，工作量巨大且铺画效率较低。为提升城轨列车运行图的铺画效率，目前市场上涌现了一些计算机编图软件和系统。本书主要介绍同济大学的城轨列车运行图计算机编制（train plan maker，TPM）系统、西门子的运行图编制和验证（fahrplan - validierung und konstruktion，FALKO）系统，以及运行图网络化运营管理平台，这些先进系统和平台的成功应用标志着城轨列车运行图编制进入了一个更高效、更智能的时代。

6.1 同济大学 TPM 系统

6.1.1 引言

同济大学成功研发了 TPM 系统。该系统在列车运行图的基础数据管理方面实现了图形化、可视化、一体化，同时使列车运行图编制变得更加智能和高效，输出结果更具多形式、多格式和多接口特性。TPM 系统架构如图 6-1 所示。

TPM 系统的引入实现了城轨列车运行图的计算机自动编制。该系统能够满足不同的运营需求，实现了高效、稳定、安全的列车运行图自动编制，使运营部门摆脱了对 Excel 等第三方工具的依赖，显著提升了运营生产效率，有效降低了运营人员的工作强度，提高了城轨运营服务水平，并在经济层面降低了运营维护费用。

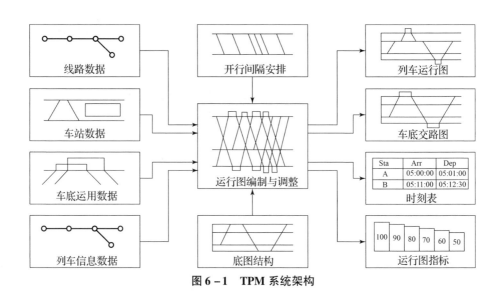

图 6-1　TPM 系统架构

6.1.2　系统关键功能介绍

1) 基础数据管理

基础数据管理是列车运行图自动编制系统的基础和依据,其功能主要包括线路数据、车辆数据、客流数据等基础数据的添加和管理。图 6-2 显示了基础数据管理的部分界面。

(a) 车站信息管理界面

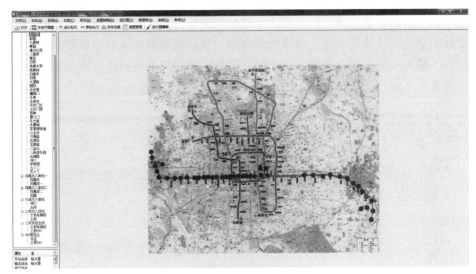

(b) 线路信息管理界面

图 6-2　数据管理界面示例（见彩图）

（1）线路数据。

线路数据包括车站信息、折返轨信息、区间运行时间、站停时间、运行交路、折返时间、列车追踪间隔和出入库时间、线路平面图、平纵断面、站场图分布、信号设备布局、车辆段分布等。

（2）车辆数据。

车辆数据包括可用车辆的型号、数量、长度、重量、编组、存车位置、列车最大速度、加速度和牵引性能等。

（3）客流数据。

客流数据指未来某一日期范围内的线路客流量预测数据，主要包括分时间方向断面客流量、分时 OD 客流分布、分时间方向换乘量等。

2）列车运行图自动铺画

列车运行图自动铺画功能指根据上述各类基础数据，结合各种约束条件和要求，完成列车运行图生成的功能模块。

大多数城轨列车在周期时间段内一般是按规律重复运行的，将周期列车运行图复制到轨道交通全天运营时段内，再铺画过渡时段的衔接车次和早晚间出入库车次即可得到全天列车运行图。列车运行图各项指标要素对其编制形成基本约束，各项指标要素主要包括：列车区间运行时间、站停时间、折返时间、运行交路、列车出入库方式及时间、全天运营时间、运用车数、高平低峰时段、列车追踪间隔、运营期间列车下线整备方式等。用户在输入基础数据和上线车数、折返作业时间、行车间隔等基础约束条件后，系统根据坐标映射把基础数据全部转换为基本图上相应的坐标值，从而生成列车运行图底图并绘制运行线，避免编图人员逐条铺画列车运行轨迹，形成具备可行性、满足使用需求的基本列车运行图，如图6-3所示。

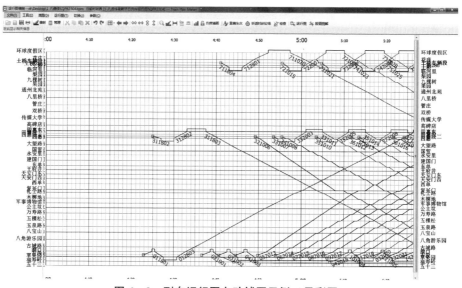

图6-3 列车运行图自动铺画示例（见彩图）

3）列车运行图优化调整

列车运行图优化调整是系统提供的对已生成的列车运行图的可视化人工编辑功能，该功能贯穿计划编制全过程，以供运营人员通过一系列人机交互界面修改编制结果。

列车运行图优化调整包括编图人员的添加计划车次、删除车次、平移列车、复制计划车次、修改列车识别号、调整列车车次、车底连接、列车站停时间调整、区间运行时间调整、车底号调整、发车间隔调整、交路调整等操作。对常用操作介绍如下。

（1）添加计划车次。

如图6-4所示，添加计划车次操作指人工创建单个或多个列车计划，可设置停站时间、到达时间、出发时间、列车折返路径、运行交路等信息。

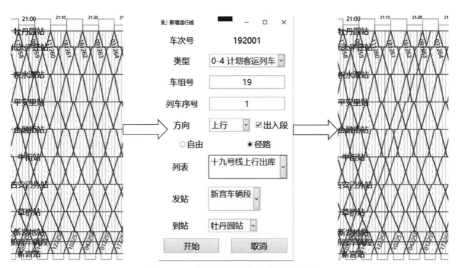

图 6-4　添加计划车次操作示例

（2）删除车次。

删除车次操作指人工删除某单个或多个车次的运行计划，如图 6-5 所示。

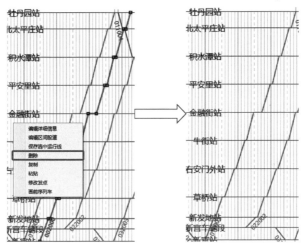

图 6-5　删除车次操作示例

（3）复制计划车次。

复制计划车次操作以已有车次为模板，增加相似列车运行计划，以避免编图人员重复进行添加车次的操作，如图 6-6 所示。

（4）调整列车车次。

如图 6-7 所示，对运行图的列车车次按照上下行、车次类型等进行调整。

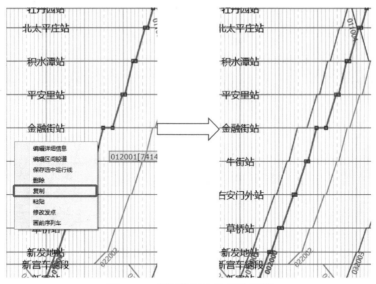

图 6-6 复制计划车次操作示例

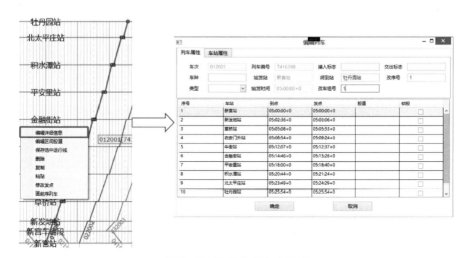

图 6-7 调整列车车次示例

(5) 列车站停时间调整。

通过检索列车车次号,系统选择相应的列车运行轨迹,并在列表框中编辑相应的车站到达、出发及停站时间数据,如图 6-8 所示。

通过以上操作,用户可对运行计划做出全面且合理的修改,最终形成符合运营实际需求的列车运行图。

第6章 列车运行图铺画软件介绍

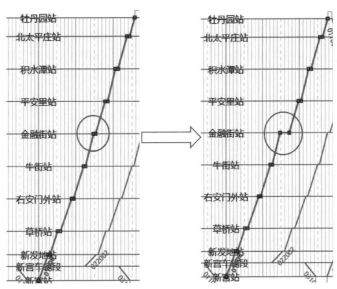

图6-8 列车站停时间调整示例

4）列车运行图保存和输出

列车运行图保存和输出功能主要包括运行图保存和运行图数据输出，以满足不同部门的使用需求。运行图保存是将生成的运行图数据保存到本地数据库。运行图数据输出指本地生成多种形式的运行图数据。目前，以北京地铁为例，该系统主要输出车次时刻表、车站时刻表、车底时刻表和车底交路图。

（1）车次时刻表。

车次时刻表指按车次顺序输出各车次经过各站的到发时间，如图6-9所示。

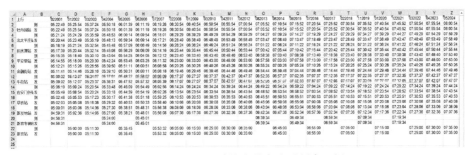

图6-9 TPM系统输出的车次时刻表示例

（2）车站时刻表。

车站时刻表指按车站输出的时刻表，同一车站经过的所有车次按时间先后次序排列，如图6-10所示。

151

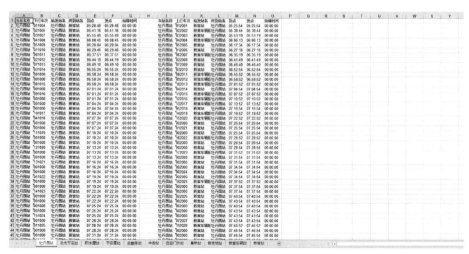

图 6-10　TPM 系统输出的车站时刻表示例

（3）车底时刻表。

车底时刻表指同一车底关联的所有车次，按车次顺序输出各车次经过各站的时间情况，如图 6-11 所示。

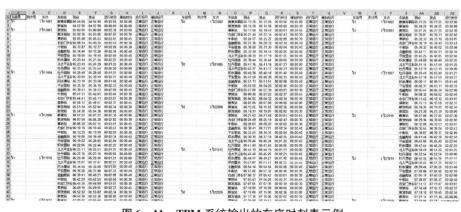

图 6-11　TPM 系统输出的车底时刻表示例

（4）车底交路图。

车底交路图规定了各车底运行的交路及接续的车次顺序，如图 6-12 所示。

5）列车运行图显示

列车运行图显示功能指系统将编制完成的计划运行图显示在终端上，该功能至少应能够满足以下需求。

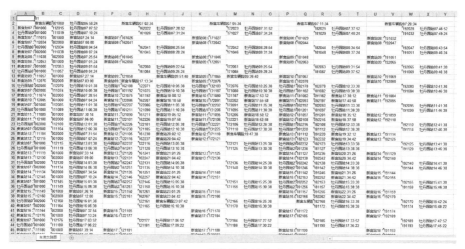

图 6-12　TPM 系统输出的车底交路图示例

（1）按规定使用不同颜色和像素绘制列车运行线，包括计划车次、出入段列车、临客列车等。

（2）按照要求在规定位置显示列车车次号和车组号信息。

（3）能够清晰地显示车底周转信息，包括车底周转关系、折返时间及折返方式信息。

如图 6-13 所示，在系统主界面绘制城轨列车运行图，横轴表示时间，用竖线将横轴按分钟制的时间单位进行等分；纵轴表示距离，用横线将纵轴按一定比例加以划分，代表车站及车辆段的中心线。

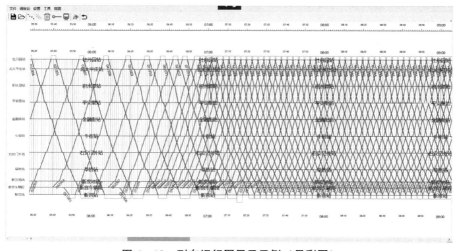

图 6-13　列车运行图显示示例（见彩图）

6.2　西门子 FALKO 系统

6.2.1　引言

德国西门子公司开发的 FALKO 系统是用于轨道交通系统运行图编制、运行图验证的高度自动化模拟工具。它以完整的闭环交通控制系统为模型，提供对实际运营过程的真实模拟，是高质量、高效的运行图自动编制工具。FALKO 系统曾在欧洲铁路系统中被广泛用来编制和验证列车运行图的效果。

FALKO 系统能在保证车次号有效性、唯一性的前提下创建、修改并验证列车运行图。在离线系统中，由运行图编制功能快速构造完整的日常运行图，该功能工作在图形方式下，并且考虑了区间运行时间、停站时间、运行间隔、终端站、折返时间等因素。在编辑一个新的列车运行图时，需要考虑所有相关的运行条件，包括列车运行的路径、运行图使用的具体时间段、在不同车站的停站时间、运行间隔、需要的车次号等。FALKO 系统能在综合考虑上述运行条件的情况下创建并优化列车运行图。此外，FALKO 系统还支持人工利用运行计划的特性在运行图中增加、删除或修改单个或多个车次，最后，将修改后的列车运行图重新输入系统中。下面将对 FALKO 系统的主要功能进行介绍。

6.2.2　系统关键功能介绍

FALKO 系统的主要功能如下。

（1）基础参数的设置。

与 TPM 系统类似，使用 FALKO 系统需要定义所编制列车运行图的开始和结束时间、是否产生出入车辆段的车次、正常使用的列车类型、默认停站时间等，在此不再赘述。

（2）建立列车运行图。

首先选择下拉菜单中的窗口选项，然后点击轨道拓扑结构 + 运行图选项，即得到用于建立运行图的窗口界面，包括轨道拓扑结构和符号运行图两部分，分别显示在图形窗口的上部与下部，如图 6 – 14 所示。在轨道拓扑结构图中，显示了信号机、车站、线路运行方向、停车点、车辆段位置等。符号运行图包括线路、车辆、车次、车辆段等信息。

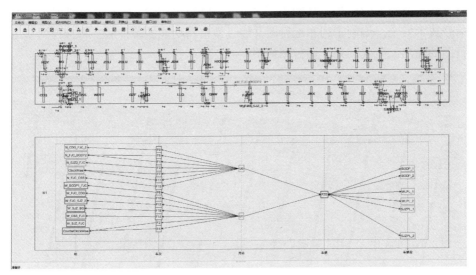

图 6-14　FALKO 系统生成的拓扑结构和符号运行图示例（见彩图）

在构建符号运行图时，首先需根据实际的线路条件建立车辆段或停车场，车辆段或停车场是运行图开始和结束时列车停留的区域，图例中包括北京地铁 10 号线的巴沟车辆段、五路停车场及宋家庄车辆段。接着根据开行方案将各个交路中涉及的车站联系起来，生成线路集合，例如图 6-14 的符号运行图中，左侧 N_FJC_BGDP2 框表示从首经贸至巴沟车辆段的内环交路途径的车站集合，框 W_FJC_SJZ_2 表示从首经贸至宋家庄车辆段的外环交路途径的车站集合，框 ClockWise 表示内环交路途径车站构成的集合，框 CounterClockWise 代表外环交路途径车站构成的集合。在根据交路方案生成线路集之后，需要为各个线路集赋予一个包含时间段、行车间隔序列的车次集合，如图 6-14 中的 F9、F5、F1 等，即代表不同时段和行车间隔的车次集合。设定好车次且确立车辆段后，需把车辆段与车次连接起来，这样做是让系统根据线路集合自动生成出入库的车次。最终生成的符号运行图如图 6-14 所示。系统将自动根据符号运行图生成初始运行图，并编制相应的车底周转计划。此外，FALKO 系统也支持用户手工对列车运行图进行调整和优化。

（3）列车运行图检验和输出。

为检验列车运行图的有效性，系统自动利用仿真模拟器进行检查。FALKO 系统的模拟器包括行车控制模块、过程模拟器、联锁模拟器、ATP 模拟器等模块。行车控制模块能够自动将编制的列车时刻表转化为具有时序的控制指令，包括发车、停车及折返等命令。过程模拟器能够模仿列车运行、外部设备状态及乘客的行为。联锁模拟器在 ATP 模拟器的配合下保证列车运行的信号技术安全。编制了列车运行图并经过模拟器功能的验证后，将进行列车运行图的输出。生成的列车运行图如图 6-15 所示。

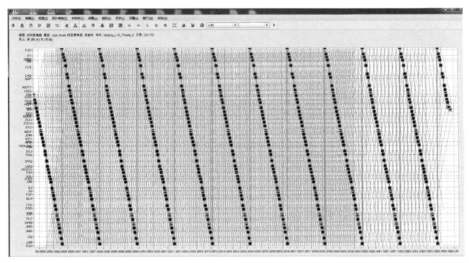

图 6-15　FALKO 系统创建的列车运行图示例（见彩图）

最后我们对 FALKO 系统的优缺点进行简单的介绍。作为广泛使用的运行图编制软件，FALKO 系统有着以计算机自动编图为主、通过模拟仿真检验运行图的优点，能够确保运行图的准确性和安全性，不再需要编图人员根据经验和编图参数对运行图进行检查，从而提升了系统的自动化水平。FALKO 系统在处理单交路时能够满足需求，但在处理多交路时会因系统限制过多或操作复杂而难以编制出符合运营要求的运行图。

6.3　网络化运营管理平台

6.3.1　引言

随着城轨线路的不断增多及城轨网络的高速发展，常规单线运行图编制系统和管理平台已不能满足网络化运营的需求。城轨网络化运营管理平台则通过建立安全、高效、系统的运营管理体系，统筹安排既有资源，统一协调线、网间关系，实现线、网的有效、安全和可靠运营，实现网络化运营的社会效益和经济效益最大化。

从硬件角度来看，城轨网络化运营管理平台的硬件部署有审批室、审核室、编图室、服务器及支持云端管理的硬件设备，如防火墙等，硬件部署结构如图6-16所示。

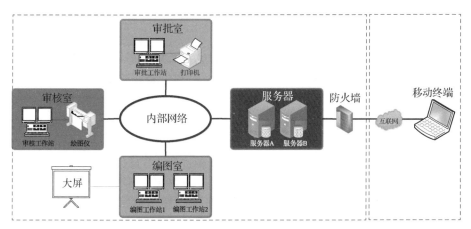

图6-16 网络化运营管理平台的硬件部署结构示意图

（1）编图室。

主要功能有浏览运行图、编制运行图、向审核者提交已编制完的运行图、查看运行图批注等。

（2）审核室。

主要功能有浏览运行图、在运行图上对有疑惑或错误的地方进行批注、审核运行图、向管理者提交审核后的运行图、向编图者反馈运行图审核结果、发布运行图等。

（3）审批室。

主要功能有浏览运行图、在运行图上对有疑惑或错误的地方进行批注、审批运行图、向审核者和编图者反馈运行图审核结果等。

（4）服务器。

主要功能有存储运行图数据及发布的运行图，并对外提供Web服务。

（5）移动终端。

通过互联网可浏览运行图相关信息，并可处理审核流程。

从功能角度来看，网络化运营管理平台除实现常规单线运行图编辑功能外，还具备路网信息管理、网络化运行图管理、大数据分析等功能，同时提供运行图模拟等功能。由于单线运行图管理功能与运行图自动编制系统的功能基本类似，在此不再赘述。下面将对网络化运营管理平台的功能进行介绍。

6.3.2 路网信息管理

1. 路网信息显示

1) 路网图显示

在主界面上显示所有城轨线路图,并能显示线路基本信息(如线路名称、线路公里数、车站数量、换乘线路关系等)。选择一条线路时,可以查看基本信息,双击可以进入该线路运行图的编辑界面。

2) 线路信息显示

(1) 线路数据显示。可以显示线路名称,同时也可以通过列表形式显示线路的详细信息。主要显示内容包括线路名称、车组数目、线路最小运行间隔时间、首末班车时间、列车定员、列车编组、最大满载率等。

(2) 交路数据显示。主要显示线路的所有交路信息,包括始发站、途径车站、折返股道、终端站等。

(3) 车站信息显示。主要显示线路车站信息,包括车站编号、车站名称、是否为换乘站、是否为折返站、公里标、折返时间、站前最小折返时间、站后最小折返时间、车站容量等。

(4) 运行标尺信息显示。主要显示线路运行标尺信息,包括站停时间、区间运行时间等。

3) 运行图信息显示。

以列表形式显示运行图信息,主要显示内容包括运行图名称、运行图类型、最小运行间隔时间、上线车组数、编制者、编制日期、实施日期、审核人、审核日期等。

2. 路网信息编辑

路网信息编辑流程如图 6-17 所示,主要步骤如下。

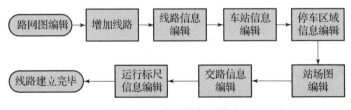

图 6-17 路网信息编辑流程

1) 路网图编辑。系统具备路网图的编辑或导入功能。
2) 线路信息编辑。功能包括新增、删除、修改线路名称,人工编辑线路详细信息,按指定的数据格式导入线路数据。

3) 车站信息编辑。功能包括新增、删除、修改车站信息,按指定的数据格式导入车站数据。

4) 交路信息编辑。功能包括新增、删除、修改交路信息,按指定的数据格式导入交路数据。

5) 运行标尺信息编辑。功能包括新增、删除、修改运行标尺信息(停站时间、运行等级),按指定的数据格式导入运行标尺数据。

3. 运行图检索

系统具备检索路网下所有线路运行图的功能,可选检索条件包括运行图名称、运行图类型、编制者、编制日期、实施日期、审核人、审核日期、审批人、审批日期、状态等。

系统支持同时选择多个检索条件,若不选择检索条件,则系统默认显示运行图的所有信息。以列表的形式显示,点击列表中的运行图可直接进入运行图编辑界面。

6.3.3 网络化运行图管理

1) 跨线运行图管理

(1) 跨线交路管理。

根据客流需求、线路交路情况及联络线情况等设置跨线运行列车的交路。对于跨线交路,系统可进行设置交路、取消交路、修改交路、查询交路的操作。

(2) 跨线运行图编辑。

在单线运行图的基础上,可以设定跨线列车的起始线路、起始出车车站(股道)及发车时间,设置跨线列车的车次,设定后续线路、出线车站(股道)及出线时间。同时,根据跨线列车占用的车次情况,减少相应列车的出段及回库。跨线运行图编辑流程如图6-18所示。

图6-18 跨线运行图编辑流程

(3) 跨线运行图总览。

在总览跨线运行图时,显示跨线列车经过的所有车站,使编图人员及计划人员能够掌握跨线列车的整体情况,如时间安排、跨线衔接情况等。如图6-19所示的北京地铁房山线-9号线跨线列车开行。

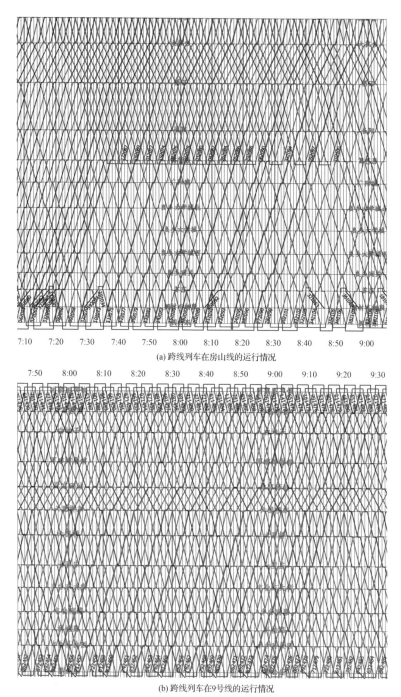

(a) 跨线列车在房山线的运行情况

(b) 跨线列车在9号线的运行情况

图 6-19 北京地铁房山线-9号线跨线列车开行

2）首末班车衔接

根据线网的客流出行特征及客流的时空特性，设定上下行方向的起始线路及终点线路，并确定衔接顺序及衔接点。在运行图编制完成后，分别在上下行方向的起始点及终点对各线路的运行图进行首末班车衔接检查。

我们以末班车衔接检查流程为例进行介绍。检查原则是从上下行方向的终止点逆运行方向测试衔接点，要求衔接点的逆换乘方向的末班车到达时间不得晚于换乘方向的末班车发车时间加最长换乘时间（人工输入）。检查完成后，对运行图做如下处理。

（1）根据检查结果，平移不符合条件的车次，使其符合末班车衔接条件。

（2）根据末班车运营时间约束，移除超时运营的车次。

（3）根据车次间隔时间约束，若车次1和车次2的间隔过小，则将车次2及其后续车次向后移动，直至满足车次间隔时间约束。

（4）检查满足运营时间约束的各换乘站末班车系统内方向的可衔接性。

3）换乘衔接

换乘所需时间是换乘效率的直接表现，也是网络化列车运行组织水平高低的体现。在运力充足的条件下，乘客的换乘等待时间不宜大于目标换乘线的发车间隔时间。这时，可以在编制列车运行图时，排除换乘衔接的影响。当运力不充足时，可能会大大延长乘客的换乘等待时间。此时，需要考虑路网的运能匹配。主要是防止在换乘车站的换乘方向上，换乘人数大于能够运送的乘客数。在列车运行图编制中，系统可以检验换乘涉及的两条或多条线路的人数匹配情况，并根据检验结果，对换乘方向的接收线路进行缩小或增大发车间隔时间的操作。

4）运行图发布管理

系统能够与各线 ATS 系统进行接口，将审核通过的基本运行图发送给各线路 ATS 系统，各线 ATS 收到运行图后反馈信息，由系统确认。系统在运行图发布管理界面中显示所有已发布的运行图信息，点击运行图，将显示以下信息：发布线路、发布日期、运行图编辑日期、列车数、运营间隔（含高峰间隔、平峰间隔）等。如果运行图发布失败，则系统提示失败的原因信息。

6.3.4 其他功能

1）大数据分析

（1）客流量数据分析。

系统提供路网客流量数据导入功能。在导入客流量数据后，通过选择线路、时间段及该时间段所对应的不同日期后，对不同日期的同一时间段的客流量进行分析（以 30min 为单位），以图标的形式显示该线路各站上下行在不同日期的同一时间段的客流曲线，其中不同日期的曲线用不同颜色加以区分。将鼠标移动到曲线上某车站时，可显示该时段的客流量、停站时间、运行间隔等信息。

通过对客流量数据的分析，系统可以确定高峰期、平峰期时段和显示客流量较大的具体车站。系统根据分析结果提出建议的调整策略，如修改停站时间、调整运行间隔、调整高峰/平峰时段等，作为运行图调整、优化的依据。

（2）实际运行图与计划运行图分析

通过分析实际运行图与基本运行图的数据，自动生成计划图运行与实际运行图的车次差异列表，如停站时间的差异、发车时间的差异等。该功能能够引导编图人员在实际运营过程中发现基本运行图编制的问题，并改进基本运行图。

2）辅助功能

（1）审核流程。

系统软件支持运行图审核流程功能，即当编图人员完成运行图编制后，提交给审核人员进行审核；审核通过后，由审核人员提交给运行图管理者；运行图管理者审批后，由审核人员发放给各条线路计划工作站。审核流程如图 6 – 20 所示。

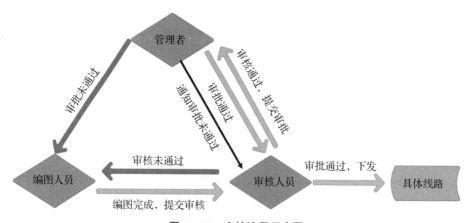

图 6 – 20　审核流程示意图

（2）用户管理。

用于管理用户权限，同时具备用户的增加和删除功能。

（3）打印管理。

系统支持打印运行图的蓝图与版图。

（4）数据库管理。

系统支持数据库的备份与恢复功能,能够存储历史运行图和客流数据,方便编图人员复盘查看。

参考文献

[1] 徐瑞华,江志彬,朱效洁,等. 城市轨道交通列车运行图计算机编制的关键问题研究[J]. 城市轨道交通研究,2005,(05):44-48.

[2] 于运涛,胡亚峰. 城市轨道交通列车运行图编制与验证评估系统研究[J]. 微型机与应用,2015,34(17):4-7.

[3] 胡亚峰. 列车运行计划编制与验证系统研究[J]. 铁路通信信号工程技术,2013,10(01):62-66.

[4] 刘庆磊,赵疆昀,曾小旭,等. 地铁列车运行图编制系统的设计与实现[J]. 铁路计算机应用,2017,26(05):53-58.

[5] 高强周. 城市轨道交通列车运行图设计实现与评价[D]. 北京:北京交通大学,2009.

[6] 胡思继. 列车运行图编制理论[M]. 北京:中国铁道出版社,2007.

[7] 王军. 南京地铁Y字形交路2:1模式运营实践[J]. 都市快轨交通,2013,26(01):37-40.

[8] 曾志伦. 城轨FALKO软件的研究与设计[D]. 成都:西南交通大学,2012.

[9] 陈郁. 基于FALKO的城市轨道交通共线交路列车运行图编制[J]. 网络安全技术与应用,2014,(08):36+38.

[10] 王立军. 深期地铁一期工程FALKO简述[J]. 铁道通信信号工程技术,2006,(06):60-62.

第7章

北京地铁双超运行图编制

为满足特殊条件下"高峰时期列车满载率不超过50%"的目标要求,更好应对客流增长,北京市地铁运营有限公司通过梳理问题和不足,结合常态化工作要求,相关部室创新网络化运营思路,系统化地对工作日和休息日路网列车运行图优化调整进行深入研究,采取超常超强措施,先后五批次编制实施13条线路超常超强列车运行图,大幅提升了网络运输能力,不仅最大程度地降低了高峰小时列车满载率,而且实现了降本增效,取得了"多、快、好、省"的综合成效。

7.1 编制原则

坚决贯彻"三个打破、四个精准"的要求,在列车运行图的编制过程中,实现"两个打破、三个精准"要求,同时按照列车满载率和列车间隔标准编制列车运行图。具体如下:

(1) 打破车辆与车辆基地之间的设计配属界限,优化调整本线车辆停放和列检的运营生产布局,实现本线车辆基地资源共享。一方面将列车尽可能就近快速投放到各条线路高断面客流区段,另一方面将车辆尽可能就近返回车辆基地停放检修,以减少运力浪费。

(2) 打破车辆基地与线路之间的设计配属界限,实现不同线路车辆基地停车资源共享,将列车由邻近的相关线路车辆基地就近快速投放到本线高断面客流区段,以减少运力浪费。

(3) 精准把握网络客流时间和空间分布规律。研究分析全网客流在各线路不同时间、不同方向、不同区段的分布特征,把握相关线路之间换乘客流的流向和时间规律,为全时全网精准投放运力奠定基础。

(4) 精准运用和配置网络资源。运用有限的网络配线(联络线、库线、折返线、越行线)资源和车辆基地,根据网络客流时空分布特征,采取列车多交路运行、双向不平衡运行、低速高密度折返和大站快车、越行快车、库线出车、压缩站停时间等方式，实现网络资源的精准高效配置。

（5）精准投放运力。按照运力与运量精准匹配的原则，根据网络客流时空分布规律，因地制宜，采取不同的措施组合，编制网络化列车运行图，尽可能做到图定运力与实际运量相匹配。

（6）工作日高峰小时列车满载率控制值不宜超过100%，平峰小时列车满载率控制值不宜超过60%；双休日高峰小时列车满载率控制值不宜超过80%，平峰小时列车满载率控制值不宜超过60%。

（7）城区线路7:00—22:00列车最大间隔不宜超过7min，全天列车最大间隔不宜超过10min；郊区线路全天列车最大间隔不宜超过10min。

7.2 编制思路

按照运力与运量精准匹配的思路，分析客流时空分布特征和线路设备设施基本条件，确定客流在时间、空间的不均衡性，测算列车运行间隔、列车运行交路和停站时间，并根据线路具体情况进行微调，形成列车运行方案。

鉴于北京地铁乘客在首班车至7:00、22:00至末班车出行极少，因此，为更加精准地掌握客流时空分布特征，减少误差，在分析客流时空分布特征时，以7:00—22:00主要运营时段作为基础进行计算分析。

双超运行图编制思路如图7-1所示。在编制列车双超运行图时，首先应该根据客流分析其时间均衡性和空间均衡性，从而确定列车的运行间隔和交路方案，相关内容可见4.2.2节，此处不再赘述。

此外，还要确定列车的停站时间。目前各线路列车停站时间为：普通车站一般为30s，最小为25s，最大为35s；换乘车站一般为45s，最小为40s，最大为60s。部分线路，如昌平线、房山线、八通线、15号线等，车站上下行停站时间不同；早晚高峰停站时间不同。具体测算如下。

1）列车作业时间

列车作业时间包括列车在站台停稳至车门完全打开的时间、列车开始关门至车门和站台门完全关闭的时间、列车关门完毕至启动的时间。

列车作业时间受车辆、信号系统控制，一般为固定时间。根据现场实测，各项作业时间共15s，具体如下。

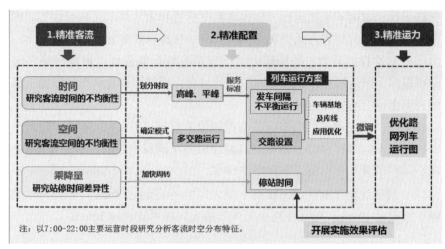

图7-1 双超运行图编制思路（见彩图）

(1) 列车在站台停稳至车门完全打开时间为3s左右。

(2) 列车开始关门至车门和站台门完全关闭约4s。

(3) 司机确认作业时间约6s（包括确认乘客上下车状态、车门和站台门关闭状态、车门和站台门间隙状态、地面信号状态、司机室仪表盘状态等）。

(4) 车辆启动时间约2s。

2）乘客有效乘降时间

乘客有效乘降时间为列车车门和站台门完全打开至开始关门时间。根据各个车站、各个时段上下车人数及每个人上下车的速度计算得出（根据轨道交通设计文件，人均上下车时间为0.6s）。计算公式如下：

$$乘客有效乘降时间 = 平均上下车人数 \times 人均上下车时间 \quad (7-1)$$

乘客有效乘降时间上下限：为保证乘客的有效上下车时间，下限取值5s。

按照上述列车运行方案编制思路，最终形成列车运行方案。并在列车运行图编制过程中，根据各线路各时段的具体情况，考虑换乘线路和车站的优化衔接、行车间隔、折返时间、停站时间等对列车运行方案进行微调，最终编制列车运行图。相较于第4章提到的传统运行图，双超运行图的编制在停站时间、车辆基地及库线的应用等方面都更为复杂，具体体现在以下方面。

(1) 停站时间细化。

传统列车运行图的停站时间标准一般分为三类：客流较大的车站、换乘站、终点站的停站时间一般定为45s；针对个别客流量巨大的车站，停站时间可定为60s；其他中间站停站时间一般定为30s。这种停站时间标准在制定时较为简单，但也不够精细，对于部分客流较少的车站或平峰时的大部分车站，可能会浪费一部分停站时间，导致列车全周转时间变长，运输效率降低。双超运行图在编制过程中，通过对乘降量的分析来精细化确定每个站的停站时间，解决了停站时间的浪费问题，在一定程度上压缩了列车全周转时间，提高了车辆利用率。

（2）车辆基地及库线应用优化。

传统的列车运行图在编制过程中只考虑单线的车辆、线路资源，灵活度较低，且存在一定的运力浪费情况。双超运行图打破了车辆与车辆基地之间、车辆基地与线路之间的设计配属界限，实现了本线车辆基地资源的共享和不同线路车辆基地停车资源的共享，在一定程度上减少了运力浪费。如7.3.2节中提到的5号线可以借用宋家庄停车场亦庄线的位置来存放5号线的列车。

7.3 具体实施情况

7.3.1 地铁1号线

1. 线路及设备设施情况

地铁1号线为东西走向主干线路，西起苹果园东至四惠东，正线全长31km，设车站23座，换乘站10座（苹果园站因改造于2020年4月起封站）。线路在苹果园、古城、公主坟、复兴门、王府井、四惠东设配线，可供折返使用。信号系统为CBTC，两端折返能力为2min，区间追踪能力为90s。

设车辆基地2座，古城基地29列位，四惠基地40列位，配属列车70组。列车为6节编组，定员为1428人。

2. 双休日列车运行图编制方案

1）列车运行方案分析

以2020年1月11日（周六）为典型日，分析双休日客流时空分布特征。从客运量数量看，日客运量为74.83万人次，约为工作日客运量（107.67万人次）的69%。

（1）精准分析客流时间分布特征，确定上下行运行间隔，实现运力与运量精准匹配。

①客流时间分布规律。

上行方向（苹果园至四惠东），7:00—22:00小时平均断面客流9547人，最大断面客流13730人（17:00—18:00，王府井→东单）。各时段的时间不均衡系数<1.5，客流较为均衡，如图7-2所示。

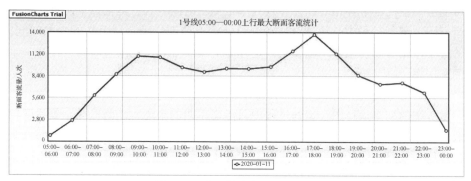

图 7-2 上行最大断面客流统计

下行方向（四惠东至苹果园），7:00—22:00 小时平均断面客流 10217 人，最大断面客流 12588 人（17:00—18:00，天安门西→西单）。各时段的时间不均衡系数 <1.5，客流较为均衡，如图 7-3 所示。

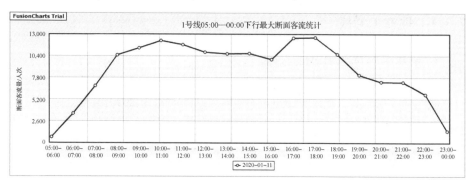

图 7-3 下行最大断面客流统计

分时双方向断面客流如表 7-1 所示。

表 7-1 分时双方向断面客流

时段	上行（西向东）			下行（东向西）		
	断面客流	时间不均衡系数	最大断面	断面客流	时间不均衡系数	最大断面
05:00—06:00	786	0.08	五棵松→万寿路	686	0.07	复兴门→南礼士路
06:00—07:00	2699	0.28	南礼士路→复兴门	3507	0.34	东单→王府井
07:00—08:00	5930	0.62	军事博物馆→木樨地	6841	0.67	大望路→国贸

(续表)

时段	上行（西向东）			下行（东向西）		
	断面客流	时间不均衡系数	最大断面	断面客流	时间不均衡系数	最大断面
08:00—09:00	8629	0.90	南礼士路→复兴门	10499	1.03	大望路→国贸
09:00—10:00	10932	1.15	西单→天安门西	11341	1.11	东单→王府井
10:00—11:00	10807	1.13	西单→天安门西	12226	1.20	东单→王府井
11:00—12:00	9509	1.00	南礼士路→复兴门	11735	1.15	东单→王府井
12:00—13:00	8925	0.93	西单→天安门西	10847	1.06	东单→王府井
13:00—14:00	9389	0.98	西单→天安门西	10665	1.04	东单→王府井
14:00—15:00	9346	0.98	西单→天安门西	10702	1.05	东单→王府井
15:00—16:00	9614	1.01	王府井→东单	9988	0.98	天安门西→西单
16:00—17:00	11598	1.21	王府井→东单	12540	1.23	天安门西→西单
17:00—18:00	13730	1.44	王府井→东单	12588	1.23	天安门西→西单
18:00—19:00	11278	1.18	永安里→国贸	10598	1.04	南礼士路→木樨地
19:00—20:00	8546	0.90	永安里→国贸	8125	0.80	复兴门→南礼士路
20:00—21:00	7387	0.77	永安里→国贸	7292	0.71	复兴门→南礼士路
21:00—22:00	7580	0.79	王府井→东单	7268	0.71	复兴门→南礼士路
22:00—23:00	6321	0.66	大望路→四惠	5780	0.56	木樨地→军事博物馆
23:00—24:00	1521	0.16	国贸→大望路	1420	0.14	复兴门→南礼士路

②根据编制原则，上下行各时段时间不均衡系数均小于1.5，客流较为均衡。7:00—22:00列车间隔按小时最大满载率控制值80%进行计算，其他时段列车间隔按小时最大满载率控制值60%进行计算。

③根据编制原则，城区线路7:00—22:00列车最大间隔不宜超过7min，

全天列车最大间隔不宜超过10min。

综上，各时段按照满载率控制值计算上下行列车间隔，如表7-2和表7-3所示。

表7-2 上行列车间隔计算过程表

时间	上行				
	断面/人次	计算满载率	计算间隔/min	换算间隔	调整后间隔
5:00—6:00	786	60%	65.40	65min25s	10min
6:00—7:00	2699	60%	19.05	19min3s	10min
7:00—8:00	5930	80%	11.56	11min34s	7min
8:00—9:00	8629	80%	7.94	7min57s	7min
9:00—10:00	10932	80%	6.27	6min17s	6min15s
10:00—11:00	10807	80%	6.34	6min21s	6min15s
11:00—12:00	9509	80%	7.21	7min13s	7min
12:00—13:00	8925	80%	7.68	7min41s	7min
13:00—14:00	9389	80%	7.30	7min19s	7min
14:00—15:00	9346	80%	7.33	7min21s	7min
15:00—16:00	9614	80%	7.13	7min8s	7min
16:00—17:00	11598	80%	5.91	5min55s	5min55s
17:00—18:00	13730	80%	4.99	5min0s	5min
18:00—19:00	11278	80%	6.08	6min5s	6min5s
19:00—20:00	8546	80%	8.02	8min2s	7min
20:00—21:00	7387	80%	9.28	9min17s	7min
21:00—22:00	7580	80%	9.04	9min3s	7min
22:00—23:00	6321	60%	8.13	8min8s	8min
23:00—0:00	1521	60%	33.80	33min48s	10min

第7章 北京地铁双超运行图编制

表7-3 下行列车间隔计算过程表

时间	下行				
	断面/人次	控制满载率	计算间隔/min	换算间隔	调整后间隔
5:00—6:00	686	60%	74.94	74min57s	10min
6:00—7:00	3507	60%	14.66	14min40s	10min
7:00—8:00	6841	80%	10.02	10min2s	7min
8:00—9:00	10499	80%	6.53	6min32s	6min32s
9:00—10:00	11341	80%	6.04	6min3s	6min3s
10:00—11:00	12226	80%	5.61	5min37s	5min30s
11:00—12:00	11735	80%	5.84	5min51s	5min30s
12:00—13:00	10847	80%	6.32	6min20s	6min15s
13:00—14:00	10665	80%	6.43	6min26s	6min15s
14:00—15:00	10702	80%	6.40	6min25s	6min15s
15:00—16:00	9988	80%	6.86	6min52s	6min15s
16:00—17:00	12540	80%	5.47	5min28s	5min30s
17:00—18:00	12588	80%	5.45	5min27s	5min30s
18:00—19:00	10598	80%	6.47	6min29s	6min15s
19:00—20:00	8125	80%	8.44	8min27s	7min
20:00—21:00	7292	80%	9.40	9min24s	7min
21:00—22:00	7268	80%	9.43	9min26s	7min
22:00—23:00	5780	60%	8.89	8min54s	9min
23:00—0:00	1420	60%	36.20	36min13s	10min

（2）精准分析客流空间分布特征，运用线路资源，确定运行交路、列车出入段和停放布局。

①客流空间分布规律。

通过对1号线上下行各断面各时段断面不均衡系数进行计算，双方向断面不均衡系数如图7-4所示。

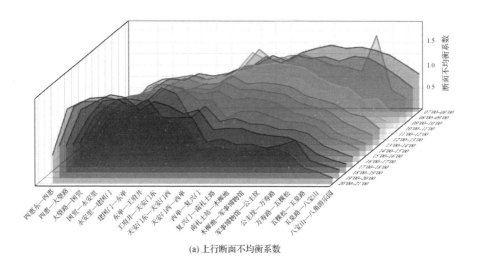

(a) 上行断面不均衡系数

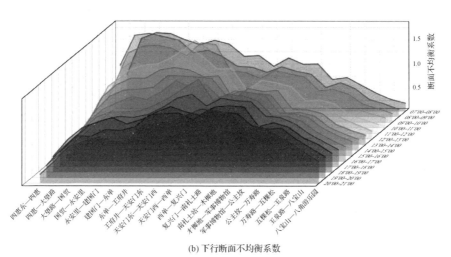

(b) 下行断面不均衡系数

图 7-4　1 号线双休日双方向断面不均衡系数（见彩图）

在图 7-4 中，不均衡系数大于或等于 1.5 的时段和区段，可以开行小交路列车；不均衡系数大于或等于 1、小于 1.5 的时段和区段，该范围内的车站不适宜作为小交路列车的折返点。小交路列车的折返点应尽可能位于断面不均衡系数小于 1 的站点。

②根据断面不均衡系数，结合配线条件，采取大小交路套跑运行等方式。具体分析如下：

8:00—17:00，上行方向客流集中在公主坟站和王府井站之间，下行方向客流集中在四惠站和军事博物馆站之间。因此，结合线路配线条件，8:00—17:00 采取 3∶1 大小交路套跑方式，如图 7-5 所示。

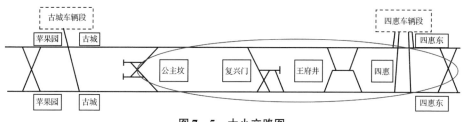

图 7-5 大小交路图

目前苹果园站封站改造，古城站后设有复式交分道岔，可用于列车折返。根据信号系统能力测算，当列车间隔大于 4min 时，列车可在古城站折返，因此大交路为古城至四惠东，小交路为公主坟至四惠东。

③结合古城、四惠车辆基地的位置及功能，按照就近原则，合理停放列车和投入运营。最大上线车组数为 23 组，其中古城车辆基地为 9 组，四惠车辆基地为 14 组。

（a）为满足双方向列车首末车时间和一定的行车间隔，从首班车至 6:00，古城车辆基地和四惠车辆基地分别按照 10min 间隔出车。6:00—7:00，列车运行间隔为 10min。

（b）7:00—22:00，根据上下行方向客流时空分布特征，贴合客流就近安排列车出入车辆基地。根据满载率控制标准确定列车运行间隔。

7:00—17:00，下行方向客流量比上行方向客流量大，采取不平衡列车运行方式后部分列车回古城车辆基地。

17:00—22:00，上行方向客流量比下行方向客流量大，采取不平衡列车运行方式后部分列车回四惠车辆基地。

（c）22:00 以后全末班车，根据古城和四惠停车列位数量、车辆检修和次日运营需要，安排列车分别回两个车辆基地，保证列车间隔不超过 10min。

（3）精准分析乘降客流，确定列车停站时间。

①测算列车停站时间。

按照各时段双方向上下车人数计算乘客有效乘降时间，并根据乘客有效乘降时间的上下限进行修正；同时考虑列车在站作业时间，测算各时段各车站双方向列车停站时间，如表 7-4 和表 7-5 所列。

表7-4 上行方向列车停站时间

车站	方向	05:00–06:00	06:00–07:00	07:00–08:00	08:00–09:00	09:00–10:00	10:00–11:00	11:00–12:00	12:00–13:00	13:00–14:00	14:00–15:00	15:00–16:00	16:00–17:00	17:00–18:00	18:00–19:00	19:00–20:00	20:00–21:00	21:00–22:00	22:00–23:00	23:00–24:00
古城	上行	20	20	22	21	20	20	20	20	20	20	20	20	20	20	20	20	20	20	20
八角		20	20	21	21	20	20	20	20	20	20	20	20	20	20	20	20	20	20	20
八宝山		20	20	22	21	20	20	20	20	20	20	20	20	20	20	20	20	20	20	20
玉泉路		20	20	21	21	20	20	20	20	20	20	20	20	20	20	20	20	20	20	20
五棵松		20	20	21	21	21	22	22	20	22	22	22	21	21	21	21	21	21	21	20
万寿路		20	20	20	20	23	23	20	22	23	21	22	21	21	21	21	21	21	20	20
公主坟		20	21	25	25	23	23	24	23	23	22	22	21	21	21	21	22	21	20	20
军事博物馆		20	22	23	24	23	23	23	23	23	24	24	23	23	23	21	20	20	20	20
木樨地		20	20	20	20	21	22	20	20	20	20	20	20	20	20	20	20	20	20	20
南礼士路		20	20	21	22	22	23	23	23	23	22	22	21	21	21	21	20	20	20	20
复兴门		20	20	22	22	26	25	25	25	25	24	24	23	23	22	22	21	20	20	20
西单		20	21	24	26	23	23	22	22	21	24	24	23	23	23	25	24	21	20	20
天安门西		20	20	20	21	21	23	22	22	22	21	22	22	22	24	24	20	20	20	20
天安门东		20	20	21	20	20	22	23	23	24	22	25	25	25	24	25	24	24	23	20
王府井		20	20	20	20	21	21	22	23	23	25	26	24	25	24	24	25	25	25	20
东单		20	20	20	22	22	21	22	24	23	23	25	24	25	24	24	23	23	22	20
建国门		20	20	22	25	22	21	23	23	24	23	24	24	20	22	20	20	20	20	20
永安里		20	20	20	20	20	20	20	20	20	21	21	20	24	24	24	24	24	20	20
国贸		20	20	21	22	21	21	22	22	22	22	22	22	22	22	23	23	23	25	20
大望路		20	20	20	21	22	20	21	21	21	21	23	22	22	25	26	26	25	23	21
四惠		20	20	21	21	22	20	20	20	22	22	23	22	22	23	24	23	25	27	21
四惠东		20	20	20	20	20	20	20	20	21	21	22	22	22	23	24	23	24	23	20

表 7-5 下行方向列车停站时间

车站	方向	05:00-06:00	06:00-07:00	07:00-08:00	08:30-09:00	09:00-10:00	10:00-11:00	11:00-12:00	12:00-13:00	13:00-14:00	14:00-15:00	15:00-16:00	16:00-17:00	17:00-18:00	18:00-19:00	19:00-20:00	20:00-21:00	21:00-22:00	22:00-23:00	23:00-24:00
古城	下行	20	20	20	20	20	20	20	20	20	20	20	20	20	20	20	20	20	23	20
八角		20	20	20	20	20	20	20	20	20	20	20	20	20	20	20	20	20	21	20
八宝山		20	20	20	20	20	20	20	20	20	20	20	20	20	20	20	20	20	20	20
玉泉路		20	20	20	20	20	20	20	20	20	20	20	20	20	20	20	20	20	20	20
五棵松		20	20	21	21	20	20	20	20	21	21	21	20	21	21	21	21	21	21	20
万寿路		20	20	20	20	20	20	20	20	20	21	20	20	20	20	20	20	20	20	20
公主坟		20	21	21	21	22	21	22	21	22	23	23	21	22	22	22	22	22	22	20
军事博物馆		20	20	20	20	20	20	20	21	20	20	20	22	23	20	23	23	23	20	20
木樨地		20	20	21	20	21	21	21	21	22	21	22	22	20	20	20	20	20	20	20
南礼士路		20	20	20	20	20	21	23	22	23	22	20	20	23	23	22	22	22	22	20
复兴门		20	20	20	20	20	21	21	21	23	23	22	22	23	22	22	22	22	23	20
西单		20	20	21	23	23	24	23	23	23	24	24	20	23	23	22	20	20	20	20
天安门西		20	20	20	23	23	21	23	22	23	22	22	22	22	22	22	22	22	22	20
天安门东		20	20	21	21	22	24	21	21	23	23	22	20	21	21	21	21	23	20	20
王府井		20	20	20	21	23	21	22	22	22	24	23	22	23	22	22	22	22	20	20
东单		20	20	22	22	22	22	21	22	22	22	22	21	22	22	22	22	22	20	20
建国门		20	20	23	21	22	22	22	22	21	21	22	21	22	21	21	21	21	20	20
永安里		20	20	24	22	23	22	21	22	21	21	21	21	21	22	20	21	20	20	20
国贸		20	21	24	22	23	22	22	22	22	22	20	20	20	21	20	21	20	20	20
大望路		20	21	25	25	24	22	22	22	22	21	21	21	20	20	20	20	20	20	20
四惠		20	23	25	25	24	22	22	22	22	21	21	21	21	20	20	20	20	20	20
四惠东		20	20	20	20	20	20	20	20	20	20	20	20	20	20	20	20	20	20	20

② 确定列车停站时间。

按照客流分布情况,同时考虑编图效率,将停站时间按照 5:00—8:00、8:00—20:00、20:00—24:00 划分为 3 个时段,各站各时段停站时间取该时段内停站时间最大值,如图 7-6 和图 7-7 所示。

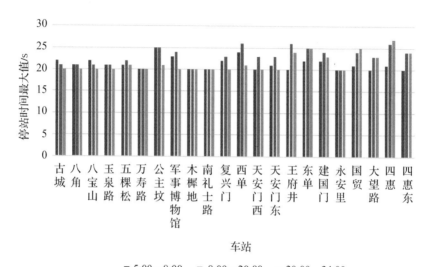

图 7-6 上行方向分时段列车停站时间最大值

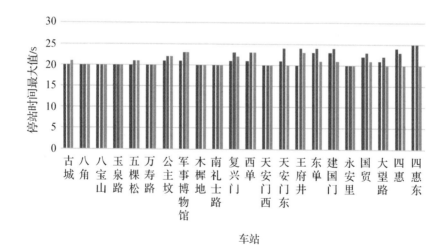

图 7-7 下行方向分时段列车停站时间最大值

2）形成列车运行方案

根据客流时空分布特征，结合车辆基地、线路配线条件和停站时间，采取列车不平衡运行、大小交路套跑等形式，制定全日列车运行方案，如表7-6所示。

表7-6　全日列车运行方案

时间	上行			下行			不平衡运行	多交路套跑
	断面	调整后间隔	调整后满载率	断面	调整后间隔	调整后满载率		
5:00—6:00	786	10min	9.2%	686	10min	8.0%		8:00—17:00，采取大小交路套跑方式，大交路为古城至四惠东，小交路为公主坟至四惠东。大交路间隔为10分，最大满载率为71%
6:00—7:00	2699	10min	31.5%	3507	10min	40.9%		
7:00—8:00	5930	7min	48.4%	6841	7min	55.9%		
8:00—9:00	8629	7min	70.5%	10499	6min30s	79.6%	√	
9:00—10:00	10932	6min15s	79.7%	11341	6min	79.4%	√	
10:00—11:00	10807	6min15s	78.8%	12226	5min30s	78.5%	√	
11:00—12:00	9509	7min	77.7%	11735	5min30s	75.3%	√	
12:00—13:00	8925	7min	72.9%	10847	6min15s	79.1%	√	
13:00—14:00	9389	7min	76.7%	10665	6min15s	77.8%	√	
14:00—15:00	9346	7min	76.4%	10702	6min15s	78.1%	√	
15:00—16:00	9614	7min	78.5%	9988	6min15s	72.9%	√	
16:00—17:00	11598	6min	81.2%	12540	5min30s	80.5%	√	
17:00—18:00	13730	5min	80.1%	12588	5min30s	80.8%	√	
18:00—19:00	11278	6min	79.0%	10598	6min15s	77.3%	√	
19:00—20:00	8546	7min	69.8%	8125	7min	66.4%		
20:00—21:00	7387	7min	60.4%	7292	7min	59.6%		
21:00—22:00	7580	7min	61.9%	7268	7min	59.4%		
22:00—23:00	6321	8min	59.0%	5780	9min	60.7%	√	
23:00—0:00	1521	10min	17.8%	1420	10min	16.6%		

3) 实施效果

双休日双超运行图实施效果如表7-7所示。

表7-7 双休日双超运行图实施效果

项目	调整前	调整后	备注
走行公里/车公里	117188	66482	下降43.2%
最小间隔/min	3	5	扩大2min
最大满载率/%	48	82	增加34%
上线车组数/组	40	23	减少17组
停站时间/s	795	502	减少293s
旅行速度/(km/h)	33.5	36.6	提高3.1km

运力与运量匹配效果如图7-8和图7-9所示。

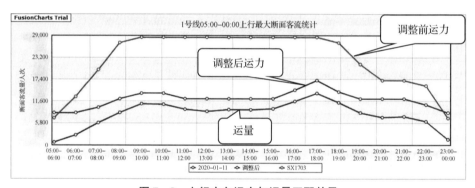

图7-8 上行方向运力与运量匹配效果

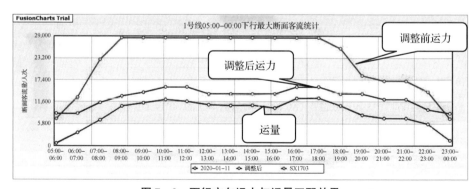

图7-9 下行方向运力与运量匹配效果

3. 工作日列车运行图编制方案

1）列车运行方案分析

以 2020 年 1 月 6 日（周一）为典型日，分析平日客流时空分布特征。日客运量 107.67 万人次。

（1）精准分析客流时间分布特征，确定上下行运行间隔，实现运力与运量精准匹配。

①客流时间分布规律。

上行方向（苹果园至四惠东），7:00—22:00 小时平均断面客流 15253 人，最大断面客流 38384 人（8:00—9:00，军事博物馆→木樨地）。7:00—9:00、18:00—19:00 的时间不均衡系数 >1.5，客流不均衡，早晚高峰客流集中；其余时段 <1.5，客流均衡，如图 7-10 所示。

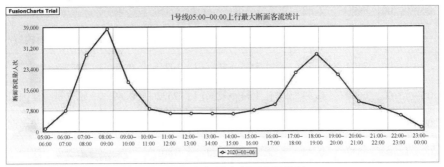

图 7-10　上行最大断面客流统计

下行方向（四惠东至苹果园），7:00—22:00 小时平均断面客流 15083 人，最大断面客流 37154 人（8:00—9:00，大望路→国贸）。7:00—10:00、18:00—19:00 时间不均衡系数 >1.5，客流不均衡，早晚高峰客流集中；其余时段 <1.5，客流均衡，如图 7-11 所示。

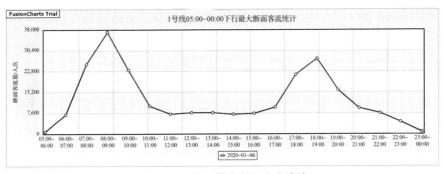

图 7-11　上行最大断面客流统计

分时双方向断面客流如表 7-8 所示。

表 7-8 分时双方向断面客流

时段	上行（西向东）			下行（东向西）		
	断面客流	时间不均衡系数	最大断面	断面客流	时间不均衡系数	最大断面
05:00—06:00	951	0.06	五棵松→万寿路	800	0.05	四惠→大望路
06:00—07:00	7818	0.51	万寿路→公主坟	7065	0.47	四惠→大望路
07:00—08:00	28525	1.87	万寿路→公主坟	25365	1.68	国贸→永安里
08:00—09:00	38384	2.52	军事博物馆→木樨地	37154	2.46	大望路→国贸
09:00—10:00	18410	1.21	建国门→永安里	23313	1.55	大望路→国贸
10:00—11:00	8404	0.55	南礼士路→复兴门	10248	0.68	国贸→永安里
11:00—12:00	6666	0.44	南礼士路→复兴门	7332	0.49	永安里→建国门
12:00—13:00	6650	0.44	南礼士路→复兴门	7800	0.52	永安里→建国门
13:00—14:00	6537	0.43	王府井→东单	7801	0.52	永安里→建国门
14:00—15:00	6439	0.42	建国门→永安里	7242	0.48	复兴门→南礼士路
15:00—16:00	7747	0.51	建国门→永安里	7555	0.50	复兴门→南礼士路
16:00—17:00	9928	0.65	建国门→永安里	9813	0.65	木樨地→军事博物馆
17:00—18:00	21772	1.43	永安里→国贸	21663	1.44	木樨地→军事博物馆
18:00—19:00	28741	1.88	国贸→大望路	27514	1.82	南礼士路→木樨地
19:00—20:00	20963	1.37	大望路→四惠	16146	1.07	木樨地→军事博物馆
20:00—21:00	10886	0.71	大望路→四惠	9570	0.63	南礼士路→木樨地
21:00—22:00	8751	0.57	大望路→四惠	7736	0.51	复兴门→南礼士路
22:00—23:00	5785	0.38	大望路→四惠	4552	0.30	南礼士路→木樨地
23:00—24:00	1284	0.08	国贸→大望路	954	0.06	公主坟→万寿路

②根据编制原则,上行 7:00—9:00、18:00—19:00 和下行 7:00—10:00、18:00—19:00,时间不均衡系数均大于 1.5,客流不均衡,为高峰时段,列车间隔按满载率 100% 进行计算。其他时段列车间隔按满载率 60% 进行计算。

③根据编制原则,城区线路 7:00—22:00 列车最大间隔不宜超过 7min,全天列车最大间隔不宜超过 10min。

综上,各时段按照满载率控制值,计算上下行列车间隔如表 7-9 和表 7-10 所示。

表 7-9 上行列车间隔计算过程表

时间	上行				
	断面/人次	计算满载率	计算间隔/min	换算间隔	调整后间隔
5:00—6:00	951	60%	54.06	54min4s	10min
6:00—7:00	7818	60%	6.58	6min35s	6min30s
7:00—8:00	28525	100%	3.00	3min1s	3min
8:00—9:00	38384	100%	2.23	2min14s	2min
9:00—10:00	18410	60%	2.79	2min48s	3min
10:00—11:00	8404	60%	6.12	6min8s	6min
11:00—12:00	6666	60%	7.71	7min43s	7min
12:00—13:00	6650	60%	7.73	7min44s	7min
13:00—14:00	6537	60%	7.86	7min52s	7min
14:00—15:00	6439	60%	7.98	7min60s	7min
15:00—16:00	7747	60%	6.64	6min39s	6min30s
16:00—17:00	9928	60%	5.18	5min11s	5min
17:00—18:00	21772	60%	2.36	2min22s	3min
18:00—19:00	28741	100%	2.98	2min59s	3min
19:00—20:00	20963	60%	2.45	2min28s	3min

(续表)

时间	上行				
	断面/人次	计算满载率	计算间隔/min	换算间隔	调整后间隔
20:00—21:00	10886	60%	4.72	4min44s	5min
21:00—22:00	8751	60%	5.87	5min53s	6min
22:00—23:00	5785	60%	8.89	8min54s	9min
23:00—24:00	1284	60%	40.04	40min3s	10min

表 7-10 下行列车间隔计算过程表

时间	下行				
	断面/人次	计算满载率	计算间隔/min	换算间隔	调整后间隔
5:00—6:00	800	60%	64.26	64min16s	10min
6:00—7:00	7065	60%	7.28	7min17s	7min
7:00—8:00	25365	100%	3.38	3min23s	3min
8:00—9:00	37154	100%	2.31	2min19s	2min
9:00—10:00	23313	100%	3.68	3min41s	3min30s
10:00—11:00	10248	60%	5.02	5min1s	5min
11:00—12:00	7332	60%	7.01	7min1s	7min
12:00—13:00	7800	60%	6.59	6min36s	7min
13:00—14:00	7801	60%	6.59	6min36s	7min
14:00—15:00	7242	60%	7.10	7min6s	7min
15:00—16:00	7555	60%	6.80	6min49s	7min
16:00—17:00	9813	60%	5.24	5min15s	5min15s
17:00—18:00	21663	60%	2.37	2min23s	3min
18:00—19:00	27514	100%	3.11	3min7s	3min

(续表)

时间	下行				
	断面/人次	计算满载率	计算间隔/min	换算间隔	调整后间隔
19:00—20:00	16146	60%	3.18	3min12s	3min
20:00—21:00	9570	60%	5.37	5min23s	5min15s
21:00—22:00	7736	60%	6.65	6min39s	6min30s
22:00—23:00	4552	60%	11.29	11min18s	10min
23:00—0:00	954	60%	53.89	53min54s	10min

（2）精准分析客流空间分布特征，运用线路资源，确定运行交路、列车出入段和停放布局。

①客流空间分布规律。

通过对1号线上下行各断面各时段断面不均衡系数进行计算，双方向断面不均衡系数如图7-12所示。

在图7-12中，不均衡系数大于或等于1.5的时段和区段，可以开行小交路列车；不均衡系数大于或等于1小于1.5的时段和区段，该范围内的车站不适宜作为小交路列车的折返点。小交路列车的折返点应尽可能位于断面不均衡系数小于1的站点。

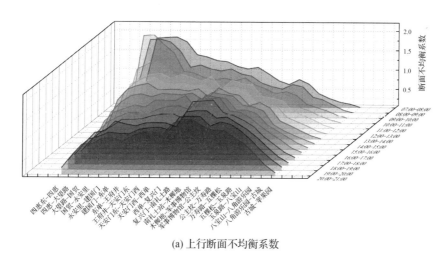

(a) 上行断面不均衡系数

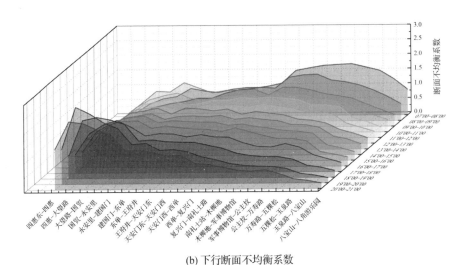

(b) 下行断面不均衡系数

图 7-12　1 号线工作日双方向断面不均衡系数（见彩图）

② 根据断面不均衡系数，结合配线条件，部分时段采取大小交路套跑运行等方式。具体分析如下。

7:00—11:00，线路双方向断面不均衡系数大于 1.5，由于下行方向断面不均衡系数更高，因此下行方向选择小交路开行区段；根据客流条件和线路条件，下行方向小交路区段应为四惠东至公主坟。

由于 7:00—8:00 公主坟站处于上行方向客流高断面位置，之后客流逐步降低，小交路列车折返后不能发挥作用，还扩大了上行方向公主坟以西客流高断面的行车间隔，因此不采取大小交路套跑方式；8:00—11:00 按照 2∶1 采取大小交路套跑方式运行，小交路为四惠东至公主坟，如图 7-13 所示。

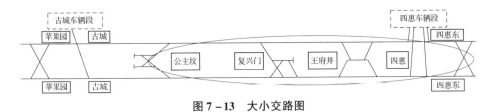

图 7-13　大小交路图

11:00—17:00，线路断面分布较为均衡且列车间隔较大，不适宜采用大小交路套跑。

17:00—21:00，线路断面不均衡系数大于 1.5，具备采取大小交路套跑的客流条件。但由于晚间乘客以出城返家为主,小交路折返点位于不均衡系数大于1的断面区段,列车清人将会造成乘客出行时间延长、服务水平下降,因此不采取大小交路套跑方式。

苹果园站封站改造,古城站后设有复式交分道岔,可用于列车折返。根据信号系统能力测算,当列车间隔大于4min时,列车可在古城站折返,因此高峰时段交路为苹果园至四惠东,其他时段交路为古城至四惠东。

③结合古城、四惠车辆基地的位置及功能,按照就近原则,合理停放列车和投入运营。最大上线车组数为59组,其中古城车辆基地为33组,四惠车辆基地为26组。

(a) 为满足双方向列车首末车时间和一定的行车间隔,从首班车至6:00,古城车辆基地和四惠车辆基地分别按照10min间隔出车。

(b) 6:00—21:00,根据上下行方向客流时空分布特征,贴合客流就近安排列车出入车辆基地。根据满载率控制标准确定列车运行间隔。

6:00—7:00,下行方向客流量比上行方向客流量大,采取不平衡列车运行方式,上行间隔7min,下行间隔6min 30s。

7:00—9:00,双向客流断面值较为均衡,采用统一间隔运行。

9:00—11:00,下行方向客流量比上行方向客流量大,采取不平衡列车运行方式后部分列车回古城车辆基地。

11:00—15:00,双向客流断面值较为均衡,采用统一间隔运行。

15:00—17:00,上行方向客流量比下行方向客流量大,采取不平衡列车运行方式,列车多从古城车辆基地出车。

17:00—20:00,双向客流断面值较为均衡,采用统一间隔运行。

20:00—22:00,上行方向客流量比下行方向客流量大,采取不平衡列车运行方式后部分列车回四惠车辆基地。

(c) 22:00以后至末班车,根据古城和四惠停车列位数量、车辆检修和次日运营需要,安排列车分别回两个车辆基地,保证列车间隔不超过10min。

(3) 精准分析乘降客流,确定列车停站时间。

①测算列车停站时间。

按照各时段双方向上下车人数计算乘客有效乘降时间,并根据乘客有效乘降时间的上下限进行修正;同时考虑列车在站作业时间,测算各时段各车站双方向列车停站时间,如表7-11和表7-12所示。

表 7-11 上行方向列车停站时间

车站	方向	05:00-06:00	06:00-07:00	07:00-08:00	08:00-09:00	09:00-10:00	10:00-11:00	11:00-12:00	12:00-13:00	13:00-14:00	14:00-15:00	15:00-16:00	16:00-17:00	17:00-18:00	18:00-19:00	19:00-20:00	20:00-21:00	21:00-22:00	22:00-23:00	23:00-24:00
古城	上行	20	20	22	20	20	20	20	20	20	20	20	20	20	20	20	20	20	20	20
八角		20	20	21	20	20	20	20	20	20	20	20	20	20	20	20	20	20	20	20
八宝山		20	20	23	20	20	20	20	20	20	20	20	20	20	20	20	20	20	20	20
玉泉路		20	20	22	20	20	20	20	20	20	20	20	20	20	20	20	20	20	20	20
五棵松		20	20	21	20	20	20	21	20	20	20	21	20	20	20	20	20	20	20	20
万寿路		20	20	20	20	20	20	20	20	20	20	20	20	20	20	20	20	20	20	20
公主坟		20	20	27	24	20	20	20	20	20	20	20	20	20	20	20	20	20	20	20
军事博物馆		20	20	23	22	20	21	20	21	20	21	21	20	21	20	20	20	20	20	20
木樨地		20	20	23	20	20	20	20	20	20	20	20	20	20	20	20	20	20	20	20
南礼士路		20	20	20	20	20	20	20	20	20	20	20	20	20	20	20	20	20	20	20
复兴门		20	20	22	21	21	21	21	21	21	21	21	20	21	21	20	20	20	20	20
西单		20	20	21	20	20	20	20	20	20	20	20	20	20	22	20	20	20	20	20
天安门西		20	20	20	20	21	21	20	20	20	20	20	21	22	24	21	20	20	20	20
天安门东		20	20	20	22	22	20	20	20	20	20	20	21	23	20	21	20	20	21	20
王府井		20	20	20	20	20	20	20	20	20	20	20	21	23	25	21	21	21	20	20
东单		20	20	20	21	21	21	20	20	21	21	22	20	20	22	20	20	20	20	20
建国门		20	20	20	22	22	20	20	20	20	20	20	20	22	30	24	23	23	23	20
永安里		20	20	20	20	20	20	20	20	20	20	20	20	22	22	20	24	20	20	20
国贸		20	20	20	20	20	20	20	20	20	20	20	20	21	21	21	21	20	21	20
大望路		20	20	20	20	20	20	20	20	20	20	20	20	22	30	24	23	23	23	20
四惠		20	20	20	20	20	20	20	20	20	20	20	20	21	22	23	24	23	23	20
四惠东		20	20	20	20	20	20	20	20	20	20	20	20	21	22	23	24	23	23	20

表 7-12 下行方向列车停站时间

车站	方向	05:00-06:00	06:00-07:00	07:00-08:00	08:00-09:00	09:00-10:00	10:00-11:00	11:00-12:00	12:00-13:00	13:00-14:00	14:00-15:00	15:00-16:00	16:00-17:00	17:00-18:00	18:00-19:00	19:00-20:00	20:00-21:00	21:00-22:00	22:00-23:00	23:00-24:00
古城	下行	20	20	20	20	20	20	20	20	20	20	20	20	20	20	20	20	20	20	20
八角		20	20	20	20	20	20	20	20	20	20	20	20	20	20	20	20	20	20	20
八宝山		20	20	20	20	20	20	20	20	20	20	20	20	20	20	20	20	20	20	20
玉泉路		20	20	20	20	20	20	20	20	21	20	20	20	20	20	20	20	20	20	20
五棵松		20	20	20	20	20	20	20	20	20	20	20	20	20	20	20	20	20	20	20
万寿路		20	20	21	20	20	20	20	22	20	21	21	20	22	25	21	21	21	20	20
公主坟		20	20	20	20	20	20	21	20	20	20	20	20	22	24	20	20	20	20	20
军事博物馆		20	20	20	20	20	20	20	20	21	21	21	21	20	20	20	20	20	20	20
木樨地		20	20	20	20	20	20	20	22	20	20	20	20	22	23	20	20	20	20	20
南礼士路		20	20	20	20	20	20	20	20	20	20	21	20	20	21	20	20	20	20	20
复兴门		20	20	21	20	20	20	20	20	21	20	20	20	20	20	20	20	20	20	20
西单		20	20	20	20	21	20	20	20	22	20	20	20	20	20	20	20	20	20	20
天安门西		20	20	20	21	23	20	20	22	21	20	20	20	21	23	20	20	20	20	20
天安门东		20	20	22	23	21	22	21	22	22	21	20	20	20	23	20	20	20	20	20
王府井		20	20	23	23	24	21	21	21	21	21	20	20	21	21	20	20	20	20	20
东单		20	20	21	22	23	20	20	20	22	21	20	20	20	20	20	20	20	20	20
建国门		20	20	23	26	32	23	23	23	22	21	20	20	20	20	20	20	20	20	20
永安里		20	20	29	22	23	23	23	22	21	21	20	20	20	21	20	20	20	20	20
国贸		20	20	21	26	32	21	21	20	21	20	20	20	20	20	20	20	20	20	20
大望路		20	20	29	26	23	23	23	23	22	21	20	20	20	20	20	20	20	20	20
四惠		20	26	23	23	20	20	20	20	20	20	20	20	20	20	20	20	20	20	20
四惠东		20	20	20	20	20	20	20	20	20	20	20	20	20	20	20	20	20	20	20

②确定列车停站时间。

按照客流分布情况,同时考虑编图效率,将停站时间的标尺时段划分为 7:00—10:00、18:00—19:00、其他时段 3 个时段,各站各时段停站时间取该时段内停站时间最大值,如图 7-14 和图 7-15 所示。

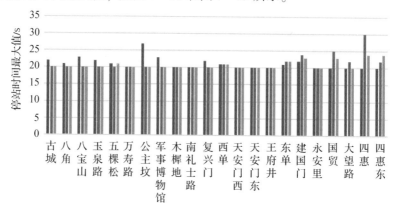

图 7-14　上行方向分时段列车停站时间最大值

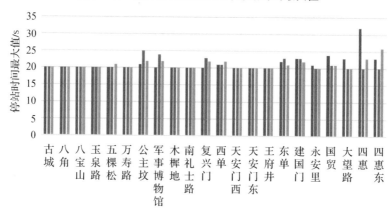

图 7-15　下行方向分时段列车停站时间最大值

2) 形成列车运行方案

根据客流时空分布特征,结合车辆基地、线路配线条件和停站时间,采取列车不平衡运行、大小交路套跑等形式,制定全日列车运行方案,如表 7-13 所示。

表 7-13 全日列车运行方案

时间	上行			下行			不平衡运行	多交路套跑
	断面	调整后间隔	调整后满载率	断面	调整后间隔	调整后满载率		
5:00—6:00	951	10min	11.1%	800	10min	9.3%		
6:00—7:00	7818	6min30s	59.3%	7065	7min	57.7%	√	
7:00—8:00	28525	3min	99.9%	25365	3min	88.8%		
8:00—9:00	38384	2min	89.6%	37154	2min	86.7%		
9:00—10:00	18410	3min	64.5%	23313	3min30s	95.2%		
10:00—11:00	8404	6min	58.9%	10248	5min	59.8%	√	8:00—11:00，采取大小交路套跑方式，小交路为公主坟至四惠东，大交路间隔为10min
11:00—12:00	6666	7min	54.5%	7332	7min	59.9%		
12:00—13:00	6650	7min	54.3%	7800	7min	63.7%		
13:00—14:00	6537	7min	53.4%	7801	7min	63.7%		
14:00—15:00	6439	7min	52.6%	7242	7min	59.2%		
15:00—16:00	7747	6min30s	58.8%	7555	7min	61.7%	√	
16:00—17:00	9928	5min	57.9%	9813	5min15s	60.1%	√	
17:00—18:00	21772	3min	76.2%	21663	3min	75.9%		
18:00—19:00	28741	3min	100.6%	27514	3min	96.3%		
19:00—20:00	20963	3min	73.4%	16146	3min	56.5%		
20:00—21:00	10886	5min	63.5%	9570	5min15s	58.6%	√	
21:00—22:00	8751	6min	61.3%	7736	6min30s	58.7%	√	
22:00—23:00	5785	9min	60.8%	4552	10min	53.1%	√	
23:00—24:00	1284	10min	15.0%	954	10min	11.1%		

3）实施效果

工作日双超运行图实施效果如表 7-14 所示。

表 7-14 工作日双超运行图实施效果

项目	调整前	调整后	备注
走行公里/车公里	131381	92130	下降 29.8%
最小间隔	1min 45s	2min	扩大 15s
最大满载率/%	87	100	增加 13%
上线车组数/组	62	59	减少 3 组
停站时间/s	754	532	减少 222s
旅行速度/（km/h）	33.7	36.1	提高 2.4km

运力与运量匹配效果如图 7-16 和图 7-17 所示。

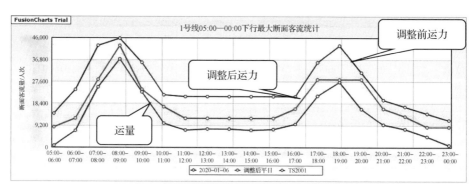

图 7-16 上行方向运力与运量匹配效果

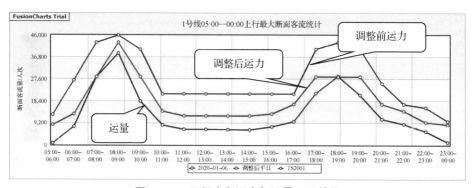

图 7-17 下行方向运力与运量匹配效果

7.3.2 地铁 5 号线

1. 线路及设备设施情况

地铁 5 号线为南北走向主干线路，北起天通苑北，南至宋家庄，正线全长 28km，设车站 23 座，换乘站 10 座。线路在天通苑北、大屯路东、和平里北街、天坛东门、宋家庄设配线，可供折返使用。信号系统为准移动闭塞，系统最大行车能力为 2min。

设车辆基地 2 座，太平庄车辆段 48 列位，宋家庄停车场 11 列位，分别位于线路北南两端；同时借用宋家庄停车场亦庄线 5 列位存放 5 号线列车。配属列车 61 组。列车为 6 节编组，定员 1424 人。

2. 双休日列车运行图编制方案

1）列车运行方案分析

以 2020 年 1 月 11 日（周六）为典型日，分析双休日客流时空分布特征。从客运量数量看，日客运量为 70.41 万人次，约为工作日客运量（108.21 万人次）的 65%。

（1）精准分析客流时间分布特征，确定上下行运行间隔，实现运力与运量精准匹配。

①客流时间分布规律。

上行方向（宋家庄至天通苑北），7:00—22:00 小时平均断面客流 10304 人，最大断面客流 14101 人（18:00—19:00，惠新西街南口→惠新西街北口）。各时段时间不均衡系数 <1.5，全天无明显高峰时段，客流较为均衡，如图 7-18 所示。

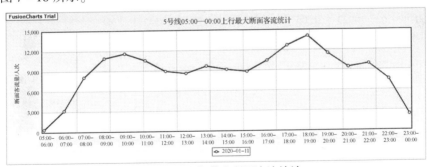

图 7-18 上行最大断面客流统计

下行方向（天通苑北至宋家庄），7:00—22:00 小时平均断面客流 10257 人，最大断面客流 14542 人（8:00—9:00，大屯路东→惠新西街北口）。各时段时间不均衡系数<1.5，全天无明显高峰时段，客流较为均衡，如图 7-19 所示。

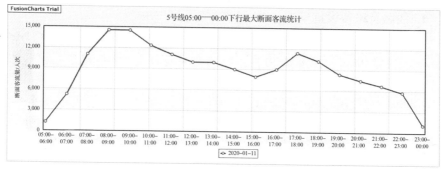

图 7-19　下行最大断面客流统计

分时双方向断面客流如表 7-15 所示。

表 7-15　分时双方向断面客流

时段	上行（南向北）			下行（北向南）		
	断面客流	时间不均衡系数	最大断面	断面客流	时间不均衡系数	最大断面
05:00—06:00	390	0.04	雍和宫→和平里北街	1260	0.12	天通苑南→立水桥
06:00—07:00	3164	0.31	磁器口→崇文门	5248	0.51	北苑路北→大屯路东
07:00—08:00	8113	0.79	磁器口→崇文门	11070	1.08	大屯路东→惠新西街北口
08:00—09:00	10923	1.06	磁器口→崇文门	14542	1.42	大屯路东→惠新西街北口
09:00—10:00	11603	1.13	磁器口→崇文门	14515	1.42	惠新西街北口→惠新西街南口
10:00—11:00	10589	1.03	磁器口→崇文门	12384	1.21	惠新西街北口→惠新西街南口
11:00—12:00	8947	0.87	磁器口→崇文门	11064	1.08	惠新西街北口→惠新西街南口
12:00—13:00	8606	0.84	磁器口→崇文门	10005	0.98	大屯路东→惠新西街北口

(续表)

时段	上行（南向北）			下行（北向南）		
	断面客流	时间不均衡系数	最大断面	断面客流	时间不均衡系数	最大断面
13:00—14:00	9676	0.94	磁器口→崇文门	9988	0.97	惠新西街北口→惠新西街南口
14:00—15:00	9171	0.89	磁器口→崇文门	9001	0.88	惠新西街北口→惠新西街南口
15:00—16:00	8833	0.86	灯市口→东四	7956	0.78	崇文门→磁器口
16:00—17:00	10456	1.01	惠新西街南口→惠新西街北口	9022	0.88	崇文门→磁器口
17:00—18:00	12665	1.23	惠新西街南口→惠新西街北口	11417	1.11	崇文门→磁器口
18:00—19:00	14101	1.37	惠新西街南口→惠新西街北口	10266	1.00	崇文门→磁器口
19:00—20:00	11492	1.12	惠新西街北口→大屯路东	8382	0.82	崇文门→磁器口
20:00—21:00	9447	0.92	惠新西街南口→惠新西街北口	7506	0.73	崇文门→磁器口
21:00—22:00	9947	0.97	惠新西街南口→惠新西街北口	6738	0.66	崇文门→磁器口
22:00—23:00	7638	0.74	惠新西街北口→大屯路东	5822	0.57	崇文门→磁器口
23:00—24:00	2401	0.23	北苑路北→立水桥南	1090	0.11	崇文门→磁器口

②根据编制原则，时间不均衡系数均小于1.5，客流较为均衡，7:00—22:00高峰时段，列车间隔按满载率80%进行计算。其他时段列车间隔按满载率60%进行计算。

③根据编制原则，城区线路7:00—22:00列车最大间隔不宜超过7min，全天列车最大间隔不宜超过10min。

综上,各时段按照满载率控制值,计算上下行列车间隔,如表 7-16 和表 7-17 所列。

表 7-16 上行列车间隔计算过程表

时间	上行				
	断面/人次	计算满载率	计算间隔/min	换算间隔	调整后间隔
5:00—6:00	390	60%	131.82	131min49s	10min
6:00—7:00	3164	60%	16.25	16min15s	10min
7:00—8:00	8113	80%	8.45	8min27s	7min
8:00—9:00	10923	80%	6.28	6min17s	6min15s
9:00—10:00	11603	80%	5.91	5min55s	6min
10:00—11:00	10589	80%	6.47	6min29s	6min30s
11:00—12:00	8947	80%	7.66	7min40s	7min
12:00—13:00	8606	80%	7.96	7min58s	7min
13:00—14:00	9676	80%	7.08	7min6s	7min
14:00—15:00	9171	80%	7.47	7min29s	7min
15:00—16:00	8833	80%	7.76	7min46s	7min
16:00—17:00	10456	80%	6.56	6min34s	6min30s
17:00—18:00	12665	80%	5.41	5min25s	5min30s
18:00—19:00	14101	80%	4.86	4min52s	5min
19:00—20:00	11492	80%	5.96	5min58s	6min
20:00—21:00	9447	80%	7.26	7min16s	7min
21:00—22:00	9947	80%	6.89	6min54s	7min
22:00—23:00	7638	60%	6.73	6min44s	7min
23:00—0:00	2401	60%	21.41	21min25s	10min

表 7-17 下行列车间隔计算过程表

时间	下行				
	断面/人次	计算满载率	计算间隔/min	换算间隔	调整后间隔
5:00—6:00	1260	60%	40.80	40min48s	10min
6:00—7:00	5248	60%	9.80	9min48s	10min

(续表)

时间	下行				
	断面/人次	计算满载率	计算间隔/min	换算间隔	调整后间隔
7:00—8:00	11070	80%	6.19	6min12s	6min
8:00—9:00	14542	80%	4.71	4min43s	4min45s
9:00—10:00	14515	80%	4.72	4min44s	4min45s
10:00—11:00	12384	80%	5.53	5min33s	5min30s
11:00—12:00	11064	80%	6.20	6min12s	6min
12:00—13:00	10005	80%	6.85	6min52s	7min
13:00—14:00	9988	80%	6.86	6min52s	7min
14:00—15:00	9001	80%	7.62	7min37s	7min
15:00—16:00	7956	80%	8.62	8min37s	7min
16:00—17:00	9022	80%	7.60	7min36s	7min
17:00—18:00	11417	80%	6.00	6min1s	6min
18:00—19:00	10266	80%	6.68	6min41s	6min
19:00—20:00	8382	80%	8.18	8min11s	7min
20:00—21:00	7506	80%	9.13	9min8s	7min
21:00—22:00	6738	80%	10.17	10min11s	7min
22:00—23:00	5822	60%	8.83	8min50s	8min
23:00—0:00	1090	60%	47.16	47min10s	10min

（2）精准分析客流空间分布特征，运用线路资源，确定运行交路、列车出入段和停放布局。

①客流空间分布规律。

通过对5号线上下行各断面各时段断面不均衡系数进行计算，双方向断面不均衡系数如图7-20所示。

在图7-21中，不均衡系数大于或等于1.5的时段和区段，可以开行小交路列车；不均衡系数大于或等于1、小于1.5的时段和区段，该范围内的车站不适宜作为小交路列车的折返点。小交路列车的折返点应尽可能位于断面不均衡系数小于1的站点。

②根据断面不均衡系数及上下行最大断面位置，结合配线条件，不采取大小交路套跑运行方式。具体分析如下。

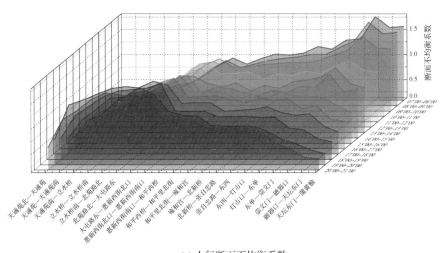

(a) 上行断面不均衡系数

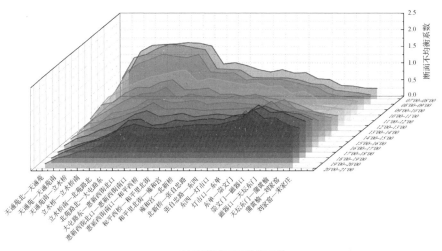

(b) 下行断面不均衡系数

图 7-20　5 号线双休日断面不均衡系数（见彩图）

图 7-21　大小交路图

7:00—11:00，线路双方向断面不均衡系数大于1.5，由于下行方向断面不均衡系数更高，因此下行方向选择小交路开行区段；根据客流条件和线路条件，下行方向小交路区段应为天通苑北至天坛东门。

但由于小交路列车折返点天坛东门在上行方向客流高断面位置，之后客流逐步降低，小交路列车折返后不能发挥作用，还扩大了上行方向客流高断面的行车间隔，因此不采取大小交路套跑方式。

11:00—17:00，线路断面分布较为均衡且列车间隔较大，不适宜采用大小交路套跑。

17:00—21:00 线路断面不均衡系数大于1.5，具备采取大小交路套跑的客流条件。但由于晚间乘客以出城返家为主，小交路折返点位于不均衡系数大于1的断面区段，列车清人将会造成乘客出行时间延长、服务水平下降，因此不采取大小交路套跑方式。

③结合太平庄、宋家庄车辆基地的位置及功能，按照就近原则，合理停放列车和投入运营，根据上下行断面差异，采用双向不均衡列车运行方式。

（a）为满足双方向列车首末车时间和一定的行车间隔，从首班车至6:00，太平庄车辆基地和宋家庄车辆基地分别按照10min间隔出车，6:00—7:00，列车运行间隔10min。

（b）7:00—22:00，根据上下行方向客流时空分布特征，贴合客流就近安排列车出入车辆基地。根据满载率控制标准确定列车运行间隔。

7:00—12:00，下行方向客流量比上行方向客流量大，采取不平衡列车运行方式后部分列车回宋家庄车辆基地。

16:00—19:00，上行方向客流量比下行方向客流量大，采取不平衡列车运行方式后部分列车回太平庄车辆基地。

（c）22:00以后至末班车，根据太平庄和宋家庄停车列位数量、车辆检修和次日运营需要，安排列车分别回两个车辆基地，保证列车间隔不超过10min。

（3）精准分析乘降客流，确定列车停站时间。

①测算列车停站时间。

按照各时段双方向上下车人数计算乘客有效乘降时间，并根据乘客有效乘降时间的上下限进行修正；同时考虑列车在站作业时间，测算各时段各车站双方向列车停站时间，如表7-18和表7-19所示。

表 7-18 上行方向列车停站时间

方向	车站	05:00-06:00	06:00-07:00	07:00-08:00	08:00-09:00	09:00-10:00	10:00-11:00	11:00-12:00	12:00-13:00	13:00-14:00	14:00-15:00	15:00-16:00	16:00-17:00	17:00-18:00	18:00-19:00	19:00-20:00	20:00-21:00	21:00-22:00	22:00-23:00	23:00-24:00
上行	天通苑北	20	20	20	20	20	20	20	20	20	20	20	20	20	23	26	24	23	24	20
	天通苑	20	20	20	20	20	20	20	20	20	20	20	20	20	22	24	24	24	25	20
	天通苑南	20	20	20	20	20	20	20	20	20	20	20	20	20	20	21	20	20	20	20
	立水桥	20	20	20	20	20	20	20	20	20	20	20	20	20	20	20	20	20	20	20
	立水桥南	20	20	20	20	20	20	20	20	20	20	20	20	20	20	20	23	20	20	20
	北苑路北	20	20	20	20	20	20	20	20	20	21	20	21	20	22	23	23	23	22	20
	大屯路东	20	20	20	20	20	20	20	20	20	20	20	20	20	20	20	20	20	20	20
	惠新西街北口	20	20	21	22	21	21	21	21	22	22	22	22	23	26	27	25	26	24	20
	惠新西街南口	20	20	20	20	20	20	20	20	20	20	20	20	20	20	20	20	20	20	20
	和平西桥	20	20	20	20	20	20	20	20	20	20	20	20	20	20	20	20	20	20	20
	和平里北街	20	20	20	20	20	20	20	20	20	20	20	20	20	20	21	20	20	20	20
	雍和宫	20	20	20	21	21	21	21	21	21	21	21	21	21	22	22	22	22	20	20
	北新桥	20	20	20	20	20	20	20	20	20	20	20	20	20	22	22	22	22	20	20
	张自忠路	20	20	20	20	20	20	20	20	20	20	20	20	20	22	22	21	20	20	20
	东四	20	20	20	20	20	20	20	20	20	20	20	20	20	22	22	22	22	20	20
	灯市口	20	20	22	21	21	21	22	22	22	22	23	22	22	22	22	22	22	21	20
	东单	20	20	22	23	23	22	23	23	24	24	24	22	22	22	22	21	20	20	20
	崇文门	20	21	25	24	23	22	23	23	24	24	20	22	22	22	22	20	20	20	20
	磁器口	20	20	20	20	20	20	20	20	20	20	20	20	20	20	20	20	20	20	20
	天坛东门	20	20	20	20	20	20	20	20	20	20	20	20	20	20	20	20	20	20	20
	蒲黄榆	20	20	20	20	20	20	20	20	20	20	20	20	20	20	20	20	20	20	20
	刘家窑	20	20	20	20	20	20	20	23	23	22	22	20	20	21	20	20	20	20	20
	宋家庄	20	24	28	28	25	24	24	23	23	22	22	20	20	20	20	20	20	20	20

表 7-19 下行方向列车停站时间

方向	车站	05:00-06:00	06:00-07:00	07:00-08:00	08:00-09:00	09:00-10:00	10:00-11:00	11:00-12:00	12:00-13:00	13:00-14:00	14:00-15:00	15:00-16:00	16:00-17:00	17:00-18:00	18:00-19:00	19:00-20:00	20:00-21:00	21:00-22:00	22:00-23:00	23:00-24:00
	天通苑北	20	20	20	20	20	20	20	20	20	20	20	20	20	23	26	24	23	24	20
	天通苑	20	20	20	20	20	20	20	20	20	20	20	20	20	22	24	24	24	25	20
	天通苑南	20	20	20	20	20	20	20	20	20	20	20	20	20	20	21	20	20	20	20
	立水桥	20	20	20	20	20	20	20	20	20	20	20	20	20	20	20	20	20	20	20
	北苑路北	20	20	20	20	20	20	20	20	20	21	21	21	20	20	20	23	23	20	20
	大屯路东	20	20	20	20	20	20	20	20	20	20	20	20	20	22	23	20	20	20	20
	惠新西街北口	20	20	20	22	21	21	21	21	22	22	22	22	23	20	20	20	20	20	20
上行	惠新西街南口	20	20	20	20	20	20	20	20	20	20	20	20	20	26	27	25	26	24	20
	和平西桥	20	20	20	20	20	20	20	20	20	20	20	20	20	20	20	20	20	20	20
	和平里北街	20	20	20	20	20	20	20	20	20	20	20	20	20	20	21	20	20	20	20
	雍和宫	20	20	20	20	20	20	20	20	20	20	20	20	20	20	20	20	20	20	20
	北新桥	20	20	20	21	20	20	20	20	20	20	20	20	20	20	20	20	20	20	20
	张自忠路	20	20	20	21	20	20	20	20	20	20	20	20	20	20	20	20	20	20	20
	东四	20	20	20	21	21	21	20	20	20	20	20	20	20	20	20	20	22	20	20
	灯市口	20	20	20	20	20	20	20	20	20	20	20	20	20	20	20	20	20	20	20
	东单	20	20	22	22	22	22	22	22	22	22	23	22	22	22	22	22	22	21	20
	崇文门	20	20	22	21	23	22	23	23	24	24	24	22	22	22	22	21	20	20	20
	磁器口	20	21	25	24	23	22	23	23	24	24	24	22	22	22	22	20	20	20	20
	天坛东门	20	20	20	20	20	20	20	20	20	20	20	20	20	20	20	20	20	20	20
	蒲黄榆	20	20	20	20	20	20	20	23	23	22	22	20	20	20	20	20	20	20	20
	刘家窑	20	20	20	20	20	20	20	20	20	20	20	20	20	20	20	20	20	20	20
	朱家庄	20	24	28	28	25	24	24	24	23	22	22	20	20	21	20	20	20	20	20

②确定列车停站时间。

按照客流分布情况，同时考虑编图效率，将停站时间上行方向按照5:00—8:00、8:00—22:00、22:00—24:00 三个时段设置；下行方向按照5:00—7:00、7:00—19:00、19:00—24:00 三个时段设置，各站各时段停站时间取该时段内停站时间最大值，如图7-22和图7-23所示。

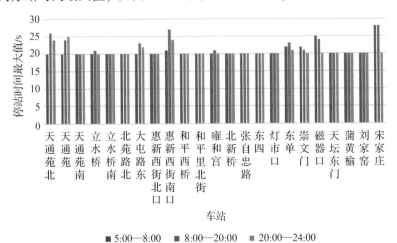

图7-22 上行方向分时段列车停站时间最大值

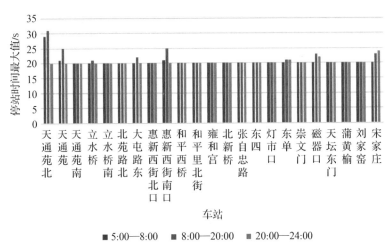

图7-23 下行方向分时段列车停站时间最大值

2）形成列车运行方案

根据客流时空分布特征，结合车辆基地、线路配线条件和停站时间，采取列车不平衡运行方式，制定全日列车运行方案，如表7-20所示。

表 7-20 全日列车运行方案

时间	上行			下行			不平衡运行
	断面	调整后间隔	调整后满载率	断面	调整后间隔	调整后满载率	
5:00—6:00	390	10min	4.6%	1260	10min	14.7%	
6:00—7:00	3164	10min	36.9%	5248	10min	61.3%	
7:00—8:00	8113	7min	66.3%	11070	6min	77.5%	√
8:00—9:00	10923	6min15s	79.7%	14542	4min45s	80.6%	√
9:00—10:00	11603	6min	81.3%	14515	4min45s	80.5%	√
10:00—11:00	10589	6min30s	80.3%	12384	5min30s	79.5%	√
11:00—12:00	8947	7min	73.1%	11064	6min	77.5%	√
12:00—13:00	8606	7min	70.3%	10005	7min	81.7%	
13:00—14:00	9676	7min	79.1%	9988	7min	81.6%	
14:00—15:00	9171	7min	74.9%	9001	7min	73.5%	
15:00—16:00	8833	7min	72.2%	7956	7min	65.0%	
16:00—17:00	10456	6min30s	79.3%	9022	7min	73.7%	√
17:00—18:00	12665	5min30s	81.3%	11417	6min	80.0%	√
18:00—19:00	14101	5min	82.3%	10266	6min	71.9%	√
19:00~20:00	11492	6min	80.5%	8382	7min	68.5%	√
20:00—21:00	9447	7min	77.2%	7506	7min	61.3%	
21:00—22:00	9947	7min	81.3%	6738	7min	55.0%	
22:00—23:00	7638	7min	62.4%	5822	8min	54.4%	√
23:00—0:00	2401	10min	28.0%	1090	10min	12.7%	

3) 实施效果

双休日双超运行图实施效果如表 7-21 所示。

表7-21 双休日双超运行图实施效果

项目	调整前	调整后	备注
走行公里/车公里	78288	57120	下降27%
最小间隔	4min	4min45s	扩大45s
最大满载率/%	70	82	增加12%
上线车组数/组	28	22	减少6组
停站时间/s	825	498	减少327s
旅行速度/（km/h）	32.5	35.7	提高3.2km

运力与运量匹配效果如图7-24和图7-25所示。

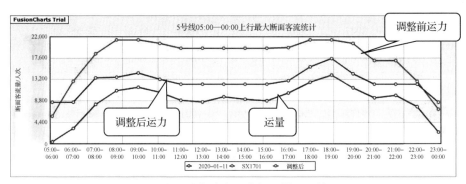

图7-24 上行方向运力与运量匹配效果

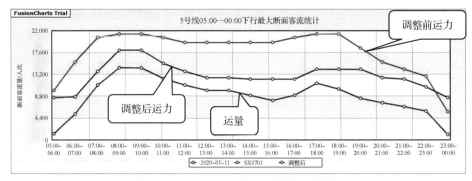

图7-25 上行方向运力与运量匹配效果

7.4 小结

从 2020 年 3 月 24 日八通线、昌平线 2 条线先行先试，到 3 月 31 日 5 号线、6 号线、13 号线、15 号线 4 条线同步铺开，之后分别于 4 月 8 日、4 月 15 日、4 月 22 日推出 8 号线、9 号线、房山线、亦庄线、1 号线、7 号线、10 号线等 7 条线路，圆满完成了 13 条线路超常超强列车运行图的编制和实施，实现了多、快、好、省的综合成效。

1）网络运输效能大幅提升

在不增加任何资源投入的前提下，通过一系列创新举措，突破了线路原有的设计最大运输能力，10 条线路跑进 2min 间隔，其中 1 号线、5 号线、9 号线、10 号线最小运行间隔达到 1min 45s，最大运力提升达到 83.3%，如表 7-22 所示。

表 7-22 网络运输效能提升情况

实施时间	线别	原最小行车间隔	现最小行车间隔	运力提升%
3月24日	八通线	2min50s	2min	41.7%
	昌平线	3min40s	2min	83.3%
3月31日	5号线	2min	1min45s	14.3%
	6号线	2min30s	2min	25.0%
	13号线	2min30s	2min	25.0%
	15号线	3min40s	2min35s	41.9%
4月8日	8号线	2min32s	2min	26.7%
	9号线	2min	1min45s	14.3%
	房山线	2min37s	2min04s	26.6%
	亦庄线	4min	3min	33.3%
4月15日	1号线	2min	1min45s	14.3%
	7号线	3min30s	3min	16.7%
4月22日	10号线	2min	1min45s	14.3%

2）列车旅行速度有所提高

通过开行大站快车、越行快车、压缩站停时间等方式，压缩列车全周转时间，提高列车旅行速度，如表 7-23 所示。

表 7-23 列车旅行速度提高情况

线路	原旅行速度/（km/h）	现旅行速度/（km/h）	速度提升%
八通线	上行36.1，下行35.0	上行39.2，下行37.8	8.30%
昌平线	上行49.3，下行48.8	上行52.0，下行50.8	4.79%
5号线	上行31.9，下行31.7	上行32.6，下行32.5	2.36%
6号线	上行37.7，下行37.1	上行40.4，下行40.4	8.02%
15号线	上行41.9，下行40.9	上行46.1，下行45.2	10.27%
房山线	上行43.5，下行43.4	上行43.5，下行45.3	2.19%

3）乘客出行体验显著提升

（1）降低拥挤度。

由于网络效能和线路运力大幅提升，站外常态限流基本取消，站台滞留完全消除，车厢拥挤明显缓解，乘客出行体验和乘车舒适度显著提升。

（2）减少出行时间。

进站速度加快、站台候车时间减少、列车旅行速度提高，使得乘客乘坐地铁所需时间大幅缩短；同时在全网公布列车时刻表，乘客能够自主选择出行时间，提前规划出行安排，给乘客带来良好的乘车体验。

4）实现降本增效

（1）节省运营成本。

在提升网络整体运输效能和服务品质的同时，运营成本不升反降。13条实施超常超强列车运行图的线路列车日走行公里减少3.05万车公里、降幅2.1%，年走行公里预计可降低约1000万车公里，可节省运营成本约1.35亿元，如表7-24所示。

表 7-24 运营成本节约情况

线别	原走行公里/（车公里/日）	现走行公里/（车公里/日）	提升%
八通线	65,334	68,190	4.4%
昌平线	71,562	71,418	-0.2%
5号线	103,824	106,242	2.3%
6号线	237,336	238,440	0.5%
13号线	124,896	126,936	1.6%

(续表)

线别	原走行公里/（车公里/日）	现走行公里/（车公里/日）	提升%
15号线	105,966	98,973	-6.6%
8号线	82,074	80,016	-2.5%
9号线	69,360	69,624	0.4%
房山线	71,346	70,686	-0.9%
亦庄线	44,640	48,480	8.6%
1号线	147,611	131,381	-11.0%
7号线	130,808	114,540	-12.4%
10号线	222,240	221,560	-0.3%
合计	1,476,997	1,446,486	-2.1%

（2）减少车辆使用数量。

通过采取多种列车运行方式精准投放运力，大幅提高了列车使用效率，能够大幅减少车辆配置数量。若按原方式运行，此次运力提升，需增购车辆262辆，也就是节省了车辆增购投资17.03亿元，相应减少了车辆维修费用约1.83亿元/年。与此同时，还减少了车辆基地占地面积及厂房建设费用。

参考文献

[1] 宿帅,刘旭,王学楷,等. 北京地铁双超列车运行图编制方法[J]. 交通运输系统工程与信息,2021,21(1):101-107.

[2] 毛保华. 城市轨道交通规划与设计[M]. 北京:人民交通出版社,2011.

[3] WANG Y,D'ARIANO A,YIN J,et al. Passenger demand oriented train scheduling and rolling stock circulation planning for an urban rail transit line[J]. Transportation Research Part B:Methodological,2018,118:193-227.

[4] 张文斌. 城市轨道交通列车运行图编制相关问题探讨[J]. 河南科技,2022,41(03):91-94.

[5] VUCHIC V R. Urban transit:operations,planning,and economics[M]. New Jersey John Wiley & Sons,2017.

[6] 苗沁,潘琢. 城市轨道交通列车停站时间研究[J]. 城市轨道交通研究,2017,20(6):37-40.

[7] VOLOVSKI M,IERONYMAKI E S,CAO C,et al. Subway station dwell time prediction and user-induced delay[J]. Transportmetrica A:Transport Science,2021,17(4):521-539.

[8] 谢桂盛. 基于乘客上下车行为的城市轨道交通列车停站时间研究[D]. 南昌:华东交通大学,2023.

第8章

新技术在列车运行图中的应用

目前,大数据、云计算、深度学习等新兴技术在轨道交通领域已经有了很多应用,包括基于大数据和深度学习的客流精准预测、基于云的网络化运行图编制、考虑灵活编组技术的运行图编制、基于数字孪生的客流车流推演技术等,这些新兴技术很大程度上促进了轨道交通的列车运行图编制的发展。

8.1 基于大数据和深度学习的客流精准预测

8.1.1 传统客流预测

客流预测是指利用一定的方法和技术对未来一定时期内客流的需求、性质进行预先推测和判断。客流预测是制定开行方案和编制列车运行图的基础。通过对历史客流数据的分析和未来客流趋势的预测,运营方可以决定列车的发车间隔、运行时间和交路方案等开行方案,满足乘客的出行需求。而列车运行图的编制是开行方案的具体体现和落实,客流预测和开行方案为列车运行图的编制提供了数据基础和依据。因此,客流预测也是编制列车运行图的基础,其预测结果可靠与否直接关系到列车运行图的编制质量。

根据不同的客流预测时间跨度,可将其分为长期预测、中期预测和短期预测,以满足不同的预测需求。中长期客流预测主要关注未来 10~25 年的时段,其主要应用领域包括整体轨道交通线网的发展规划及车站设计等。这种预测能够为宏观层面的决策提供支持。相比之下,短期客流预测关注未来 1 周或 1 个月的时间范围,其主要应用在实时交通状态的评估上。尤其针对未来 5min 或 15min 内的短时客流预测,其目标是实现城轨安全控制和有序客流组织,为实时管理提供必要支持。这种精细的预测能够有效帮助决策者更好地应对即将发生的交通状况,从而最大程度地提高系统的运行效率。综合而言,客流预测在城轨领域中扮演着不可或缺的角色,为系统运营和规划提供了基础性的支持。

目前，常用的轨道交通的客流预测模型基本可分为3类：基于数理统计的预测模型、基于智能算法的预测模型和基于混合算法的预测模型。基于数理统计的预测模型是指对随机变量及随机变量之间的关系进行定量描述的模型。在轨道交通的客流预测方面，基于数理统计的预测模型主要包括历史平均（historical average，HA）模型、最小二乘法、自回归差分移动平均模型（autoregressive integrated moving average model，ARIMA）、逻辑回归、卡尔曼滤波模型、时间序列模型、灰色模型等。基于智能算法的预测模型包括基于长短期记忆神经网络（long short-term memory，LSTM）、决策树、随机森林、多层感知机（multi-layer perception，MLP）、支持向量机（support vector machine，SVM）、其他神经网络模型等。基于混合模型的预测模型则是将两种及以上的模型组合起来预测。

近年来，人工智能、大数据、深度学习等新兴技术在许多行业都发挥了很好的作用，国内外也有很多研究将大数据和深度学习应用到轨道交通的客流预测中，使得客流预测的精度进一步提高。本节将对一些具有代表性的方法进行介绍。

8.1.2 基于大数据的客流精准预测

随着大数据时代的到来，海量、多源、异构的交通数据及个性化、多样化的出行需求对原有的传统客流预测方法提出了挑战。而大数据技术能够综合利用多源、海量数据资源，以总体数据代替样本数据，挖掘乘客出行时空规律并获取出行信息，为城轨客流预测中提高不同环境下的客流预测精度、实时掌握旅客动态交通需求提供先进技术及数据支撑，从而提高城轨系统的服务质量，提升运营管理的效率和效益，推动城轨智能化、数字化发展。

基于大数据的客流预测方法架构如图8-1所示。大量动态的多源客流大数据在经历数据预处理环节（包括数据过滤、数据规范化、数据删除等操作）后，通过多种客流预测方法（如时间序列预测法、深度学习模型预测方法、传统机器学习模型预测方法及灰色模型预测法等）预测不同场景中的客流情况，包括工作日、节假日、常规事件及突发事件等多种场景。

1）数据准备阶段

随着智能刷卡系统、手机网络、全球定位系统、计算机视觉等先进技术的发展与应用，城轨中的大数据来源日益丰富，数据采集量伴随着出行过程成倍增长，形成海量、动态、实时的多源交通大数据。面向客流预测的城轨客流多源大数据可以分为以下几类。

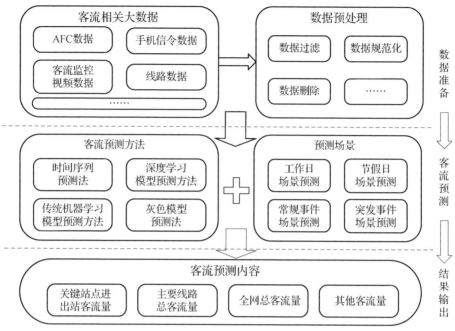

图 8-1 基于大数据的客流预测方法架构

（1）AFC 数据。

随着科技发展及城轨设备系统的不断升级，全球大多数城轨网络均已配备自动售检票系统。该系统在不断提高乘客进出效率的同时，也收集了大量乘客出行信息，也称为智能卡数据或 AFC 数据。随着大数据在交通领域内得到了越来越多的应用，AFC 数据便是其中的一种。

AFC 数据的结构比较简单，一般记录了持卡人的 ID、类型（如普通卡、学生卡和员工卡等）、上下车车站编号、详细时间及线路等信息，部分还记录了司机和列车的 ID。考虑到公共交通智能卡多为匿名卡，申请时不需要提供个人身份信息，因此刷卡数据中大多不包含持卡人的社会经济属性信息。

相比传统的交通出行调查数据，刷卡数据的特点一般包括连续性好、覆盖面广、信息全面且易于动态更新，具有地理标识和时间标签，能反映时空特性，同时获取成本较低。因此 AFC 数据可以作为大数据来支持城市交通研究工作。考虑到目前国家大力倡导公共交通优先发展，我国的公共交通覆盖率将继续上升。这些包含了大规模人群的详细出行记录的数据在支持规划设计和评价上将具有巨大的应用潜力。

(2）客流监控视频数据。

近年来，计算机视觉技术取得了迅猛的发展并广泛应用于各个领域，包括城轨客流统计。当前，各地铁站和车厢广泛配备监控摄像头，不少城轨运营公司运用图像处理技术对获取的客流监控视频数据进行实时间析，实现对客流信息的准确把握。

相较于基于外部设备（如红外热成像、光栅光幕等）进行客流监测的方法，客流监控视频数据具有不易受外界因素干扰的优势，并能够满足对短时间高密度客流进行有效统计的基本要求。由于客流监控视频数据具有信息丰富、真实、动态等特点，再加上设备投入成本较低，因此在国内外的城轨公司中得到了广泛应用。

客流监控视频数据蕴含着大量真实而有效的信息，有助于提升客流统计的准确性和实时性。基于计算机视觉的客流统计方法通常包括两个主要组成部分，即乘客目标检测算法和目标跟踪算法。其基本原理是通过目标检测算法定位并锁定目标，再通过跟踪算法判断目标是否在指定区域内，最终通过相应策略计算和统计客流的方向和数量。常见的乘客目标检测算法包括基于运动特性、基于统计学习及基于行人模型的算法等；目标跟踪算法有基于主动轮廓的、基于特征的、基于区域的及基于模型的跟踪算法等。

（3）手机信令数据。

随着智能手机的普及，基于手机信令数据获取城市交通出行和人口活动信息成为一种常用手段。手机信令数据是手机附着基站发生切换时产生的数据，数据记录了切换基站时的位置和时间。此外，若手机长时间没有移动，则手机会定期进行位置更新，其附着基站记录手机位置更新的时间、位置更新的周期由运营商确定。

与传统调查方式相比，手机信令数据具备覆盖范围广、样本量大、时空连续等优势，手机大数据的应用也为轨道交通规划行业带来了新技术和新视角。

2）客流预测阶段

目前，基于大数据的客流精准预测方法可以分为时间序列预测法、传统机器学习模型预测方法、深度学习模型预测方法、灰色模型预测法等。

（1）时间序列预测法。

时间序列预测法是一种常见的回归预测方法，适用于城轨客流的连续性变化分析。它通过分析时间序列数据，识别客流变化的规律，并充分考虑时间序列数据的随机性，利用历史客流统计数据尽量消除随机波动的影响。常见的时间序列模型包括移动平均模型、自回归滑动平均模型、自回归模型和自回归差分移动平均模型等。

(2) 传统机器学习模型预测方法。

由于城轨客流量的变化具有非线性的特点（如拥挤状态和通畅状态之间的频繁切换），传统线性模型的假设限制了其拟合能力。研究者开始使用具有非线性拟合能力的机器学习模型替代传统线性模型，如线性回归、支持向量回归（SVR）等。这些传统机器学习模型在城轨客流量预测中得到了广泛应用，并取得了较好的效果。

(3) 灰色模型预测法。

灰色系统理论适用于部分信息已知和部分信息未知的系统。城轨客流预测可以被看作一个灰色系统，在这个系统中，整体客流量变化趋势是已知的，但是影响客流量数据的因素有很多，还存在部分因素是未知的，灰色模型能通过有限的已知历史客流数据来预测未来的客流变化。

由于城轨在运营中经常面临各类事件的影响，这些事件会在一定程度上引起乘客出行行为的变化（如出行目的、出行方式及出行行为等）。因此预测场景除了要包括日常的工作日客流预测和节假日客流预测，还要包括常规事件场景下的客流预测及突发事件场景下的客流预测。常规事件指事件信息可预知，包括演唱会、体育赛事、集会活动、各类晚会等。突发事件指事件信息不可预知，包括列车故障、电力系统故障、乘客危险行为、通信故障、车站工作人员操作不当、外部因素（如天气变化）等。

3）结果输出阶段

客流预测的具体内容包括关键车站的进出站客流量、主要线路总客流量、全网总客流量及其他客流量等客流数据，如图 8-2 所示。

(1) 关键车站的进出站客流量。

如图 8-2 中深色车站所示，关键车站通常是交通枢纽或人流密集的区域，如大型商业中心、旅游景点和交通换乘点。这些车站的客流量直接影响整个轨道交通系统的运转效率和乘客体验。通过准确预测关键车站的客流量，可以合理安排车站工作人员，优化站内设施布局，及时调整车次安排，减少拥堵现象，提升服务质量。

(2) 主要线路总客流量。

主要线路是城轨网络中的骨干线路，连接着多个重要区域和车站，承担着较大的客流压力。对于主要线路的客流，如图 8-2 中的 2 号线整条线在某段时间内的通过客流或该条线上所有车站的进出站客流量，预测这些客流量，有助于合理安排列车运行计划、制定应急预案、优化运力配置，确保线路的高效运行。

式和出行偏好，为个性化服务和智能推荐提供支持。例如，根据乘客的历史出行记录和实时位置，提供最优出行路径建议、乘车时间预测等，提升乘客的出行体验。

综上所述，大数据和深度学习技术在轨道交通客流预测中的应用前景广阔，但也面临诸多挑战。通过不断的技术创新和多学科交叉研究，轨道交通系统将能够实现更高效、更智能的客流管理和服务优化，为城市的可持续发展贡献力量。

8.2 基于云的网络化运行图编制

8.2.1 网络化运行图编制

随着我国城轨逐步向规模化和网络化方向发展，其运营方式也逐步从一条线的独立运营向多条线的网络化运营转变。所谓网络化运营模式，是指将城轨中的多条线路互相交叉连接起来，从而构成一个网络体系。网络化运营模式可划分为浅层次和深层次两种。浅层次网络化运营模式是指在形式与规模上构成一个网络体系，但每条线路上的列车仅在本线路上独立运行，其网络功能则以旅客在换乘站下车然后前往另一线路的站台转乘来实现。深层次网络化运营注重运营网络的互联互通及服务水平的提升，即"互联互通"的网络化运营，在这种模式下可以开通"快速"和"直达"的跨线列车，不仅可以使不同线路间的列车互联互通，而且可以实现不同线路车辆、信号等系统设备的联网。

不同于传统的单线运行图编制，网络化运行图在编制时要考虑更多因素，因此也更为复杂，具体体现在以下几点。

（1）统筹考虑全网运力配置及服务衔接。

网络化运行图涉及多个线路和换乘站，要求对整个城轨网络的运行进行全面考虑，确保各线路的班次、发车时间和间隔时间能够无缝衔接。其运营目标是优化整个轨道交通网络的运行效率，提升整体运输能力，最大化乘客的便利性和满意度，因此必须考虑全局的运行调度和协调。在编制过程中，需要重点关注不同线路的衔接和换乘安排，尤其是在高峰期和换乘站点，确保乘客在换乘时的便捷性和高效性，减少等待时间，提升整体乘客体验。相比之下，单线运行图只涉及一条线路的运行规划，相对简单，主要关注该线路的车次安排、发车时间和停站时间等。其运营目标是优化单条线路的运行，确保在其服务区域内提供高效、可靠的交通服务，因此在编制过程中，不需要考虑其他线路的影响，可以更专注于该线路自身的特点和需求。

(2) 列车开行交路更加灵活。

在互联互通网络化运营模式下，列车开行交路的选择也更加灵活。在制定列车开行计划时，由于线路等条件满足列车跨线运行，因此就可以制定跨线交路，相比于传统模式下的大小交路模式，跨线交路的加入可以给运营者提供更多的选择，根据实际客流情况合理对交路进行计划，使得运行图更好地满足乘客需求。

不同于传统的列车运行交路起讫点都在一条线上，在互联互通网络化运营模式下，根据列车是否跨线，将列车运行交路分为本线交路和跨线交路两大类。目前互联互通网络化运营还处于初期阶段，跨线交路一般只涉及两条线。列车开行交路的分类及适用情景如表8-1所列。

表8-1 互联互通网络化运营模式下城轨列车交路的类型及其特点

交路类型	典型示意图	特点	适用情况
本线大交路		列车运行组织简单，为本线客流服务	本线客流分布均匀
本线小交路		为本线部分客流量较大的区间服务	本线客流分布不均衡
跨线大交路		为跨线客流提供直达服务	跨线客流较大且分布均衡
跨线小交路		可加快列车周转速度，避免运能浪费	两线路某区段范围内跨线客流较大

跨线交路的制定要根据具体的情景来调整。根据客流需求适当地制定跨线大小交路，既可以满足乘客的直达需求，又可以加快列车的周转，充分利用运能，在实际的互联互通网络化运营中，可以根据客流分布，结合实际情景，合理地对这些基本交路进行组合，制定出经济效益最大的交路方案，将网络化运营的优势充分发挥出来。根据两条线路的衔接车站所处位置，可以将跨线交路分为以下三种类型：终点对接、终点与中间站对接、中间站与中间站对接（单/多点对接），各自的特点如表 8-2 所列。

表 8-2 跨线交路的类型及特点

交路类型	典型示意图	特点
终点对接	一字型	工程实施和运营管理难度小
终点与中间站对接	T/Y 字型	多应用于末端存在支线的线路，两条线路客流差异大
中间站与中间站对接（单点对接）	单点对接(X型)	运营组织复杂，两条线路发车密度不宜过大
中间站与中间站对接（多点对接）	多点对接(双Y型)	线路通道利用更充分，共线段的通过能力产生扣除，两条线路客流差异较大

结合上述网络化运行图编制的特点，可以总结出目前网络化运行图编制产生的需求，接下来将从车辆管理、响应客流需求和跨线衔接等方面分别描述。

（1）车辆管理。

网络化运行图需要充分考虑车辆基地资源的动态分配与调整，以便在全网络范围内实现列车资源的最优配置。具体来说，在编制网络化运行图时，首先要考虑共享同一线路的车辆基地资源，通过打破列车和车辆基地之间的固定配属界限，一方面可以让列车尽可能快速地投放到客流量大的线路区段，另一方面可以让列车尽可能就近返回车辆基地进行停放和检修，从而减少运力浪费。其次要考虑不同线路的车辆基地停车资源共享，通过打破车辆基地和线路之间的固定配属关系，实现将列车从邻近的其他线路车辆基地快速投放到本线路的客流量大区段，如可以借用宋家庄停车场亦庄线的位置来存放 5 号线的列车，从而实现列车资源的最优配置。

（2）响应客流需求。

在互联互通网络化运营模式下，网络化的乘客可以被分为本线客流、跨线可直达客流和跨线不直达客流，分别对应本线列车运行计划、跨线列车运行计划、不同线路列车协调计划。不同类别的客流对列车运行的需求不同，这直接影响列车的开行计划。因此，根据客流的时空分布特征，网络化运行图可以采用多交路运行、双向不平衡运行、低速高密度折返、大站快车、越行快车、库线出车、压缩站停时间等方式，以更灵活地响应网络化客流的出行需求。

（3）跨线衔接。

在网络化运营条件下如何提高各个线路换乘衔接质量及协调首末班车的发车时间成为新的需求和挑战。一方面，不合理的衔接会造成乘客末班车换乘失败，或者增加乘客的换乘等待时间，导致乘客出行体验降低，因此在铺画网络化运行图时，要考虑乘客的换乘走行时间，以及协调各个线路列车的停站时间，增加了运行图编制的复杂度。另一方面，由于大多数城轨并不具备全天运行的条件，而且各线路的运营时间也有所不同，所以能否顺利搭上末班车或者减少首班车换乘等待时间，便成为乘客所关心的首要问题。因此在编制网络化运行图时，必须考虑不同线路首末班车的衔接，从而提高乘客服务质量和运营服务水平。

8.2.2 基于云的网络化运行图编制

在智慧城市构建及城轨信息化进程中，中国城轨协会深入研究并制定了《中国城轨智慧城轨发展纲要》。该纲要在城轨信息化和智能化发展层面提出了标准，明确将"城轨云平台"视为智慧城轨发展和建设的核心支持要素。

由于云计算技术具有强大的数据存储和处理能力、高效的共享和协作能力等优点，因此云计算技术在城轨的网络化运行图编制系统中具有广泛而深远的应用前景。具体来说，将云计算技术应用于运行图编制系统的优点有以下几点。

首先，运行图编制系统需要处理来源于各个部门的信息，包括来自供电、车辆、通信、信号等各部门和数据及其他运行计划、地理数据、客流数据等信息，这些数据体量非常庞大。通过云平台，运营管理系统可以实现数据的集中存储和处理，保证数据的实时性和准确性。

其次，运行图编制方案是一个 NP 难问题，网络化运行图又引入了更加灵活的交路方案和更多的约束条件，因此网络化运行图的编制尤其复杂。在网络化运行图编制过程中，需要有效运用有限的网络配线资源和车辆基地，灵活选择列车多交路运行、双向不平衡运行等方式，实现网络资源的精准高效配置。这种复杂的需求和运营策略需要大量实时数据的采集、分析和处理，包括车辆、线路等资源是否能正常运行的实时状态等，因此需要网络化运行图编制系统具有强大的数据处理和存储能力。云计算技术能够支持大规模并发计算和复杂算法的执行，使得在多变量、多约束条件下的最优交路方案选择成为可能，为列车运行图的优化提供有力支持。

此外，云计算技术还提供了高效的协作和共享平台，不同部门和系统之间可以方便地共享数据和信息，从而实现协同优化。例如，客流预测部门可以将分析结果实时共享给调度部门，调度部门据此调整列车运行计划，确保资源的最优配置和运营效率的提升。

综上所述，云计算技术在城轨的网络化运行图编制系统中的应用，不仅提供了强大的数据存储和处理能力、高效的共享和协作能力，还为城市交通系统的未来发展打开了全新的可能性。因此在网络化运行图编制中应用云计算技术，可以很好地发挥云计算技术的优势，同时也有助于实现更智能、高效的城轨运行图编制系统。

目前，云计算技术在列车运行图编制中已经有一些应用研究，本节对已有的研究进行部分梳理并进行适当展望。

祝建平等人提出了一个面向路网的高速铁路列车运行图编制云计算系统的架构，并进行了运行图自动编制等关键功能及其实现方法的设计。这一架构可以为城轨的运行图编制提供很大的参考价值。参考这一架构，提出的城轨列车运行图编制云计算系统架构如图 8-5 所示，包括基础设施层、数据层、服务层、应用层及安全管理层，每一层在系统中都扮演着独特的角色，以支持高效的列车运行图编制和管理。对该系统各个层次的描述如下所示。

（1）基础设施层。

基础设施层位于云计算系统的底层，为上层提供数据存储和计算资源，是整个运行图编制云计算系统的物理基础。基础设施层的高性能和高可靠性为列车运行图编制提供了坚实的基础。通过动态管理的虚拟化资源池，系统能够灵活应对高峰期的数据处理需求，确保列车运行图编制过程中的数据计算和存储效率。

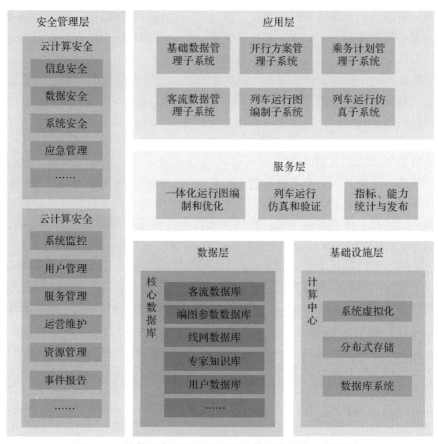

图 8-5 城轨列车运行图编制云计算系统架构（见彩图）

（2）数据层。

数据层采用数据管理技术来有效地组织、分类和存储海量数据，这些数据包括网络化客流数据、编图参数数据、用户数据、专家知识库、基础路网及运力资源配置等关键数据。

（3）服务层。

服务层作为系统的核心，负责实现一体化运行图自动化编制、列车运行仿真和验证等各项服务。通过嵌入算法，服务层为用户提供多项自动化编制服务。针对精细化列车运行图的优化模型，采用了并行计算的求解算法，充分利用云计算中心的计算资源优势，以快速求解列车运行图的优化模型。

（4）应用层。

在云端，通过调用服务层的算法，应用层实现了多项自动优化和辅助决策功能，包括基础数据管理、客流数据管理、开行方案管理、乘务计划管理、冲突检测、列车运行图编制及列车运行仿真等应用。

（5）安全管理层。

安全管理层贯穿整个系统架构，对云计算系统的各个层次进行监控和安全维护，以确保系统正常运行。通过全面的安全管理，安全管理层保障了列车运行图编制过程中各类数据的安全，确保系统的稳定和可靠运行。

8.3 考虑灵活编组条件的列车运行图编制

城轨客流出行分布呈现出明显的时空不均衡特征。在高峰时段存在乘客拥挤、车厢满载率高的现象。平峰时段则存在列车满载率过低甚至"空驶"的现象。灵活编组技术能够根据客流情况在线动态调整列车编组方式，可实现车辆资源的高效利用和客流—车流精确匹配，从而解决"高峰拥挤、平峰空跑"问题。因此，灵活编组技术对于提升轨道交通服务质量和节约运营成本具有重要意义，是未来城轨列控和行车组织技术的重要发展方向。本节主要介绍灵活编组和固定编组模式下的开行方案优化和列车运行图编制的区别，最后提出未来基于灵活编组技术的列车运行图编制场景。

8.3.1 灵活编组模式下列车运行图开行方案优化

（1）全交路模式。

根据 2.3.2 节所述，灵活编组模式下运力配置方式更加灵活，因此在平峰时段可以考虑运用不同形式编组的列车，从而更好地实现客流和车流的匹配，下面以一个具体的例子进行介绍。

在实际运营过程中，由于高峰时段客流量大，车厢满载率高，因此可以全部使用大编组列车运行。而在平峰时段，则可以采取小编组列车运行的方式。假设某城轨线路 12:00—13:00 的最大断面客流量为 7500 人，该城轨线路使用的单节车辆额定容量为 250 人，实际运营过程中有 6 节编组和 3 节编组两种不同编组形式的车底，满载率控制值为 100%。此时根据运力与开行方案计算公式，在只使用 6 节编组车底的固定编组模式下计算上行方向的发车间隔如下：

$$h \leqslant \frac{60 \cdot C_v \cdot n \cdot \alpha}{P_{max}} = 250 \times \frac{60}{7500} \times 6 \times 1 = 12 \quad (8-7)$$

也就是说，在全部使用 6 节编组车底的情况下，设计发车间隔为 12min，即一小时内共计通过 5 次大编组列车。

灵活编组模式下的发车间隔计算方式如下：

$$C_v \cdot 60 \cdot \left(\frac{n_1}{h_1} + \frac{n_2}{h_2}\right) \cdot \alpha \geqslant P_{max} \qquad (8-8)$$

式中：h_1 和 h_2 分别表示大编组和小编组列车的发车间隔；n_1 和 n_2 分别表示大、小编组模式下的编组数量。

假设在灵活编组模式下全部开行小编组列车，那么公式（8-8）可以化简如下：

$$h_2 \leqslant \frac{60 \cdot C_v \cdot h_2 \cdot \alpha}{P_{max}} = 250 \times \frac{60}{7500} \times 3 \times 1 = 6 \qquad (8-9)$$

式（8-9）表明在全部使用3节编组车底的情况下，发车间隔为6min，一小时内共计通过10次小编组列车。显然采用灵活编组模式能够在满足客流需求的前提下提高列车服务频率，减少乘客等待时间。

图8-6给出了高平峰过渡时段列车灵活编组模式下的列车运行图示意图，其中，细线表示独立运行的小编组车次，粗线表示联挂成大编组的车次。从图中可以看出，在早高峰时段所有列车均以大编组形式运行。在高平峰过渡时段，联挂的大编组列车可以在终点站解编成两个独立运行的小编组列车，其中一个返回车辆段，另一个小编组列车折返后继续运行，最终实现高平峰的过渡，在平峰时段开行小编组列车减少运力的浪费。

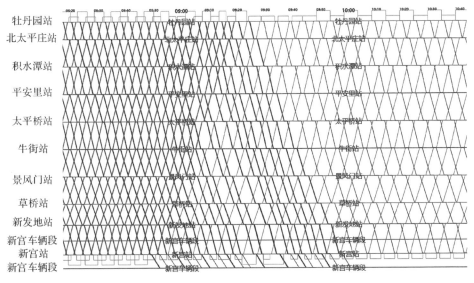

图8-6 灵活编组条件下高平峰过渡时段的列车运行图示意图（见彩图）

(2) 大小交路模式。

根据第 2 章和第 4 章的介绍，客流空间不均衡系数能够反映客流分布的空间不均衡性。目前北京地铁在计算开行方案时，将不均衡系数≥1.5 的区段划分为不均衡断面，需要开行大小交路来满足客流需求。实际上，上述划分依据也是在假设采用固定编组运行模式的情况下，而在虚拟编组条件下开行大小交路能够更加灵活地适应客流分布特征，因此需要重新制定划分大小交路的依据。

灵活编组技术的运用为大小交路运行模式提供了更加灵活的运力配置方式。如图 8-7 所示，在客流密度较高的区段，可以通过灵活编组的形式形成大编组列车，以满足该区域的客流需求。当大编组列车运行至小交路终点站时，可以解编成两个独立运行的小编组列车，其中一个小编组列车继续向大交路终点站运行，另一个小编组列车则可在该站台折返。在小交路终点站折返的列车可以与反方向的小编组列车再次重联，重新形成一个大编组的列车。这种灵活的运行方式能够减少运力浪费，在保证客流密度低区域的乘客服务的同时，提高该区域的发车频次，减少乘客的等待时间。

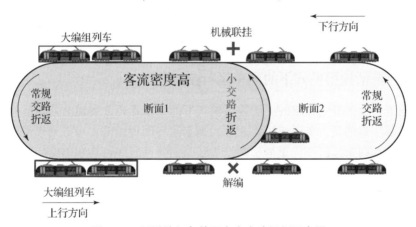

图 8-7 灵活编组条件下大小交路运行示意图

图 8-8 给出了固定编组和灵活编组模式下开行大小交路的列车运行图。图 8-8 (a) 表示的是固定编组模式下开行大小交路的列车运行图。从图 8-8 (a) 中可以看出，大小交路按照 1∶1 的比例开行，上行列车在车站 2 折返后可以开行下行小交路车次。在固定编组模式下，列车编组形式保持不变，由于开行了大小交路，所以列车在车站 2 折返后，导致断面 2 的服务频次降低，造成乘客等待时间延长。下面将分析灵活编组条件下开行大小交路运行模式的优势。

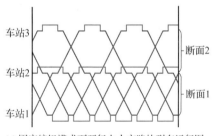 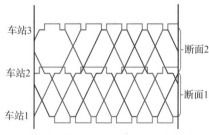

(a) 固定编组模式下开行大小交路的列车运行图　　(b) 灵活编组模式下开行大小交路的列车运行图

图 8-8　固定编组和灵活编组模式下开行大小交路的列车运行图（见彩图）

图 8-8（b）显示的是灵活编组模式下开行大小交路的列车运行图，图中紫色的运行线表示小编组列车。从图中可以看出，上行红色的大编组列车运行至车站 2 解编成两个独立运行的小编组列车，其中一个继续向车站 3 运行，另一个折返后开行下行的小交路车次。通过图 8-8（a）与图 8-8（b）的对比可以看出，由于灵活编组条件下列车编组形式更加灵活，列车在车站 2 折返后以小编组的形式将更多运力投放到断面 2。另外，可以看出图 8-8（b）中上行断面 2 的服务频次大于图 8-8（a）的服务频次，因此有效降低了乘客等待时间。综上所述，灵活编组模式下开行大小交路模式，能够更加灵活地实现客流车流的匹配，同时减少乘客等待时间。

8.3.2　灵活编组模式下的列车运行图铺画

基于 8.3.1 节中介绍的灵活编组模式下的列车开行方案铺画列车运行图详图。需要注意的是，灵活编组模式下的列车运行图铺画需要考虑列车编组形式变化对原本列车运行图约束的影响，主要是对停站时间约束和追踪间隔约束的影响及对车底周转关系生成的影响。

首先，介绍列车在车站编组、解编作业的情况。由于城轨追踪间隔受到折返时间的影响，因此追踪间隔一般情况下不小于 2min。而灵活编组模式下列车可以在站内进行联挂或解编作业，这意味着需要进行联挂或解编作业的列车必须在车站等待较长的时间以完成作业的整个过程。具体来说，对于联挂作业而言，前车必须在车站等待后车到达车站后再进行联挂。如图 8-9（a）所示，蓝色线表示列车 1 的运行线，绿色线表示列车 2 的运行线。列车 1 在到达车站后必须等待列车 2 到达后进行编组才能发车，这突破了常规的停站时间约束。而对于解编作业而言，列车解编后必须保持正常的追踪间隔发车，因此后车在站台等待一段时间后才能发车。例如图 8-9（b）中列车 1 和列车 2 以编组的形式到达车站后进行解编作业。列车 1 发车后，由于列车 1 和列车 2 已经解编，所以必须保持一定的追踪间隔发车，因此列车2必须在车站停站等待。此外，固定编组模式下一个车站只能由一列车占用。而灵活编组模式下，列车之间突破了传统的车站追踪间隔约束。例如图8-9（a）中，列车2在车站2停站时，列车1仍然可以驶入车站，但列车3和列车1、2之间必须保持固定的追踪间隔。

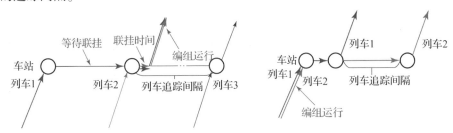

(a) 列车在车站进行联挂作业示意图　　(b) 列车在车站进行解编作业示意图

图8-9　灵活编组模式下列车停站时间和追踪间隔约束示意图（见彩图）

其次，灵活编组模式下的车底周转关系生成更加复杂。在固定编组模式下，列车运行线对应的列车编组形式都是不变的，因此在生成车底周转关系时，只需要根据车次的到发时间将不同方向的车次连接即可。然而在灵活编组模式下，一条列车运行线可能对应不同的列车编组，因此在生成车底周转关系时，还必须保证车底周转后列车的编组数量保持不变。如图8-10（a）所示，固定编组模式下车底周转关系较为简单，只需要根据车次到发时间选择接续的车次即可。图8-10（b）中显示的是灵活编组模式下的车底周转关系示意图。图中的黑色运行线表示大编组列车，绿色运行线表示小编组列车。可以看出，灵活编组模式下的车底周转关系更加复杂，例如上行车次1是一个大编组列车，其运行至终点后可以解编成两个小编组列车，然后分别对两个列车决策车底周转关系。上行车次2是一个小编组列车，其运行至终点站后直接折返开行下行小编组车次3'。此外，上行车次3和车次4是两个小编组列车，其运行至终点后可以在折返轨进行联挂作业，然后折返并开行一个大编组的下行车次，即车次4'。

综上所述，在铺画灵活编组模式下的列车运行图时，需要对原本的运行图约束进行改写，以满足车站在线连挂、解编作业的需求。此外，灵活编组模式下的车底周转关系生成更加灵活复杂，必须根据列车到发时间和编组形式进行灵活的决策。

下面从单线运营和网络化运营两种条件下对灵活编组运行图编制技术及应用场景进行展望。一方面，从独立运行的城轨线路角度看，目前大多数关于灵

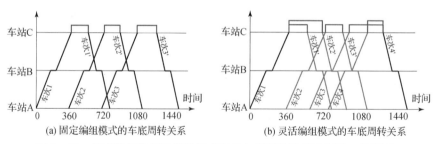

(a) 固定编组模式的车底周转关系　　　(b) 灵活编组模式的车底周转关系

图 8-10　固定编组和灵活编组模式下的车底周转关系示意图（见彩图）

活编组的研究主要解决的是高峰和平峰时段时间分布不均衡的问题，即在高峰时段开行大编组列车，在平峰时段开行小编组列车，从而节约运力，同时优化乘客等待时间等指标。然而由于受车站站台长度和折返轨容量的限制，在高峰时期列车编组的长度无法进一步增加，限制了运力的提升。因此，如何利用灵活编组技术的特点提高高峰时段的系统运力也是未来重要的研究方向之一。此外，目前的研究大多基于单一交路和站站停的运营模式，因此可以进一步结合灵活编组技术和复杂行车组织模式，包括大小交路、快慢车运行及不成对运行等，从而更加灵活地适应复杂客流分布。另一方面，随着城轨网络化和互联互通运行的趋势逐渐显现，未来还需要进一步探索灵活编组技术在城轨网络化运行图编制中的运用场景，例如考虑 Y 型线路、H 型线路的客流特征（干线和支线为不同线路）。通常情况下，Y 型和 H 型线路的干线和支线的客流分布不均，干线客流密度较大，而其余线路的客流密度小，如图 8-11 所示。因此，在灵活编组模式下，列车可以在节点站进行解编作业，拆分成两个小编组列车，分别驶向支线。运行在支线的小编组列车可以在节点站进行编组作业，联结成大编组列车服务干线的乘客。

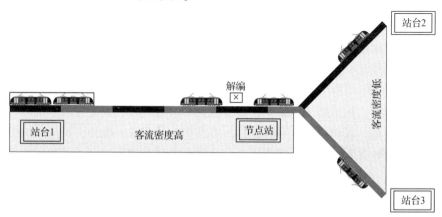

图 8-11　Y 型线路上应用灵活编组技术的场景

8.4 基于数字孪生的客流车流推演技术

近年来,数字孪生技术的飞速发展和普及应用,给城市的规划建设、治理管理等带来了新的思路和解决方案。《中华人民共和国国民经济和社会发展第十四个五年规划和 2035 年远景目标纲要》提出,"完善城市信息模型平台和运行管理服务平台,构建城市数据资源体系,推进城市数据大脑建设,探索建设数字孪生城市",明确要求重点建设城市信息模型平台与数字孪生城市。在此背景下,作为城市公共交通体系的骨干,轨道交通与数字孪生深度融合,打造全生命周期的数字治理体系将有助于提升运营管理水平,从而推进城市的高质量发展。

随着网络化运营时代的到来,城轨的运输组织方式日益复杂,乘客出行行为日益多样化,导致客流、车流等状态的演变规律难以掌握。轨道交通系统客流车流推演数字孪生体的构建为研究复杂城轨系统客流、车流运行规律提供了先进可行的技术手段。数字孪生系统能够在运行图编制完成后自动推演客流和车流匹配程度、乘客等待时间、换乘衔接质量等一系列运营服务指标,并通过反馈机制改进编制的运行图,从而整体上提高城轨运营服务水平。

下面将介绍一种基于数字孪生的客流车流推演系统构建方法。数字孪生系统的核心是建立精确的模型,从而将现实世界的物理实体、系统或过程以数字形式进行表示和仿真。城轨客流车流推演的数字孪生模型应包含物理模型、机理模型及可视化模型。整个客流车流推演数字孪生模型的系统框架如图 8-12 所示。

(1) 物理模型。

为了实现物理城轨系统与城轨数字孪生系统的"契合",达到客流车流推演的目的,客流车流推演数字孪生系统的物理模型能描述一切可以从物理城轨系统获得的动态或静态参数,如设备、人员参数和状态等,其数据涵盖不同数据来源(摄像头、传感器、控制器等)、不同数据格式(数字量、模拟量等)、不同采集对象(乘客、车厢、车站、线路、设备等)。

(2) 机理模型。

机理模型通过对城轨系统的组成要素、组织结构和运行机制进行建模,以达到与物理系统"神似"的目的。将城轨系统组成要素(环控、电力、线路、车辆、乘客等)分别映射为基本逻辑元素,然后将元素关联成子系统,通过封装内部行为和对外接口,对外隐藏内部细节,对内自组织运行,实现对各子系统的映射和运输组织关系的刻画;进一步地,基于城轨宏观系统模型动态列

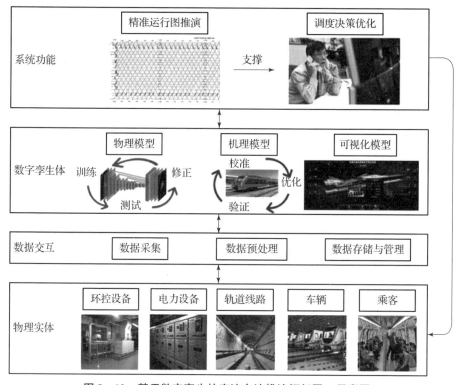

图 8-12 基于数字孪生的客流车流推演框架图（见彩图）

车运行、车站服务和乘客流动，构建机理模型，刻画系统运行机制，实现乘客和列车在整个虚拟数字孪生体中的有序逻辑流动。

在构建客流车流推演数字孪生系统时，首先需要构建列车在线路中运行的数学模型。由于本节主要利用客流车流推演数字孪生模型来评估运行图编制的效果，因此可以认为列车严格按照运行图中规定的运行次序和时间运行。线路中运行的各列车的到发时间可以由下式表示：

$$a_{k,\text{ori}(k)} = \bar{a}_{k,\text{ori}(k)}, k \in K \tag{8-10}$$

$$d_{k,i} = a_{k,i} + w_{k,i}, k \in K, i \in I \tag{8-11}$$

$$a_{k,i} = d_{k,i-1} + r_{k,i-1}, k \in K, i \in I \tag{8-12}$$

式中：符号 k 表示计划运行图中所有的车次下标；K 表示计划运行图中的计划车次集合；$\text{ori}(k)$ 表示车次 k 的始发站；I 表示该城轨线路中所有的车站集合；符号 i 表示车站集合中的下标；符号 $w_{k,i}$ 表示根据计划运行图获取的车次 k 在车站 i 的停站时间；$r_{k,i-1}$ 表示根据计划运行图获取的车次 k 在车站 $i-1$ 和车站 i 之间的区间运行时间。

最后，构建乘客乘降模型如下：

$$n_{i,t} = n_{i,t-1} + d_{i,t} - b_{i,t}, i \in I, t \in T \quad (8-13)$$
$$b_{i,t} \leq C \cdot y_{i,t}, i \in I, t \in T \quad (8-14)$$
$$b_{i,t} \leq v_{i,t} \cdot w_{k,i}, i \in I, t \in T \quad (8-15)$$

式中：符号 $n_{i,t}$ 表示 t 时刻在车站 i 等待上车的乘客人数；$d_{i,t}$ 表示 t 时刻到达车站 i 的乘客数量，到达站台候车的乘客数量可以利用 8.1 节中介绍的客流预测模型进行计算；$b_{i,t}$ 表示 t 时刻在车站 i 上车的乘客人数，可以根据乘客上下车模型计算，具体见 2.1.2 节；$y_{i,t}$ 表示 t 时刻在车站 i 是否有列车停站；C 表示停站列车的车厢容量，该值可以从物理模型中直接获取；$v_{i,t}$ 表示单位时间内乘客在车站 i 的上车速率。

上述机理模型实现了城轨客流车流推演的机制，给定一个列车运行图后，数字孪生系统就可以根据列车运行图中规定的列车运行时间自动进行整个系统运行过程的推演，包括乘客出行、乘客乘降、乘客换乘、列车停站、列车折返等过程的虚拟实现。

（3）可视化模型。

可视化模型的目标为用户提供一个人机交互的平台，以展示其推演结果。在客流车流联合仿真推演后，将整个路网的线路图和客流分布以可视化的形式展示在人机交互界面上，以便于编图人员直观地掌握线网客流和车流的匹配情况。如图 8-13 所示，图中显示了早高峰时段北京地铁部分线路基于数字孪生的客流车流推演结果。其中绿色、黄色和红色的线条表示不同拥挤程度的断面。编图人员可以根据推演结果对列车运行图中的车次运行线进行微调，从而更好地实现客流和车流的匹配。例如，图 8-13 中显示早高峰时段北京地铁 6 号线青年路—金台路区间满载率高，编图人员可以考虑在条件允许的情况下进一步压缩发车间隔，从而降低车厢满载率。此外，从图中还可以看出，由于 6 号线的客流空间分布不均衡，导致部分断面满载率较低，存在运力浪费的情况。在这种情况下，编图人员可以利用线路中间的存车线，运用大小交路等灵活的行车组织模式，从而减少运力浪费。

最后介绍数字孪生技术未来在城轨系统中的应用前景。开发数字孪生在运行图推演中的应用，是一个具有重要意义的关键目标。近年来，无论在国内还是国际轨道交通领域，都已经开始积极探索基于数字孪生的运行图推演技术，旨在深化对轨道交通系统的理解，识别运行图编制中潜在的问题，并为推动运行图的进一步优化提供实用手段。

目前，基于数字孪生的运行图推演技术已经取得了一定的成果。然而，该技术应用仍然面临一些挑战。首先，数字孪生系统数据的精准获取和整合是一

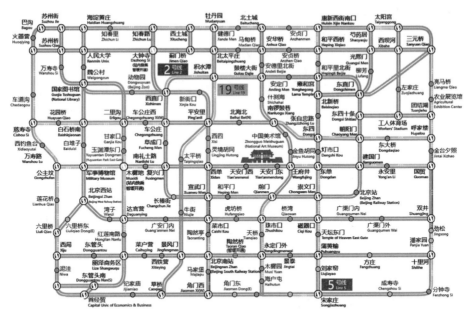

图 8-13 基于数字孪生的客流车流推演系统可视化结果（见彩图）

个关键问题，因为数据精准是确保数字孪生模型与实际系统保持同步的首先条件。其次，精确建模和算法的开发还需要不断地创新和改进。最后，数字孪生在实际应用中的复杂性需要与运营方、技术专家及公司合作，共同推动应用的成功实施。

随着技术的不断进步和实践的深化，基于数字孪生的运行图推演技术有望继续发展和壮大，它将成为轨道交通系统运营规划、优化和应急决策的重要工具，为城市交通的可持续发展贡献力量。从根本上讲，数字孪生在轨道交通领域的应用将为乘客提供更加高效、便捷和安全的出行体验，助力城轨迈向智能化和可持续的未来。

参考文献

[1] 吴婷婷. 基于客流匹配的城市轨道交通列车开行方案与运行图一体化编制研究[D]. 成都:西南交通大学,2019.

[2] 朱倩. 基于大数据的城轨客流预测方法研究[D]. 成都:西南交通大学,2019.

[3] 白丽. 城市轨道交通常态与非常态短期客流预测方法研究[J]. 交通运输系统工程与信息,2017,17(01):127-135.

[4] 李婉君. 基于地铁刷卡数据的乘客列车分配算法及运营状态特征分析研究[D]. 北京:北京交通大

学,2020.

[5] 章清. 基于计算机视觉的城轨客流统计技术研究[D]. 南京:南京理工大学,2020.

[6] 张琳. 基于深度神经网络的地铁客流预测系统研究[D]. 北京:北京交通大学,2019.

[7] SAJANRAJ,T. D.,MULERIKKAL,JAISON,et al. Passenger Flow Prediction From AFC Data Using Station Memorizing LSTM For Metro Rail Systems[J]. Neural network world journal,2021,31(3):173-189.

[8] XIN Y,QIUCHI X,XINGXING Y,et al. A novel prediction model for the inbound passenger flow of urban rail transit[J]. Information Sciences,2021,566.

[9] 赵阳阳,夏亮,江欣国. 基于经验模态分解与长短时记忆神经网络的短时地铁客流预测模型[J]. 交通运输工程学报,2020,20(4):194-204.

[10] DU B,PENG H,WANG S,et al. Deep Irregular Convolutional Residual LSTM for Urban Traffic Passenger Flows Prediction[J]. IEEE Transactions on Intelligent Transportation Systems,2020,21(3):927-985.

[11] GUO J,XIE Z,QIN Y,et al. Short-term abnormal passenger flow prediction based on the fusion of SVR and LSTM[J]. Ieee Access,2019,7:42946-42955.

[12] 宋朝忠. 基于互联互通的城轨列车运行优化研究[D]. 北京:北京交通大学,2021.

[13] 仲建华,梁青槐. 城市轨道交通互联互通网络化运行的思考[J]. 都市快轨交通,2015,28(05):10-12+56.

[14] 宋刚敏. 互联互通条件下的城轨列车综合运用优化方法研究[D]. 北京:北京交通大学,2020.

[15] SUNILKUMAR S. MANVI,GOPAL KRISHNA SHYAM. Resource management for Infrastructure as a Service(IaaS) in cloud computing:A survey[J]. Journal of network and computer applications,2014,41(May):424-440.

[16] 祝建平,乐逸祥,钟明轩. 高速铁路列车运行图编制云计算系统研究[J]. 铁道运输与经济,2020,42(S1):1-9+20.

[17] 赵康祺. 基于可变编组的地铁列车运行图与车底运用计划一体化编制[D]. 北京:北京交通大学,2023.

[18] ZHOU H,QI J,YANG L,et al. Joint optimization of train timetabling and rolling stock circulation planning:A novel flexible train composition mode[J]. Transportation Research Part B:Methodological,2022,162:352-385.

[19] NOLD M,CORMAN F. Dynamic train unit coupling and decoupling at cruising speed:Systematic classification,operational potentials, and research agenda[J]. Journal of Rail Transport Planning & Management,2021,18:100241.

[20] 江海凡,丁国富,张剑. 数字孪生车间演化机理及运行机制[J]. 中国机械工程,2020,31(07):824-832+841.

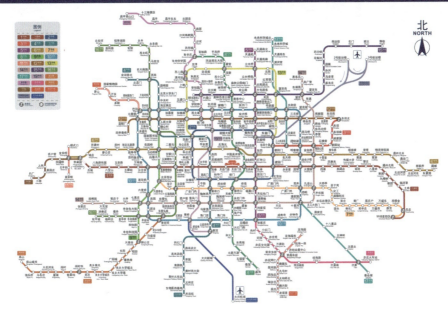

图1-5 2024年北京城轨线网图

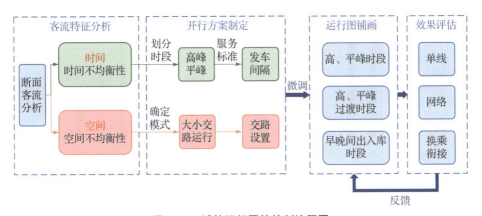

图4-1 城轨运行图的编制流程图

彩1

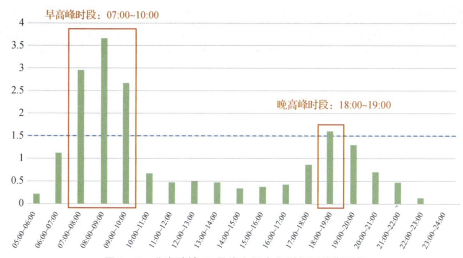

图 4-3 北京地铁 15 号线上行方向时间不均衡系数

图 4-4 北京地铁 15 号线下行方向时间不均衡系数

彩 2

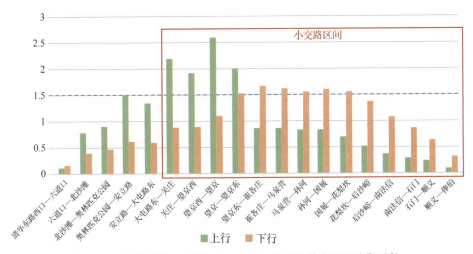

图 4-5　北京地铁 15 号线 08:00~09:00 时段的空间不均衡系数

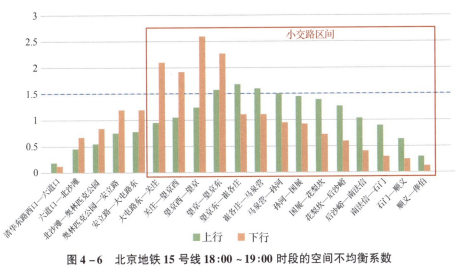

图 4-6　北京地铁 15 号线 18:00~19:00 时段的空间不均衡系数

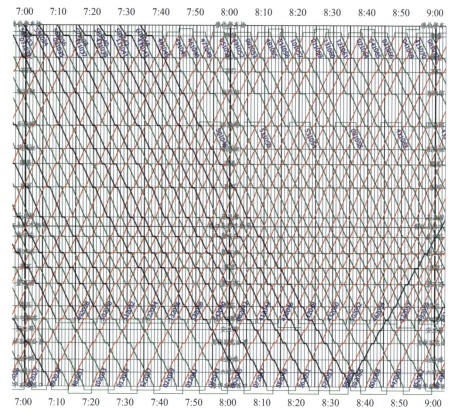

图 4-15 北京地铁 15 号线早高峰时段运行线铺画示意图

(a) 车站信息管理界面

彩 4

(b) 线路信息管理界面

图 6-2 数据管理界面示例

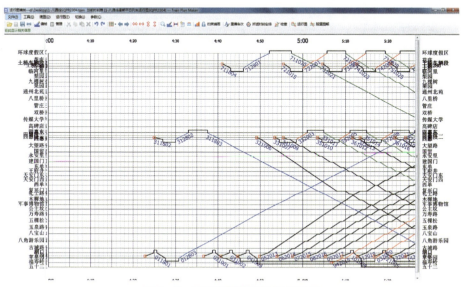

图 6-3 列车运行图自动铺画示例

彩 5

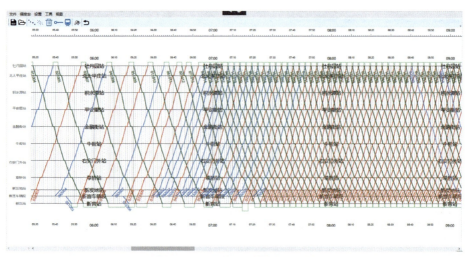

图 6-13 列车运行图显示示例

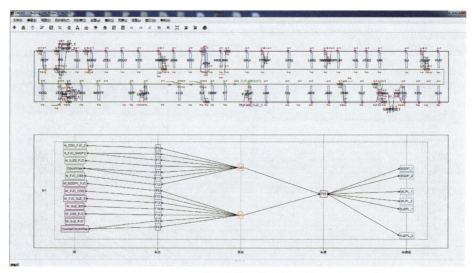

图 6-14 FALKO 系统生成的拓扑结构和符号运行图示例

彩 6

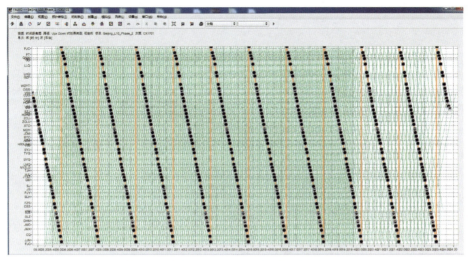

图6-15 FALKO系统创建的列车运行图示例

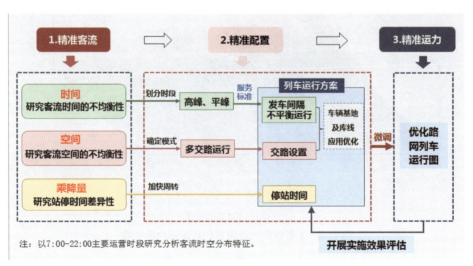

图7-1 双超运行图编制思路

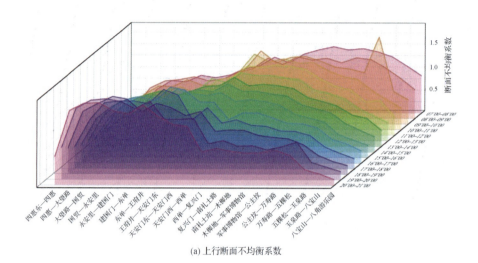

(a) 上行断面不均衡系数

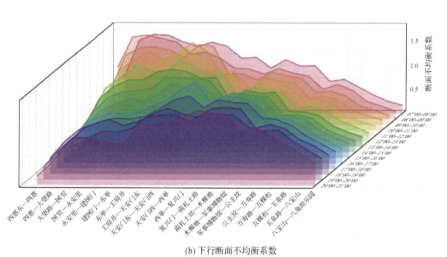

(b) 下行断面不均衡系数

图7-4 1号线双休日双方向断面不均衡系数

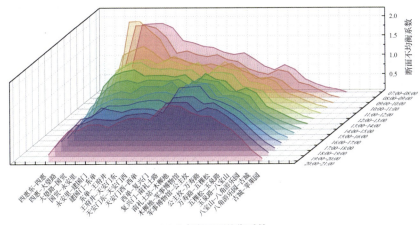

(a) 上行断面不均衡系数

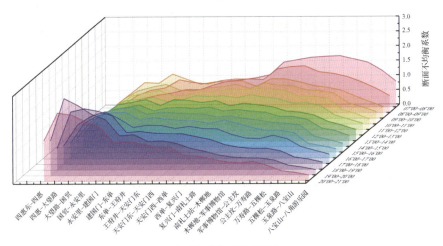

(b) 下行断面不均衡系数

图 7-12　1 号线工作日双方向断面不均衡系数

彩 9

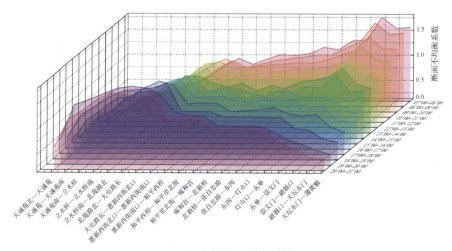

(a) 上行断面不均衡系数

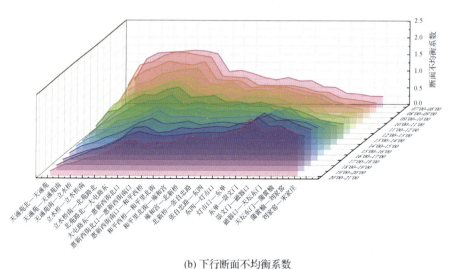

(b) 下行断面不均衡系数

图 7-20 5号线双休日断面不均衡系数

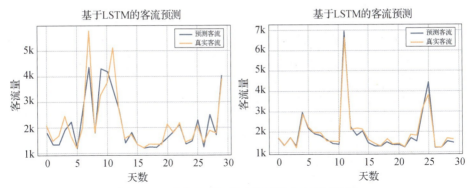

图 8-4 使用 LSTM 方法的城轨客流预测结果

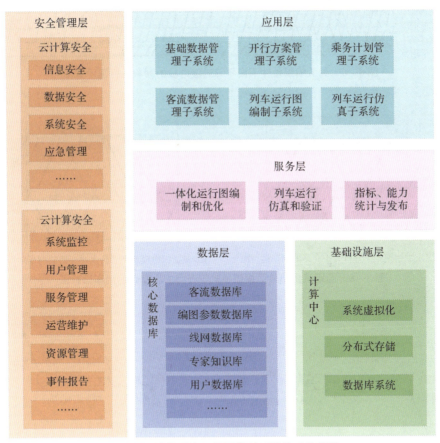

图 8-5 城轨列车运行图编制云计算系统架构

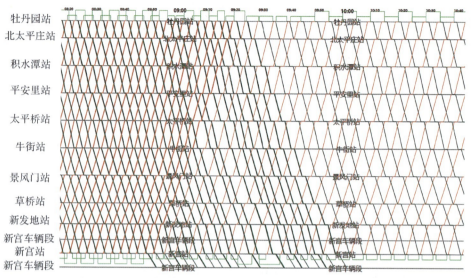

图 8-6 灵活编组条件下高平峰过渡时段的列车运行图示意图

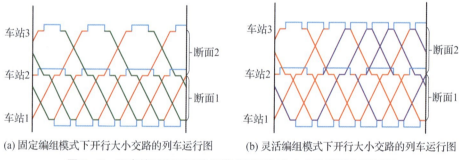

(a) 固定编组模式下开行大小交路的列车运行图   (b) 灵活编组模式下开行大小交路的列车运行图

图 8-8 固定编组和灵活编组模式下开行大小交路的列车运行图

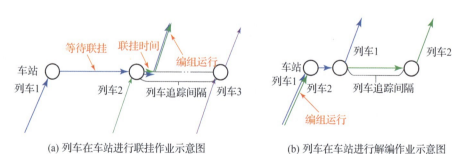

(a) 列车在车站进行联挂作业示意图   (b) 列车在车站进行解编作业示意图

图 8-9 灵活编组模式下列车停站时间和追踪间隔约束示意图

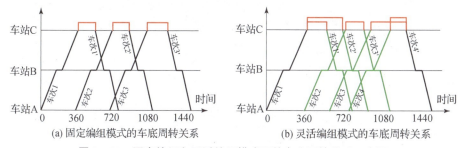

图 8-10　固定编组和灵活编组模式下的车底周转关系示意图

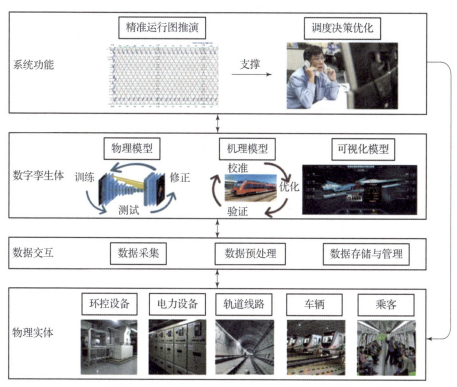

图 8-12　基于数字孪生的客流车流推演框架图

彩 13

图 8-13 基于数字孪生的客流车流推演系统可视化结果